Revocatio in servitutem

Europäische Hochschulschriften

European University Studies

Publications Universitaires Européennes

Reihe II **Rechtswissenschaft**

Series II Law

Série II Droit

Band/ Volume **6025**

Denise Roth

Revocatio in servitutem

Die rechtliche Beständigkeit der Freilassung vor dem Hintergrund der *actio ingrati*

PETER LANG

Bibliografische Information der Deutschen Nationalbibliothek
Die Deutsche Nationalbibliothek verzeichnet diese Publikation in der Deutschen Nationalbibliografie; detaillierte bibliografische Daten sind im Internet über http://dnb.d-nb.de abrufbar.

Zugl.: Frankfurt (Main), Univ., Diss., 2017

D30
ISSN 0531-7312
ISBN 978-3-631-76465-7 (Print)
E-ISBN 978-3-631-76471-8 (E-PDF)
E-ISBN 978-3-631-76472-5 (EPUB)
E-ISBN 978-3-631-76473-2 (MOBI)
DOI 10.3726/b14533

Diese Publikation wurde begutachtet.

www.peterlang.com

Inhaltsverzeichnis

Literaturverzeichnis

Albrecht, Karl- Dieter: Rechtsprobleme in den Freilassungen der Böotiker, Phoker, Dorier, Ost- und Westlokrer, 1978.

Alföldy, Geza: „Die Freilassung von Sklaven und die Struktur der Sklaverei in der römischen Kaiserzeit", in: Revista dell´antiquitá, 1972, S. 97–129.

Altmeppen, Holger: Disponibilität des Rechtsscheins: Struktur und Wirkungen des Redlichkeitsschutzes im Privatrecht, 1993.

Amato, Eugenio: Law and Ethics in Greek and Roman Declamation, 2015.

Andreau, Jean: „Der Freigelassene", in: *Giardina, Andrea (Hrgs.)*, „Der Mensch in der römischen Antike", S. 200–225, 2004.

Avenarius, Martin: Der pseudo-ulpianische *liber singularis regularum*:Entstehung, Eigenart und Überlieferung einer hochklassischen Juristenschrift, 2005.

Badian, Ernst: Foreign Clientelae (264–70 BC), 1958.

Balzarini, di Marco: De iniuria extra ordinem statui, 1983.

Barschdorf, Jens: Freigelassene in der Spätantike, 2012.

Barschdorf, Jens: "Die wirtschaftliche Bedeutung von Freigelassenen" In: *Göbel, Janina (Hrsg.),* Exportschlager kultureller Austausch, wirtschaftliche Beziehungen und transnationale Entwicklungen in der antiken Welt, S. 300–320, 2011.

Becker, Christopher; Herrmann, Hans-Georg (Hrsg.): Ökonomie und Recht: Historische Entwicklungen in Bayern, 2009.

Behrends; Knütel; Kupisch; Seiler (Hrsg.): Corpus Iuris Civilis, Institutionen, 2. Auflage, 1997.

Behrends; Knütel; Kupisch; Seiler (Hrsg.): Corpus Iuris Civilis, Digesten 1–10, 1995.

Behrends; Knütel; Kupisch; Seiler (Hrsg.): Corpus Iuris Civilis, Digesten 11–20, 1999.

Behrends; Knütel; Kupisch; Seiler (Hrsg.): Corpus Iuris Civilis, Digesten 21–27, 2005.

Behrends; Knütel; Kupisch; Seiler (Hrsg.): Corpus Iuris Civilis, Digesten 27–31, 2005.

Behrends; Knütel; Kupisch; Seiler (Hrsg.): Corpus Iuris Civilis, Digesten 28–34, 2012.

Bellen, Heinz: Politik – Recht – Gesellschaft: Studien zur Alten Geschichte, 1997.

Benner, Herbert: Die Politik des P. Clodius Pulcher: Untersuchungen zur Denaturierung des Clientelwesens in der ausgehenden römischen Republik, 1987.

Berger, Adolf: Encyclopedic Dictionary of Roman Law, 1991.

Bernardete, Seth (Ed.): The tragedy and Comedy of Life: Plato´s Philebus, 1993.

Bieler, Ludwig: Geschichte der römischen Literatur, 1980.

Birley, Anthony: „The Life and Death of Cornelius Tacitus“, in: Historia- Zeitschrift für Alte Geschichte (2000), S. 230–247.

Blank-Sangmeister, Ursula (Übers.): Valerius Maximus: Facta et Dicta memorabilia, 1998.

Bleicken, Jochen: Geschichte der römischen Republik, 2004.

Blits, Jan: The Heart of Rome: Ancient Rome´s Political Culture, 2014.

Bonner, Stanley F.: Roman Declamation in the Late Republic and the Early Empire, 1949.

Bormann, Lukas: Philippi- Stadt und Christengemeinde zur Zeit des Paulus, 1995.

Bradley, Keith R.: Slavery and Society at Rome, 1994.

Bradley, Keith R.: Slaves and Masters in the Roman Empire, a Study of social control, 1987.

Brandt, Hartwin: Konstantin der Grosse: der erste christliche Kaiser, 2007.

Bruck, Eberhard Friedrich: „Paulus und die Kirchenväter und der ´Fröhliche Geber´ im römischen Recht“, in: *Crook, John (Hrsg.),* Über Römisches Recht im Rahmen der Kulturgeschichte, S. 101–136, 2013.

Buckland, W.W.: Roman Law of Slavery: the Conditions of the Slave in private Law from Augustus to Justinian, 1969.

Burnet, John (Ed.): Plato. Platonis Opera, 1903.

Cary, Earnest (Übers.): The Roman Antiquities: in seven Volumes/Dionysius of Halicarnassus, Books III–IV, 1978.

Christ, Karl: Geschichte der römischen Kaiserzeit, 2009.

Cosentini, Cristoforo: Studi Sui Liberti: contributo allo studio della condizione giuridica die liberti cittadini, 1948.

Demandt, Alexander: Die Spätantike: römische Geschichte von Diokletian bis Justinian, 284–565 n.Chr., 2007.

Dietz, Karlheinz: "Severus Alexander (222–235)", in: *Clauss, Manfred (Hrsg.),* Die römischen Kaiser, 4. Auflage, 2011, S. 195–202.

Doria, Carla Masi: Civitas operae obsequium: tre studi sulla condizione giuridica dei liberti, 1993.

Doria, Carla Masi: „Inpudicitia, officium e operae libertorum", in: ZRG 110 (1993), S. 77–102.

Dudenredaktion: Duden- Universalwörterbuch, online-Ausgabe, 2015.

Duff, Arnold Mackey: Freedmen in the early Roman Empire, 1958.

Duncker, Arne (Hrsg.): Gleichheit und Ungleichheit in der Ehe: persönliche Stellung von Frau und Mann im Recht der ehelichen Gemeinschaft 1700–1914, 2003.

Dux, Günter; Welz, Frank (Hrsg.): Moral und Recht im Diskurs der Moderne: Zur Legitimation gesellschaftlicher Ordnung, 2001.

Earnest, Cary; Foster, Herbert; Heinemann, William(Hrsg.): Cassius Dio, Roman History, 1914.

Ebert, Ina: Pönale Elemente im deutschen Privatrecht, 2004.

Eck, Werner; Heinrichs, Johannes: Sklaven und Freigelassene in der Gesellschaft der römischen Kaiserzeit, 1993.

Eisele, Fridolin: Studien zur römischen Rechtsgeschichte, 1912.

Fabre, Georges: Libertus, 1981.

Fantham, Elaine: Literarisches Leben im antiken Rom – Sozialgeschichte der römischen Literatur von Cicero bis Apuleius, 1998.

Fendler, Folkert: Studien zum Markusevangelium, 1991.

Filip-Fröschl; Rainer; Söllner (Hrsg.): Corpus der römischen Rechtsquellen zur antiken Sklaverei, Juristisch speziell definierte Sklavengruppen: servus fugitivus, bearbeitet von *Klingenberg, Georg*, 2005.

Finley, I. Moses: Sklaverei in der Antike: Geschichte und Probleme, 1985.

Flach, Dieter: Das Zwölftafelgesetz – Leges XII Tabularum, 2004.

Flaig, Egon: Weltgeschichte der Sklaverei, 2009.

Freudenberger, Rudolf: Das Verhalten römischer Behörden gegen Christen im 2. Jahrhundert, dargestellt am Brief des Plinius an Trajan und den Reskripten Trajans und Hadrians, 1969.

Gardner, Jane: Being a Roman Citizen, 2010.

Gehrke, Hans-Joachim; Schneider, Helmut : Geschichte der Antike: Ein Studienbuch, 2006.

Giradet, Klaus Martin: Die Konstantinische Wende: Zur Religionspolitik Konstantins des Großen, 2007.

Giradet, Klaus Martin: Der Kaiser und sein Gott: Das Christentum im Denken und in der Religionspolitik Konstantins des Großen, 2010.

Grenz, Stanley: The Moral Quest: Foundations of Christian Ethics, 1997.

Grieser, Heike: Sklaverei im spätantiken und frühmittelalterlichen Gallien: (5.-7 Jh.); das Zeugnis der christlichen Quellen, 1997.

Griffin, Mirian: "De beneficiis and Roman Society", in: The Journal of Roman Studies, 93 (2003), S. 92–113.

Gröschler, Peter: Die „tabellae"-Urkunden aus den pompejanischen und herkulanesischen Urkundenfunden, 1997.

Harper, Kyle: Slavery in the Late Roman World, AD 275–425, 2011.

Härtel, Gottfried; Kaufmann, Frank Michael (Hrsg.): Codex Justinianus, 1991.

Heinichen, Friedrich Adolf: Pons-Globalwärterbuchlateinisch-deutsch, 1978.

Henderson, Jeffrey: Quintilian, the lesser Declamations, Vol. II, 2006.

Hercher, Rudolf: Claudii Aeliani de natura animalium libri XVII, Varia historia, Epistolae fragmenta, 1864.

Heumann, Hermann; Seckel, Emil: Handlexikon zu den Quellen des römischen Rechts, 1971.

Hoffmann, Carl: Petronius- Satoricon, 1948.

Holzberg, Niklas: Satyrische Geschichten: Lateinisch-deutsch, 2013.

Honsell, Heinrich: Römisches Recht, 2015.

Hurley, Donna: Divus Claudius – Suetonius, 2001.

Indra, Miriam: Status quaestio – Studien zum Freilassungsprozess im klassischen römischen Recht 2011.

Jacoby, Karl (Editor): Jacoby (Editor), Dionysius of Halicarnassus, Vol. I–IV, 1885.

Jung, Jost Heinrich: „Die Rechtsstellung der römischen Soldaten. Ihre Entwicklung von den Anfängen bis auf Diokletian", in: Aufstieg und Niedergang der römischen Welt, II 14, 1982.

Kaser, Max: "Die Geschichte der Patronatsgewalt über Freigelassene", in: ZRG 58 (1938), S. 88–135.

Kaser, Max: Das altrömische Ius, 1949.

Kaser, Max: „Cristoforo Cosentini, Studi sui Liberti, Contributo allo studio della condizione giuridica die liberti cittadini, I und II", in: ZRG 68 (1951), S. 576–586.

Kaser, Max; Knütel, Rolf; Lohsse, Sebastian: Römisches Privatrecht, 28. Auflage, 2014.

Kasten, Helmut: Atticus-Briefe, 1980.

Keller, Friedrich Ludwig: Grundriss zu Vorlesungen über Institutionen und Antiquitäten des Römischen Rechts, 1861.

Kelly, Gordon P.: A History of Exile in the Roman Republic, 2006.

Kießling, Emil: „Zur Constitutio Antoniana", in: ZRG 78 (1961), S. 421–429.

Klingenberg, Andreas: Sozialer Abstieg in der römischen Kaiserzeit. Risiken der Oberschicht in der Zeit von Augustus bis zum Ende der Severer, 2011.

Knoch, Stefan: Sklavenfürsorge im Römischen Reich: Formen und Motive, 2005.

Körner, Christian: Philippus Arabs: ein Soldatenkaiser in der Tradition des antonisch-servischen Prinzipats, 2002.

Köstermann, Erich: Cornelius Tacitus-Annalen, Band III: Buch 11–13, 1967.

Krause, Jens-Uwe: Spätantike Patronatsformen im Westen des Römischen Reiches, 1987

Krause, Jens-Uwe: Gefängnisse im Römischen Reich, 1986.

Krüger, Paul: Codex Iustinianus, 1877.

Kunkel, Wolfgang: „Die Funktion des Konsiliums der magistratischen Strafjustiz und im Kaisergericht", in: ZRG 85 (1968), S. 253–329.

Kupisch, Berthold: „Exceptio doli generalis und iudicium bonae fidei", in: *Baums, Theodor; Wertenbruch, Johannes (Hrsg.),* Festschrift für Ulrich Huber zum siebzigsten Geburtstag, S. 401–422, 2006.

Lambert, Jaques: Les Operae Liberti: Controbution á l'Histoire des Droits de Patronat, 1934.

Langer, Vera: Declamatio Romanorum: Dokument juristischer Argumentationstechnik, Fenster in die Gesellschaft ihrer Zeit und Quelle des Rechts?, 2006.

Levy, Ernst: Weströmisches Vulgarrecht: das Obligationsrecht, 1956.

Liebs, Detlef: Hofjuristen der römischen Kaiser bis Justinian, 2010.

Liebs, Detlef: Von Konstantin dem Großen zu Theodosius II.: das christliche Kaisertum bei den Kirchenhistorikern Socrates, Sozomenus und Theodoret, 1996.

Lindsay, Wallace: Festus, Sextus Pompieus: de verborum significatus quae supersunt cum Pauli epitome, 1978.

Loening, Edgar: Geschichte des deutschen Kirchenrechts, Band 2, 1878.

Löther, Andrea: „Römisches Bürgerrecht", in: *Kosseleck/Schreiner (Hrsg.),* Bürgerschaft: Rezeption und Innovation der Begrifflichkeit vom Hohen Mittelalter bis ins 19.Jahrhundert, 1994.

Manning, Charles: "Actio ingrati", in: Studia et documenta historiae et iuris, 52 (1986), S. 61–72.

Manthe, Ulrich: Gaius-Institutionen, Sonderausgabe der 2. Ausgabe, 2015.

Marchant, F.C.: Xenophontis opera omnia, Band 4, 1970.

Marinovic, L.P.; Golubcova, E.S.; Sifman, I.S.; Pavlovskaja, A.I.: Die Sklaverei in den östlichen Provinzen des Römischen Reiches im 1.-3. Jahrhundert, 1992.

Markschies, Christoph: Das antike Christentum: Frömmigkeit, Lebensformen, Institutionen, 2012.

Mauch, Otto: Der lateinische Begriff disciplina: eine Wortuntersuchung, 1941.

Meincke, Jens Peter: „Zur Freilassung nach dem Recht der Institutionen Iustinians“, in: *Kroppenberg, Peter (Hrsg.),* „Recht-Religion- Verfassung/Festschrift für Hans Jürgen Becker zum 70.Geburtstag“, S. 165–174, 2009.

Mendelssohn, Ludwig (Ed.): Appian, The Civil Wars, 1879.

Mette-Dittmann, Angelika: Die Ehegesetze des Augustus: Eine Untersuchung im Rahmen der Gesellschaftspolitik des Princeps, 1991.

Mitteis, Ludwig: Reichsrecht und Volksrecht in den östlichen Provinzen, 1963.

Möller, Lennelotte (Übers.): Meine Taten: res gestae divi Augusti, 2014.

Mommsen, Theodor: Römische Geschichte, Buch 4, 2011.

Mommsen, Theodor: Römisches Strafrecht, 1961.

Mommsen, Theodor: Staatsrecht 3, 1952.

Mommsen, Theodor (Ed.): Lex coloniae Iuliae Genetiuae urbanorum siue Ursonensis, 1885.

Mouritsen, Henrik: The Freedmen in the Roman World, 2011.

Müller-Goldingen, Christian: Untersuchungen zu Xenophons Kyropädie, 1995.

Neuhauser, Walter: Patronus und Orator: Eine Geschichte der Begriffe von ihren Anfängen bis in die augusteische Zeit, 1958.

Neumann, Hans: „Bemerkungen zur Freilassung von Sklaven im alten Mesopotamien gegen Ende des 3. Jahrtausends v. Chr.“, in: Altorientalische Forschungen, 16 (1989), S. 220–233.

Nickel, Rainer: Kyrupädie: die Erziehung des Kyros; griechisch-deutsch, 1992.

Nickel, Rainer: Xenophon, 1979.

Nogrady, Alexander: Römisches Strafrecht nach Ulpian:Buch 7 bis 9 De officio proconsulis, 2006.

Paulus, Christoph: Die Idee der postmortalen Persönlichkeit im römischen Testamentsrecht: Zur gesellschaftlichen und rechtlichen Bedeutung einzelner Testamentsklauseln, 1992.

Pennitz, Martin: Der „Enteignungsfall“ im römischen Recht der Republik und des Prinzipats, 1991.

Perrin, Bernadotte: “Plutarch´s lives: in eleven volumes”, 1993.

Pfeifer, Guido: „§§ 516–534“, in: *Schmoeckel; Rückert; Zimmermann (Hrsg.),* Historisch-Kritischer Kommentar zum BGB, Band 3, §§ 433–853, 2013.

Pharr, Clyde: The Theodosion Code, Volume 1, 1952.

Piepenbrink, Karin: Das antike Christentum, 2010.

Rädle, Herbert: Untersuchungen zum griechischen Freilassungswesen, 1969.

Rainer, Michael: Corpus der römischen Rechtsquellen zur antiken Sklaverei: Prolegomena, 1999

Rainer, Michael; Filip-Fröschl, Johanna (Hrsg.): Corpus der römischen Rechtsquellen zur antiken Sklaverei: Juristisch speziell definierte Sklavengruppen, 2005.

Rapp, Susanne: Holy Bishops in the Late Antiquity- The Nature of Christian Leadership in an Age of Transition, 2005.

Rau, Peter (Übers.): Komödien: lateinisch/deutsch; Plautus, Band 3, 2008.

Rayment, Charles: „The Suit for Ingratitude", in: The Classical Journal Vol. 43 (1948), S. 429–431.

Rebenich, Stefan: Die 101 wichtigsten Fragen – Antike, 2006.

Rein, Wilhelm: Das Privatrecht und der Civilprozess der Römer von der ältesten Zeit bis auf Justinianus, 1858.

Reynolds, L.D.: Texts and Transmissions: A Survey of Latin Classics, 1983.

Rosenbach, Manfred: Annaeus Seneca/Über die Milde; Über die Wohltaten, 1989.

Rudolf Hercher (Hrsg.): Claudii Aeliani de natura animalium libri xvii, varia historia, epistolae, fragmenta, Vol 1. Aelian, 1864.

Schanz, Martin: Geschichte der römischen Literatur bis zum Gesetzgebungswerk des Kaiser Justinian, Zweiter Teil, 1998.

Schmitz, Dietmar: Cicero Epistulae ad Atticum/Briefe an Atticus, 2003.

Schmitz, Dietmar: Sueton Augustus latein/deutsch, 2010.

Schnebelt, Günter: Reskripte der Soldatenkaiser: ein Beitrag zur römischen Rechtsgeschichte des 3.nachchristlichen Jahrhunderts, 1974.

Scholfield, A.F.: On the characteristics of animals / Aelian, 1971.

Schörner, Georg: Sallust und Horaz über den Sittenverfall und die sittliche Erneuerung Roms, 1934.

Schulze-Orben, Heidrun: Freigelassene in den Städten des Römischen Hispanien: juristische, wirtschaftliche und soziale Stellung nach dem Zeugnis der Inschriften, 1989.

Schumacher, Leonhard: Sklaverei in der Antike- Alltag und Schicksal der Unfreien, 2001.

Schumacher, Leonhard: Servus Index: Sklavenverhör und Sklavenanzeige im republikanischen und kaiserzeitlichen Rom, 1982.

Scott, S.P.: The Civil Law, Volumen XII, 1973.

Seifert, Josef: Danken und Dankbarkeit- eine universal Dimension des Menschseins 1992.

Shackleton, Bailey (Übersetzer): Cicero/ad Quintum Fratem, 2004.

Smith, Wiliam: A Dictionary of Greek and Roman Antiquities, 1875.

Smith, William: A Dictionary of Greek and Roman Antiquities, 1875.

Sontheimer, Walther: Tacitus- Annalen, 2013.

Spielvogel, Jörg: Amicitia und res publica: Ciceros Maxime während der innenpolitischen Auseinandersetzungen der Jahre 59–50 v.Chr., 1993.

Stahl, Michael: "Kaiser Commodus (180–192)", in: *Clauss, Manfred (Hrsg.),* Die römischen Kaiser, 4. Auflage, 2011, S. 159–168.

Staveley, Stuart: "The Political Aims of Appius Claudius Caecus", In: Historia – Zeitschrift für Alte Geschichte 8 (1959), S. 410–433.

Stepper, Ruth: Augustus et sacerdos – Untersuchungen zum römischen Kaiser als Priester, 2003.

Syme, Ronald: Tacitus, Band 1, 1963.

Teubner, B.G. (Ed.): Epicteti Dissertationes ab Arriano digestae. Epictetus, 1916.

Themann-Steinke, Andrea: Valerius Maximus. ein Kommentar zum zweiten Buch der „Facta et dicta memorabilia", 2008.

Treggiari, Susan: Roman Freedmen during the Late Republic, 2000.

Tyrell, William Blake: A legal and historical commentary to Cicero´s oratio pro C. Rabirio perduellionis reo, 1978.

Vaubel, Eckemar: Pudor, Verecundia, reverentia: Untersuchungen zur Psychologie von Scham und Ehrfurcht bei den Römern bis Augustin, 1969.

Veh, Otto (Übersetzer); Brodersen, Kai (Einleitung): Appian von Alexandria: Römische Geschichte, Zweiter Teil – Die Bürgerkriege, 1989.

Vittinghoff, Friedrich: „Soziale Struktur und politisches System in der hohen römischen Kaiserzeit", in: Historische Zeitschrift Band 230 (1980), S. 31–55.

Von Albrecht, Michael: Geschichte der römischen Literatur: von Andronicus bis Boethius, Band 2, 1992.

von Keller, Friedrich Ludwig: Institutionen, Grundriss und Ausführungen, 1861.

Von Mitschke-Collande, Sophie: Die Auswirkungen der Geburt und Adoption eines Kindes auf bereits errichtete Verfügungen von Todes wegen und Schenkungen, 2016.

Wacke, Andreas: „Europäische Spruchweisheiten über das Schenken und ihr wert als rechtshistorisches Argument", in: *Zimmermann, Reinhard (Hrsg.),* Rechtsgeschichte und Privatrechtsdogmatik, S. 325–369, 1999.

Wagner, Armin: Die soziale Entwicklung des Sklavenrechts in der römischen Kaiserzeit, 1968.

Waldstein, Wolfgang: Operae libertorum: Untersuchungen zur Dienstpflicht freigelassener Sklaven, 1986.

Waldstein, Wolfgang: "*Ingrati accusatio* im Römischen Recht", in: *Seifert, Josef (Hrsg.),* „Danken und Dankbarkeit: eine universelle Dimension des Menschseins", S. 135–148, 1992.

Waldstein, Wolfgang: "Patrone und Freigelassene", in: *Altmeppen (Hrsg.),* Festschrift für Rolf Knütel zum 70. Geburtstag, S. 1361–1384, 2009.

Watson; Mommsen; Krüger (Hrsg.): The Digests of Justinian, Vol. III, 1985.

Watson; Mommsen; Krüger (Hrsg.): The Digests of Justinian, Vol. IV, 1985.

Weiler, Ingomar: Die Beendigung des Sklavenstatus im Altertum, 2003.

Welwei, Karl-Wilhelm: Unfreie im Antiken Kriegsdienst, 1988.

Whittaker, C.R.: Rome and its Frontiers: The Dynamics of Empire, 2004.

Wiater, Nicolas: Römische Frühgeschichte/Dionysius von Halikarnass, 2014.

Wiedemann, Thomas: Greek and Roman Slavery, 1981.

Wieling, Hans Josef: Die Begründung des Sklavenstatus nach ius gentium und ius civile, 1999.

Wilinski, Adam: „Intorno all´accusatio e ´revocatio in servitutem´ del libero ingrate", In: *De Francisci, Pietro (Hrsg.),* Studi in onore di Edoardo Volterra, Band 2, 1971, S. 559–569.

Winterbottom, H.: The Elder Seneca – Declamations: Controversiae Book 1–6 Vol. I, 1974.

Winterbottom, H.: The Elder Seneca – Declamations: Controversiae Book 7–10, Vol. II, 1974.

Winterling, Aloys: Caligula: eine Biographie, 2007.

Winterling, Aloys: „Freundschaft und Klientel im kaiserzeitlichen Rom", in: Historia 57, 2008, S. 298–316.

Wlassak, Moritz: Der Gerichtsmagistrat im gesetzlichen Spruchverfahren: mit Beiträgen zur Lehre von der Einlassung und vom gerichtlichen Anerkenntnis; römischrechtliche Studien, 1905.

Wojciech, Katharina: Die Stadtpräfektur im Prinzipat, 2010.

Wojtkowiak, Heiko: Christologie und Ethik im Philipperbrief: Studien zur Handlungsorientierung einer frühchristlichen Gemeinde in paganer Umwelt, 2012.

Wolf, Christian Wilhelm Friedrich August: Vorlesungen über die Althertumswissenschaften, Band 5, 1835.

Yavetz, Zvi: Caesar in der öffentlichen Meinung, 1979.

Yavetz, Zvi: Plebs und Princeps, 1969.

Zwierlein-Diehl, Erika: Antike Gemmen und ihr Nachleben, 2007.

Abkürzungsverzeichnis

Ael.	Aelianus
– NA	– de natura animalum
App.	Appian
– civ.	– bella civila
BGU	Ägyptische Urkunden aus den Staatlichen Museen Berlin – Griechische Urkunden
C.	Codex Iustinianus
C. Th.	Codex Theodosianus
Cass.Dio	Cassius Dio
Cic.	Cicero
– Att.	– epistulae ad Atticum
– Bell.Gall.	– bellum Gallicum
– Flacc.	– Pro L.Valerio Flacco
– Q.fr.	– epistulae ad Quintum fratem
– Rap.perd.	– pro C.Rabirio perduellionis reo
– Verr.	– in Verrem
CRRS	Corpus der Römischen Rechtsquellen zur antiken Sklaverei
D.	Digesten
Dion.Hal.	Dionysios von Halikarnassos
– ant.	– antiquitates Romanae
Epict.	Epiktet
– diss.	– dissertations
Frag. Vat.	Fragmenta Vaticana
FS	Festschrift
Gaius Inst.	Gaius Institutionen
n. Chr.	nach Christus
Nov. Val.	Leges novellae
Ov.	Ovid
– met.	– Metamorphosen
Petron.	Petronius
Phil.	Philon
Plaut.	Plautus
– Men.	– Menaechmi
Plin.	Plinius der Jüngere
– Epist.	– epistulae

Plut.	Plutarch
– Rom.	– Romulus
pr.	principium
praef.	praefatio
Ps. Quint.	Pseudo–Quintilian
– Decl.Min.	– Declamationes Minores
Quint.	Quintilian
– inst.	– Institutio oratoria
– decl.	– Declamationes Minores
Sen.	Seneca
– benef.	– de beneficiis
– clem.	– de Clementia
Sen. Rhet.	Seneca der Ältere
– Contr.	– Controversiae
Stat.	Statius
– silv.	– Silvae
Suet.	Sueton
– Claud.	– Claudius
– Aug.	– Augustus
– Caes.	– Caesar
Tac.	Tacitus
– ann.	– Annales
TLL	Thesaurus Linguae Latinae
Ulp.	Ulpian
– frag.	– Ulpiani fragmenta
– Epit.	– Ulpiani epitome
– reg.	– Ulpiani regulae
– dig.	– Ulpiani digestae
v. Chr.	vor Christus
Val.Max	Valerius Maximus
Xen.	Xenophon
– cyr.	– Cyropedia
ZRG	Zeitschrift der Savigny-Stiftung – Romanistische Abteilung

Quellenverzeichnis

Juristische Texte

Corpus Iuris Civilis

Institutionen

Digesten

Codex Iustinianus

§ 1: Einleitung

I. Fragestellung und Zielsetzung

Die Situation des Freigelassenen in der römischen Gesellschaft stellt sich besonders vielschichtig und widersprüchlich dar. Der *libertus* als solcher ist in seiner Stellung nicht so eindeutig einzuordnen wie der Sklave.

Die schwer einzuordnende und widersprüchliche Stellung eines Freigelassenen bringt *Andreau* besonders gut zum Ausdruck:

> *„Ein Freigelassener steht im Schnittpunkt mehrerer unterschiedlicher oder sogar widersprüchlicher Kräfte. Auf der einen Seite ist er einmal Sklave gewesen und weder er noch die anderen können das je vergessen. Andererseits hat er noch den Status eines Freigelassenen, einen Status, der nicht recht eindeutig ist. Jeder Freigelassene lebt überdies in einer bestimmten ökonomischen und sozialen Situation. Schließlich hat jeder Freigelassene seine eigene geographische und kulturelle Herkunft.“*[1]

Die Grundlage der Untersuchung bildet daher die rechtliche und soziale Stellung des Freigelassenen, bevor der Schwerpunkt der Untersuchung dargestellt wird. Dieser betrifft die Frage nach der Beständigkeit der Freilassung. Wie weit reichte die Patronatsgewalt des Freilassers? Ergaben sich wesentliche Veränderungen oder stand der Freigelassene weiterhin unter der Gewalt seines ehemaligen Herrn? Wie war diese Gewalt ausgestaltet und begrenzt? Von Publius Syrus, der im 1. Jahrhundert vor Christus lebte, ist der Spruch „*beneficium accipere est libertatem vendere, rogare officium servitus quodammodo est*“[2] überliefert. Trifft diese Aussage für die Situation der Freigelassenen zu?

In der Konsequenz leiten diese Fragen zu dem Schwerpunkt der Untersuchung hin und bilden die Grundlage für diese: Konnte der Patron den *libertus* im Rahmen seiner Patronatsgewalt wiederversklaven? Standen dem Freilasser hierfür rechtliche Mittel in Form einer Klage oder tatsächliche Befugnisse zu? Welche Voraussetzungen waren an eine Wiederversklavung unter Umständen geknüpft? Musste der Freigelassene immer damit rechnen, wieder in die Sklaverei zurückzufallen? Mit anderen Worten: Stand die Freiheit des *libertus* „unter dem Damoklesschwert“?

---

1 *Andreau*, Der Freigelassene, in: *Giardina (Hrsg.)*, Der Mensch in der römischen Antike, S. 204.

2 „Wer eine Wohltat erbittet, begibt sich in die Knechtschaft des anderen.“

Erste konkrete und eindeutige Belege für eine rechtliche Möglichkeit der Wiederversklavung – der *revocatio in servitutem* – ergeben sich unter Konstantin. C. 6.7.2 pr. überliefert erstmals zweifellos die Widerversklavung eines undankbaren Freigelassenen mittels der *actio ingrati*. Diese spezielle Klageart gegen undankbare Freigelassene ist zwar bereits in früheren Quellen erwähnt, aus diesen ergeben sich jedoch keine konkreten Rechtsfolgen. Bestand schon vorher die Möglichkeit *liberti* mittels dieser Klage wiederzuversklaven? Falls dies möglich gewesen ist, was war vorher die Rechtsfolge der *actio ingrati*?

Zentrum der Untersuchungen zu diesen Fragen stellt die *actio ingrati* dar, die bereits die *Lex Aelia* kannte (D. 50.16.70). Die Klage richtete der Freilasser gegen seinen *libertus*, sollte er sich nach der Freilassung als undankbar herausstellen. Wie sahen die Tatbestandsvoraussetzungen aus?

Verschiedene juristische und literarische Quellen stellen die Entwicklung und Ausgestaltung dieser speziellen *actio ingrati* dar. Die ursprüngliche Rechtsfolge der *actio ingrati* ist vergleichbar mit der der *actio iniuriarum*. Die Konsequenz aus einer erfolgreichen Klage gegen undankbare Freigelassene bestand vor Konstantin in einem moralischen Makel des *libertus*. Eine generelle Wiederversklavungsmöglichkeit stand jedoch nicht zur Verfügung.

Der Tatbestand dieser Klageart ist äußerst schwer zu bestimmen und spiegelt die antiken Moralvorstellungen wider. In dieser stark von Ehre und Moral abhängigen antiken Gesellschaft war das jeweilige Verhalten innerhalb eines bestimmten Standes klar umrissen und erfuhr mit der Zeit eine einschneidende „Verrechtlichung". Während in der Republik und in der Zeit davor moralische Verhaltensweisen in der Gesellschaft verankert waren, sind diese später zunehmend in ein „rechtliches Gepräge" gefasst und durch juristische Regelungen verbindlich.

Die zentrale Frage dieser Arbeit ist, ob und ggf. wie stark die Freiheit der *liberti* „unter dem Damoklesschwert" stand und eine Wiederversklavung rechtlich möglich gewesen ist. Der Frage nach den Voraussetzungen einer solchen *revocatio in servitutem* wird nachgegangen. Insbesondere liegt der Schwerpunkt auf dem moralischen Fehlverhalten von Freigelassenen und dessen rechtlichen Konsequenzen. Der erste Teil der Arbeit zeigt die Reichweite der *manumissio* auf. Wie frei ist der Freigelassene tatsächlich gewesen? Schränkten ihn die auferlegten Dienste soweit ein, dass sich keine wesentlichen Veränderungen zu seinem vorherigen Stand ergaben? Diese Untersuchungen dienen als Grundlage für die Frage nach der Beständigkeit der Freilassung. Es ist denkbar, dass allein aus der Patronatsgewalt heraus eine Wiederversklavung möglich gewesen ist und es gar keiner eigenständigen rechtlichen Grundlage bedurfte.

Der zweite Teil der Arbeit setzt sich intensiv mit der Auswertung und Darstellung der juristischen und literarischen Quellen zur *actio ingrati* auseinander, die unter Konstantin als Rechtsfolge die Wiederversklavung vorsah (C. 6.7.2 pr.). Diese in antiken literarischen und juristischen Quellen erwähnte Klageart bietet den einzigen Anhaltspunkt für eine rechtliche Möglichkeit den Freigelassenen wieder in den Stand der Sklaven zurückzuversetzen. Aber schon vor Konstantin finden sich diverse Quellen, die eine *actio ingrati* nennen oder auf eine solche Klagemöglichkeit hinweisen. Was war die Rechtsfolge vor Konstantin und wie entwickelte sich diese *actio*? Die zur Verfügung stehenden juristischen und literarischen Quellen werden chronologisch ausgewertet und in einen gemeinsamen Kontext gestellt. Besonders die Beziehung der Quellen untereinander stellt einen Schwerpunkt der Analyse dar. Die literarischen und juristischen Quellen werden nicht nur in den Kontext gesetzt, sondern auch daraufhin untersucht, inwieweit die Aussagen antiker Literaten mit der rechtlichen Wirklichkeit oder umgekehrt im Einklang standen.

Zeitlich ist die Untersuchung der Fragestellung auf die Republik und das Prinzipat beschränkt. Die jüngste besprochene Quelle stammt aus dem Dominat Mitte des 5. Jahrhunderts. Mit dem Untergang des römischen Imperiums und der Abschaffung der römischen Sklaverei stellt sich die Frage nach der Beständigkeit von Freilassungen und dem Sklavenrecht selbst nicht mehr. Zudem bietet sich eine chronologische Bearbeitung der Quellen innerhalb des gesteckten Rahmens an, um eine Entwicklung der *actio ingrati* und den damit zusammenhängenden Fragen abzubilden. In diesem Zeitraum fanden mehrfach Eingriffe in das Patronatsrecht statt. Zudem lässt sich anhand der Quellen eine Entwicklung darstellen, die von rechtlich nicht fixierten Regelungen, hin zu einer umfassenden rechtlichen Ausgestaltung des Patronatsverhältnisses reicht.

II. Quellenauswahl

Die analysierten Quellen im ersten Teil der Arbeit betreffen schwerpunktmäßig die Stellung der Freigelassenen im Allgemeinen. Verschiedene zeitgenössische Quellen belegen die rechtliche und soziale Situation der Freigelassenen in der Antike. Diverse juristische Quellen stellen die Reichweite der Patronatsgewalt über den *libertus* dar. Die juristischen Quellen bilden zwar einen Schwerpunkt, werden jedoch durch eine Analyse der literarischen Quellen unterstützt, um einen Gesamteindruck der Stellung der Freigelassenen zu gewinnen. Durch die literarischen Quellen zeichnet sich ein zeitgenössisches Moral- und Gesellschaftsbild ab, das sich auch in den rechtlichen Quellen widerspiegelt oder umgekehrt.

Die Frage nach der Möglichkeit einer *revocatio in servitutem* als Folge der *actio ingrati* beantworten vielfältige juristische und literarische Quellen. Thematisch betreffen die Quellen in diesem Abschnitt undankbares Verhalten von Freigelassenen und die rechtlichen Konsequenzen daraus. Als Ausgangspunkt dient C. 6.7.2 pr. Die übrigen Quellen werden chronologisch analysiert und in einen Kontext gesetzt und dienen der Frage nach der Beständigkeit von Freilassungen in der Antike.

Cicero dient mit den *epistulae ad Atticum* als einziges Zeugnis der Republik. Von Augustus sind in D. 50.16.70, sowie literarische Quellen überliefert. Sowohl Seneca der Ältere, als auch sein Sohn – Seneca der Jüngere – liefern mit den *Controversiae* und *de beneficiis* einen Beleg für die gesellschaftliche Brisanz des Themas „Undankbarkeit". Ebenso befasst sich Quintilian in den *declamationes* mit der Thematik. Die Schrift *de beneficiis* lässt einen Exkurs in den griechische Literatur – und Rechtsraum zu.

Eingehend befasst sich § 3 mit einer Quelle von Sueton aus seinem Werk *Claudius*. Darin berichtet er von einer Wiederversklavung durch Claudius. Einen Schwerpunkt der Analyse bildet auch eine Quelle von Tacitus aus den *annales*, die von einer Senatsdebatte 56 n.Chr. berichtet. Der Senat beriet sich wohl über die Einführung einer *revocatio in servitutem* unter Nero.

Der letzte Teil der Quellenanalyse befasst sich mit Stellen aus dem Codex Theodosius, sowie aus dem Codex Iustinianus – ein Bogen von Kaiser Septimius Severus bis Valentian III. wird gespannt.

III. Stand der Forschung und Kontroversen

In der Literatur ist die Stellung der Freigelassenen nicht derart ausführlich erforscht wie die der Sklaven. *Barschdorf* nennt als Grund, dass die Erforschung des *libertus* erst dann sinnvoll ist, wenn *„das Fundament, die Bedeutung der Sklaverei in der Spätantike geklärt ist"*[3]. Eben dies gilt auch für die frühe Antike. Die lange vertretenen Ansätze der marxistischen Forscher machten eine neue Untersuchung der Sklaverei in der Antike notwendig.[4] Erst auf dieser Grundlage konnte sich eingehend mit der Freilassung als solcher beschäftigt werden.

Die Arbeit ist in zwei wesentliche Teile aufgeteilt: Der erste Teil befasst sich mit der Untersuchung der generellen Beständigkeit der Freilassung. Zentrale Frage ist, ob eine Wiederversklavung aus der Patronatsgewalt heraus möglich gewesen ist. Als Grundlage für eine solche Untersuchung dient die Frage nach der Freiheit des *libertus*, die dieser durch die *manumissio* erlangte. War er derart eingeschränkt

3 *Barschdorf*, Freigelassene in der Spätantike, S. 3.
4 *Barschdorf*, Freigelassene in der Spätantike, S. 5.

durch die Verpflichtungen, dass er gar nicht wirklich frei gewesen und somit keine wirkliche Veränderung seines Status eingetreten ist?

Der zweite Teil der Arbeit beschäftigt sich mit der *actio ingrati*, die zumindest ab Konstantin zur Wiederversklavung führte. In der Literatur ist diese Klageart zwar an einigen Stellen erwähnt, jedoch bisher nicht mit der Frage nach den Folgen der Freilassung und der Reichweite der Patronatsgewalt verbunden. Diese Verbindung ist untrennbar, da die Möglichkeit der Wiederversklavung ein wesentlicher Aspekt für die Beurteilung der Beständigkeit von Freilassungen ist.

In der Literatur entwickelten sich verschiedene Ansätze für die Beurteilung der Freiheitssituation der *liberti*. Wie bereits erwähnt, ließ die Forschung sowohl die *actio ingrati*, als auch die Möglichkeit der *revocatio in servitutem* bei den Untersuchungen in der gebotenen Tiefe außer Acht.

Zur grundlegenden Forschung der Freigelassenen: In der älteren Forschung ist vor allem *Mommsen* zu nennen, der sich in seinem Werk *Staatsrecht* mit der Stellung der Freigelassenen beschäftigte und zumindest für die Republik von einer Gleichstellung ausgeht.[5] Er spricht aber nicht davon, dass der *libertus* jemals die volle Freiheit erlangen konnte.[6] Auch die neuere Literatur bezieht sich immer wieder auf diese ältere grundlegende Forschung.

Ende des 19. Jahrhunderts forschte *Loening* in seiner *Geschichte des deutschen Kirchenrechts* zu dem Thema der Freilassung und kam zu folgendem Ergebnis:

> *„Im römischen Recht war der Zustand der Freigelassenen eine zeitliche Übergangsstufe aus dem Sklavenstand in die volle Freiheit, nach dem mittelalterlichen Recht ein dauernder Zustand der Hörigkeit.“*[7]

Loening geht von der Freiheit des *libertus* aus, die sich erst später zu einem Abhängigkeitsverhältnis entwickelte.

Keller, ein Zeitgenosse *Loenings*, geht von einem gemilderten Verhältnis zwischen Patron und Freigelassenen aus, welchem die *„natürlichen Gefühle von Dankbarkeit und Wohlwollen zu Grunde liegen“*. Aus dem Patronatsverhältnis sei ein geordnetes Rechtsverhältnis geworden.[8] Er spricht nicht von voller Freiheit, sondern von einem abgemilderten Rechtsverhältnis, das sich im Laufe der Zeit herausgebildet habe.

Einer der ersten, der sich mit der Patronatsgewalt im 20. Jahrhundert intensiv beschäftigte, war *Kaser*. In seinem viel zitierten Aufsatz *„Die Geschichte der Pa-*

---

5 *Mommsen*, Staatsrecht 3, S. 434 ff.

6 *Kaser*, in: ZRG 58 (1938), S. 90.

7 *Loening*, Geschichte des deutschen Kirchenrechts, Band 2, S. 234.

8 *Keller*, Grundriss zu Vorlesungen über Institutionen und Antiquitäten des Römischen Rechts, S. 222.

tronatsgewalt über Freigelassene"[9] aus dem Jahre 1938 zeigt er systematisch die Grundlagen des Rechts über Freigelassene in der Antike. Dieser Aufsatz bildet eine wichtige Grundlage für die Forschungen dieser Arbeit. *Kaser* geht grundsätzlich von einem Unterschied des Freigelassenen zu einem Sklaven aus. Dieser liege darin, dass das Patronat schon von Beginn an begrenzt gewesen sei – erst durch sittliche, später durch rechtliche Bindung. Eine völlige Freiheit des Freigelassenen verneint er jedoch.[10] Für *Kaser* gab es seit frühester Zeit eine unabhängig vom geltenden Recht bestehende verbindliche Bindung zwischen den Parteien, die auf der *fides* beruhte. Ohne diese wären die Hervorhebung der Freigelassenen und die väterlichen Parallelen des Patrons unlogisch.[11]

In einem sehr umfangreichen Werk aus den 1930iger Jahren beschäftigte sich auch *Lambert* mit den Verpflichtungen der Freigelassenen.[12] Er schließt aus diesen eine unvollkommene, beschränkte Freiheit der *liberti,* da das *obsequium,* das diese schuldeten, zu einer *„dauernden Gefolgs- und Gehorsamspflicht"* führte, aus der sich *„eine ständige Bereitschaft Dienste zu leisten"* ergebe.[13]

1948 beschäftigte sich *Cosentini* in seinem Werk *Studi sui Liberti* mit den Freigelassenen. Er geht dabei von einer anfänglichen Gleichberechtigung der Freigelassenen mit den Freigeborenen aus,[14] die sich jedoch später in eine immer fortschreitende Unterdrückung wandelte. Zu Beginn der Republik sei der *libertus* noch gleichberechtigt gewesen, dies sei durch das Zivilrecht spätestens im Prinzipat verschwunden.[15]

Ende der 1960iger Jahre erforschte *Treggiari* die Stellung der Freigelassenen in der späteren Republik.[16] Sie stellte sich die Frage, ob das *obsequium* in der Republik überhaupt existierte und kommt zu dem Ergebnis, dass es nicht in einem technischen Sinne benutzt wurde. Der Freigelassene sei frei und die Patronatsgewalt über ihn sei bis in das frühe Prinzipat nicht besonders stark gewesen.[17]

---

9 *Kaser*, in: ZRG 58 (1938), S. 88 ff.

10 *Kaser*, in: ZRG 58 (1938), S. 90.

11 *Kaser*, in: ZRG 58 (1938), S. 91.

12 *Lambert*, Les Operae Liberti.

13 *Lambert*, Les Operae Liberti, S. 10.

14 *Costentini* leugnet sogar eine umfassende Gewalt des Patrons in der klassischen Zeit, es habe nur vereinzelt positiv geregelte Rechte des Patrons gegeben (*Costentini*, Studi sui Liberti, S. 74).

15 *Kaser*, in: ZRG 68 (1951), S. 576, 577.

16 *Treggiari*, Roman Freedmen during the Late Republic, 1969.

17 *Treggiari*, Roman Freedmen during the Late Republic, S. 73.

In den 1970iger Jahren legte *Alföldy* einen wichtigen Grundstein der Forschung mit seinem Aufsatz „*Die Freilassung von Sklaven und die Struktur der Sklaverei in der römischen Kaiserzeit*".[18] Zwar führt er zum Teil auch die Anfänge während der Republik aus – der Schwerpunkt besteht aber auf den Auswirkungen der Freilassung auf die Sklaverei während des Prinzipats. Dennoch bildet dieser Aufsatz eine wichtige Grundlage für weitergehende Forschung in Bezug auf *liberti*. *Alföldy* geht insgesamt nicht von einer starken Einschränkung der Freigelassenen durch die Gesetzgebung im Prinzipat aus und spricht lediglich von einer engen Beziehung des Freigelassenen zu seinem Patron,[19] nicht jedoch von einem Abhängigkeitsverhältnis, das dem *libertus* die Freiheit nahm.

In den 1980iger Jahren erschienen gleich mehrere grundlegende Beiträge zur Forschung der antiken Freilassung. Zum einen veröffentlichte *Fabre* das bedeutende Werk „*Libertus*". Er geht von einer grenzenlosen Gewalt des Patrons über den Freigelassenen aus. *Fabre* leitet das völlige Unterworfensein des *libertus* aus Ciceros *epistulae ad quintum fratem* 1.1.13 ab.[20]

Zum anderen leistete *Waldstein* in seinem Werk „*Operae Libertorum*" einen wichtigen Beitrag zur Thematik der *operae*. Interessant ist sein Ansatz: Er bezieht die starke Stellung, die sich für den Patron im Laufe der Antike ergab, auf das eigene Verhalten der *liberti* und kommt zu dem Entschluss, dass man aus diesem Grund nicht von einer Verschlechterung der Situation der Freigelassenen sprechen könne. Zudem stünden nachteiligen Regelungen auch genügend Schutzrechte für die Freigelassenen gegenüber.[21]

Aus dem englisch-sprachigen Raum untersuchte *Mouritsen* „*The Freedmen and the Roman World*" 2011. Er geht davon aus, dass die Patronatsrechte stets begrenzt waren.[22] Gerade im Vergleich zu anderen Personen, die unter der *patria potestas* standen, kommt er zu dem Ergebnis, dass der Freigelassenen wohl am ehesten mit einem emanzipierten Sohn zu vergleichen sei.[23]

2012 beschäftigte sich *Barschdorf* mit den Freigelassenen in der Spätantike.[24] Für die Zeit der Republik sieht er einen starken Schutz des Freigelassenen und

---

18 *Alföldy*, in: Revista dell'Antiquita, S. 97 ff.

19 *Alföldy*, in: Revista dell'Antiquita, S. 121.

20 *Fabre*, Libertus, S. 319.

21 *Waldstein*, Operae Libertorum, S. 290.

22 "*Patronal sanctions were reduced to light chastisement, and although the patron could take legal action the law might often side with the freedmen, unless the transgressions were serious and manifest.*" (*Mouritsen*, The Freedmen in the Roman World, S. 57).

23 *Mouritsen*, The Freedmen in the Roman World, S. 56.

24 *Barschdorf*, Freigelassene in der Spätantike.

eine ausgeprägte Selbstständigkeit – im Ergebnis hätte es keinerlei Bindung mehr zum Patron gegeben.[25] Dies habe sich in der Kaiserzeit verändert, insbesondere sei das Patronat gesetzlich ausgestattet worden, wenn der Freigelassene öffentlich etwas gegen seinen ehemaligen Herrn unternahm.[26]

Die Frage nach der Reichweite der Patronatsgewalt ist untrennbar mit der Frage nach der Möglichkeit der Wiederversklavung von Freigelassenen verbunden. Die Klage gegen undankbare Freigelassene bildet für die Frage eine wesentliche Grundlage. Die Literatur nennt an einigen Stellen die *actio ingrati* – verbindet sie aber nicht immer mit der *revocatio in servitutem*. Ebenso fehlt es in der Forschung an einer thematischen Verbindung mit der generellen Stellung des Freigelassenen.

Aus der älteren Literatur ist vor allem *Mitteis* zu nennen, der sich mit der Frage nach der Möglichkeit der *revocatio in servitutem* befasste. Er untersuchte in *Reichsrecht und Volksrecht* die Patronatsgewalt und geht von einer irreversiblen Freilassung aus. Er kommt zu folgendem Ergebnis:

> *„In keinem Fall kann also die Erfüllung der Auflagen dadurch erzwungen werden, dass dem Freigelassenen Rückfall in die Sklaverei droht. Man kann dies auch so ausdrücken: Eine resolutive Bedingung kann der Freiheit nicht beigefügt werden. Diese ist eben nach römischer Anschauung eine absolute und unbeschränkbare Qualität des Individuums; Freiheit unter dem Damoklesschwert ist keine Freiheit.“*[27]

Dennoch sei unter Commodus die *revocatio in servitutem* als außerordentliches Rechtsmittel eingeführt worden – jedoch nur in schwerwiegenden Ausnahmefällen. Schwerpunkt seiner Untersuchungen sind allerdings die Unterschiede zum griechischen Recht, das eine Wiederversklavung und bedingte Freilassung vorsah. Erst unter Konstantin sei sie zu einer regelmäßigen Strafe geworden.[28]

In seinem bereits erwähnten Grundlagenwerk *„Die Geschichte der Patronatsgewalt über Freigelassene“* befasste sich *Kaser* mit der Frage nach der *revocatio in servitutem*. Er kommt zu dem Ergebnis, dass es unrealistisch gewesen sei, dass ein Freigelassener wieder in die Sklaverei zurückversetzt werden konnte:

> *„Erscheint hiernach (Anm.: dass die Freilassung auf einem tatsächlichen, und nicht rechtlichen Zustand der Freiheit beruhte) ursprünglich die manumissio nur als eine tatsächliche Freistellung auf freien Widerruf, so glaube ich doch, dass man sich von Anfang an nicht mit dieser rechtlich völlig ungesicherten Stellung des Freigelassenen begnügt hat.“.*[29]

---

25 *Barschdorf*, Freigelassene in der Spätantike S. 63.
26 *Barschdorf*, Freigelassene in der Spätantike S. 66.
27 *Mitteis*, Reichsrecht und Volksrecht, S. 384.
28 *Mitteis*, Reichsrecht und Volksrecht, S. 385.
29 *Kaser*, in: ZRG 58 (1938), S. 91.

In der *Lex Aelia* sei keine *revocatio in servitutem*, sondern eher die *poena capitis* als Strafe für undankbare Freigelassene fixiert gewesen.[30] Sie sei erst nachklassischen Ursprungs und seit Konstantin regelmäßige Strafe gewesen.[31]

Lambert befasste sich ebenso in den 1930iger Jahren in seinem oben genannten Grundlagenwerk mit der Wiederversklavung und kommt zu dem Ergebnis, dass die *revocatio in servitutem* eine Nachahmung der διχη ἀποστασιυ sei, die jedoch erst im 4. Jahrhundert aufgekommen sei. Alle darauf bezogenen Stellen seien interpoliert.[32]

Bonner widmete in den *Roman Declamation* eine kurze Passage der *actio ingrati*.[33] Als Ausgangspunkt wählt er *de beneficiis* von Seneca und zieht Parallelen zu Valerius Maximus und Xenophon. Im Ergebnis schließt er die Möglichkeit einer Wiederversklavung in der Republik durch die *actio ingrati* aus; diese sei frühestens im späten Prinzipat möglich gewesen. Sogar die *actio ingrati* selbst sei zu Senecas Zeit keine rechtliche Realität, sondern „*conventional fiction*" gewesen.[34]

Mit der Thematik der rechtlichen Behandlung von Undankbarkeit in der Antike befasste sich als Erster *Rayment* in seinem Aufsatz „*Late Imperial Extensions of the Suit for Ingratitute*".[35] Der Beitrag ist sehr kurz und prägnant gehalten – bildet jedoch eine wichtige Grundlage für die weitere Forschung, da er sowohl auf einen möglichen Tatbestand der *actio ingrati* eingeht, als auch auf die prozessuale Geltendmachung und die Sanktionen.[36] Auf eine zeitliche Komponente – das heißt ab wann beispielsweise die *revocatio in servitutem* möglich gewesen ist – geht *Rayment* nicht ein. Zwei Jahre zuvor legte er den Grundstein für seine Untersuchungen in seinem Aufsatz „*The Suit for Ingratitude*".[37]

Levy befasste sich ebenfalls in den 1950iger Jahren mit der Widerversklavung in seinem Vulgarrecht. Er sieht den frühesten Schritt in Richtung *revocatio in servitutem* in einer überlieferten Konstitution von Diokletian aus dem Jahr 249,[38] deren Beweggrund Undankbarkeit gewesen sei. Erst unter Konstantin sei diese Rechtsform, die zuvor nur im "Volksbewusstsein" vorhanden gewesen sei, in das geltende Recht aufgenommen worden.[39]

30 *Kaser*, in: ZRG 58 (1938), S. 130.
31 *Kaser*, in: ZRG 58 (1938), S. 132.
32 *Lambert*, Les Operae Liberti, S. 87.
33 *Bonner*, Roman Declamation in the Late Republic and Early Empire, S. 87 ff.
34 *Bonner*, Roman Declamation in the Late Republic and Early Empire, S. 87.
35 *Rayment*, in: The Classical Journal, Vol. 3 (1951), S. 113 ff.
36 *Rayment*, in: The Classical Journal, Vol. 3 (1951), S. 113.
37 *Rayment*, in: The Classical Journal, Vol. 43 (1948), S. 429 ff.
38 Fragmenta Vaticana 275.
39 *Levy*, Vulgarrecht, § 100.

Ende der 1950iger Jahre ging *Badian* in seinem Werk *Foreign clientelae* im Zusammenhang mit den Freigelassenen kurz auf die Patronatsgewalt und die Möglichkeit einer Wiederversklavung ein. Er geht von einer generellen Strafe ab Commodus aus,[40] vorher gebe es keine Hinweise auf eine rechtliche Grundlage für eine solche Sanktion. Insbesondere sei aus D. 37.14.5 und Sueton, *Claudius* 25 keine generelle Bestrafung abzuleiten.[41]

Auch *Treggiari* befasste sich in ihrem bereits genannten Werk „*Roman Freedmen during the Late Republic*" in den 1960iger Jahren kurz mit der *actio ingrati*. Die *actio ingrati* hätte in der Republik lediglich zur *relegatio* geführt, was *Treggiari* an den *annales* von Tacitus festmacht.[42]

Einen wichtigen Beitrag zur Forschung der Sklaven leistete *Buckland* im Jahr 1970 mit seinem Grundlagenwerk „*Roman Law of Slavery*", in dem er auch auf die Freilassung einging. Er widmete ein ganzes Kapitel dem *libertus ingratus* und kommt zu dem Ergebnis, dass es zur Zeit der Republik keine *actio ingrati* gegeben habe. Diese habe sich erst in der Kaiserzeit herausgebildet. Die Rechtsfolge sei auch nie eine *revocatio in servitutem* gewesen, falls der Freigelassene lediglich das *obsequium* nicht leistete. Nur bei schwereren Formen der Undankbarkeit habe man dies als Strafe gewählt. In anderen Fällen seien weitere Sanktionen zum Tragen gekommen. Aber schon unter Commodus sei die Wiederversklavung eine generelle Bestrafung geworden.[43]

Etwa zur selben Zeit verfasste *Wilinski* einen Beitrag zur *actio ingrati*.[44] In diesem untersuchte er nicht nur die besagte Klage, sondern auch die rechtlichen Grundlagen des Freigelassenenpatronates. Unter Claudius geht er von einer außerordentlichen Bestrafung aufgrund kaiserlicher Entscheidung aus.[45]

Nachdem *Wilinski* das Thema der *actio ingrati* in den 1970iger Jahren aufgriff, widmete sich *Manning* in den 1980iger Jahren nochmals der Thematik.[46] Er legte einen wichtigen Grundstein für die nachfolgenden Untersuchungen. Er setzt einen Teil der hier besprochenen Quellentexte in einen Kontext. Schwerpunkt der Untersuchungen ist nicht eine mögliche Rechtsfolge der *actio ingrati*, sondern eine intensive Auseinandersetzung mit Senecas *de beneficiis* 3.6–17. *Manning* geht davon aus, dass Seneca an der besagten Stelle nicht von einer *actio*

40 dies leitet er aus D.25.3.6.1 ab.
41 *Badian*, Foreign Clientelae, S. 3 ff.
42 *Treggiari*, Roman Freedmen during the Late Republic, S. 73 ff.
43 *Buckland*, Roman Law of Slavery, S. 424.
44 *Wilinski*, in: Studi in onore di Edoardo Volterra, Band 2, S. 559 ff.
45 *Wilinski*, in: Studi in onore di Edoardo Volterra, Band 2, S. 559 ff.
46 *Manning*, in: Studia et Documenta historiae et iuris, Vol. 52 (1986), S. 61 ff.

ingrati liberti spricht oder sich auf die Senatsdebatte bezieht, von der Tacitus in den *annales* 13.26–27 erzählt.[47] Er zieht auch eine Parallele zu Valerius Maximus, geht aber davon aus, dass Seneca mit seiner Aussage, dass den Mazedoniern eine Klage gegen die Undankbaren zur Verfügung stand, nicht informiert oder sogar unehrlich gewesen sei.[48]

In den 1990iger Jahren lässt sich kaum Literatur zu den Freigelassenen finden. Lediglich *Gardner* befasste sich in ihrem Werk „*Being a Roman Citizen*" mit den Freigelassenen und der *accusatio liberti ingrati.* Die Autorin sieht die Wurzeln der *actio ingrati* zwar bereits in der *Lex Aelia Sentia.* Die Wiederversklavung des Freigelassenen sei jedoch erst unter Konstantin eine allgemeine Rechtsfolge dieser Klage geworden. Zuvor hätte die Strafe im Ermessen des Magistraten gelegen.[49] Zur Stellung des Freigelassenen zieht *Gardner* folgende Konsequenz:

> *„In most aspects of civil life, patrons and freedmen, and freedmen and other fellow Romans, were, as citizens, equal before the law."*[50]

Mouritsen geht 2011 noch kurz auf die Wiederversklavung ein und sieht sie als eine Ausnahme späterer Zeit an.[51]

Barschdorf untersuchte auch die *revocatio in servitutem* und bezog sie in seine Forschungen zum Freigelassenenpatronat mit ein. Er untersucht die betreffenden Textstellen nicht eingehend. Im Ergebnis kommt *Barschdorf* zu folgenden Erwägungen: Unter Claudius sei der Rückruf in die Sklaverei in Einzelfällen möglich gewesen. Unter Nero debattierte der Senat (wie Tacitus berichtet) zwar über eine Einführung der *revocatio in servitutem* – sie sei jedoch weiterhin nur in Einzelfällen möglich gewesen. Unter Commodus sei eine Wiederversklavung erst als schwerstmögliche Strafe möglich gewesen. Erst unter Konstantin habe sie sich zu einer allgemeinen Sanktionsmöglichkeit entwickelt.[52]

Uneinigkeit besteht also, inwieweit die Freilassung zur vollen Freiheit führte. Dies betrifft im Wesentlichen die Frage nach der Reichweite der Patronatsgewalt (erster Teil der Arbeit). Die neuere Forschung geht davon aus, dass der *libertus* eine starke Unabhängigkeit besaß, die Patronatsrechte also beschränkt waren.[53]

---

47 *Manning*, in: Studia et Documenta historiae et iuris, Vol. 52 (1986), S. 68.
48 *Manning*, in: Studia et Documenta historiae et iuris, Vol. 52 (1986), S. 69.
49 *Gardner*, Being a Roman Citizen, S. 43.
50 *Gardner*, Being a Roman Citizen, S. 51.
51 *Mouritsen*, Freedmen in the Roman World, S. 56.
52 *Barschdorf*, Freigelassene in der Spätantike S. 68 ff.
53 so *Barschdorf*, Freigelassene in der Spätantike, S. 68 ff. und *Mouritsen*, The Freedmen in the Roman World, S. 56.

Während der Republik habe es sogar keinerlei Verbindung zum Patron gegeben,[54] während die ältere Literatur zum Teil von einem völligen, bis starken Unterworfensein des Freigelassenen unter den Patron ausgeht.[55]

Die bisherige Forschung lässt die Möglichkeit einer *revocatio in servitutem* weitestgehend außer Acht,[56] obwohl sie untrennbar mit der Frage nach der Reichweite der Patronatsgewalt und der Stellung des *libertus* verbunden ist.

Die bisherige Forschung ließ auch die *actio ingrati* außer Acht. Die Literatur nennt sie zwar stellenweise, es fehlt jedoch eine ausführliche Darstellung dieser besonderen Klageart. Insbesondere ihre Rechtsfolge vor Konstantin ist strittig (zweiter Teil der Arbeit). Besonders in Bezug auf diese Frage fehlt bislang eine intensive Analyse aller zur Verfügung stehenden Quellentexte. Die Forschung spricht zwar mehrfach Suetons *Claudius* und Senecas *de beneficiis* an, die übrigen Quellen analysiert sie jedoch nicht vollumfänglich und setzt sie in einen Kontext. Insbesondere berücksichtigen die bisherigen Forschungsbeiträge nicht alle in der vorliegenden Arbeit gesammelten Quellen zu dieser Thematik.

Zum Tatbestand und der prozessualen Ausgestaltung der *actio ingrati* wurde bisher nicht geforscht. Es ist jedoch nicht nur die Rechtsfolge dieser Klage, sondern auch ihre Ausgestaltung von Bedeutung bei der Beurteilung der Fragestellungen.

Ziel ist eine umfangreiche Darstellung der einschlägigen rechtlichen Instrumentarien in ihren historischen Kontext um daraus ein schärferes Bild zu gewinnen.

---

54 *Barschdorf*, Freigelassene in der Spätantike S. 63.

55 So beispielsweise *Lambert*, Les Operae Liberti, S. 10; *Fabre*, Libertus, S. 319.

56 Lediglich *Barschdorf* widmete dieser Thematik ein Kapitel, ohne jedoch die zur Verfügung stehenden Quellen zu analysieren und in einen Kontext zu setzen; *Kaser* bezog die Verbindung von Patronatsgewalt und Wiederversklavung in einen Kontext, jedoch nicht in der gebotenen Tiefe.

§ 2: Freilassung in der römischen Antike

A: Überblick

Der Freigelassene nimmt in der römischen Gesellschaftsstruktur einen zentralen Platz ein. Das Institut der *manumissio* ist sowohl in rechtlicher, als auch in sozialer Hinsicht von Bedeutung für die antike Gesellschaft. Zahlenmäßig stellte diese Bevölkerungsgruppe einen wesentlichen Anteil an der Gesamtbevölkerung dar.[57] Die soziale Einordnung der Freigelassenen ist äußerst komplex und vielschichtig.

Bei der Freilassung handelt es sich um ein Institut, durch das der Sklave offiziell die Freiheit erlangte. Während er vorher der *potestas* seines Herrn unterstand und keinerlei eigenständigen juristischen Status innehatte, konnte er nun ein zumindest aus juristischer Sicht eigenständigeres Leben führen und ihm zugehöriges Vermögen haben. Dabei ist zwischen den rechtlichen und sozialen Auswirkungen der *manumissio* zu unterscheiden – zwischen beiden Bereichen liegt eine Diskrepanz. Rechtlich lebte der *libertus* ab dem Zeitpunkt der Freilassung eigenständig (mit gewissen Einschränkungen), sozial unterlag er jedoch weiterhin oft Einschränkungen und Ausgrenzungen.

Die rechtliche und soziale Einordnung spielt vor allem für die Reichweite seines Schutzes in der römischen Gesellschaft eine Rolle. Wie stark war seine Stellung?

I. Soziale und rechtliche Einordnung

Die Freilassung von Sklaven in der Antike ist ein anerkanntes Institut gewesen, das es den *servi* ermöglichte, der Patronatsgewalt zu entkommen und ein eigenständigeres und unabhängigeres Leben zu führen. *Finley* spricht in diesem Zusammenhang von der wohl „fundamentalsten Metamorphose", die man sich als antiker Mensch überhaupt vorstellen konnte.[58] Man kann sogar von einer Art zweiter Geburt sprechen, da der Freigelassenen aufgrund der *manumissio* ein neues Leben geschenkt bekam. Darin sah man eine Wohltat. So leitet sich beispielsweise das Wort *patronus* von *pater* ab. Der Patron gelangte in die Stellung eines Vaters.[59]

In der antiken Gesellschaftsstruktur bekam jeder von Geburt an seinen Platz zugewiesen – dies zeigt umso mehr, wie stark die soziale Veränderung durch die

---

57 *Alföldy*, in: Revista storica dell'atiquitá, 1972, S. 111 ff.

58 *Finley*, Sklaverei in der Antike, S. 116.

59 *Barschdorf*, Freigelassene in der Spätantike, S. 58.

Freilassung gewesen ist. Insbesondere die Oberschicht legte hohen Wert auf eine Unterscheidung.[60] Ein sozialer Aufstieg stellte daher eine Ausnahme dar und war etwas Besonderes.

Jedoch auch nach dem Aufstieg – der Freilassung – gehörte der *libertus* nicht der gleichen sozialen Schicht an wie die Freigeborenen. Dies untermauert die Tatsache, dass der Freigelassene einen neuen Namen bekam. Dieser ließ einen Rückschluss auf die Identität seines Freilassers zu (beispielsweise „*Marci libertus*").[61] Aufgrund dieses Namenszusatzes war offensichtlich, dass es sich bei der Person um einen Sklaven gehandelt hat, den sein Herr frei ließ. Im Gegensatz zu seiner Stellung als Sklave – bei der er einen Namen innehatte, den sein Herr bestimmte – erhielt er einen vollen römischen Namen nach der Freilassung.[62] Die „Vermischung" mit dem Namen seines Herrn schließt darauf, dass eine untrennbare Verbindung zu seinem Freilasser bestand. Auch symbolisiert sie die erwähnte „zweite Geburt".

Dem Freigelassenen hing vermutlich fast während der gesamten Antike ein gewisser „sozialer Makel" an. Dieser konnte sich noch über Generationen erstrecken. Eine Stigmatisierung der Freigelassenen fand erst Generationen später nicht mehr statt.[63] Ihnen hafteten in den Augen der Gesellschaft noch immer die moralischen und mentalen Mängel der Sklaverei an. Er war „nur" ein ehemaliger Sklave.[64] Man kann sogar so weit gehen, dass der Freigelassene in den Augen freigeborener römischer Bürger nie ein *ingenuus* wurde[65] und somit nie einen gleichberechtigten Stand gegenüber freigeborenen Bürgern erlangte. Besonders zutreffend formuliert dies *Mouritsen*: „*Economically and socially he is presented as an outsider, trying to force his way into society*".[66] Gerade der Begriff "*outsider*" symbolisiert die Stellung des Freigelassenen außerhalb der elitären, freigeborenen römischen Gesellschaftsgruppe.

Die Tatsache, dass es für einen Freigelassenen eine eigene Begrifflichkeit gab untermauert dies: *libertus*. Sprachlich gehörte diese Personengruppe zu einer eigenen Kategorie. Der ehemalige Sklavenstatus war für jeden erkennbar. Oft drängt sich auch der Begriff des Emporkömmlings in antiken Schriften auf. Der Freigelassene stellte jemanden dar, der sich von der untersten sozialen Stufe auf eine

---

60 *Klingenberg*, Sozialer Abstieg in der römischen Kaiserzeit, S. 25.
61 *Mouritsen*, The Freedmen in the Roman World, S. 39.
62 *Mouritsen*, The Freedmen in the Roman World, S. 7.
63 *Barschdorf*, Freigelassene in der Spätantike, S. 200.
64 *Mouritsen*, The Freedmen in the Roman World, S. 36.
65 *Mouritsen*, The Freedmen in the Roman World, S. 36.
66 *Mouritsen*, The Freedmen in the Roman World, S. 6.

höhere gearbeitet hat. So stellt beispielsweise Petron in seinem Roman *Petronii Satiricon* eine der Nebenpersonen – Trimalchio – als freigelassenen Emporkömmling dar: Petron beschreibt ihn als halbgebildet, leicht „protzig“ und stellenweise auch vulgär.[67] Dieses Beispiel zeigt, dass selbst finanzielle Mittel des Freigelassenen nicht ausreichten – Trimalchio blieb der Aufstieg in die Oberschicht trotz größten Reichtums verwehrt.[68] Viele Freigelassene ahmten die Lebensweisen der „oberen Schicht“ nach und überkompensierten ihr Stigma – dies rief dieses Phänomen hervor.[69]

Daher kam es oft und speziell in klassischer Zeit zu überlieferten „Neid-Situationen“, auf die nach Cassius Dio politische Reaktionen nicht lange auf sich warten ließen. Er berichtet, dass man 50 v. Chr. die Söhne von Freigelassenen aus dem Senat ausschloss.[70] Der Staat ergriff sogar politische Instrumente, um gegen den sozialen Aufstieg und ein Mitspracherecht der Freigelassenen im Staat zu kämpfen.

Insgesamt ist es unmöglich, den Freigelassenen als solchen in eine einheitliche soziale Stufe einzuordnen. Es kam im Wesentlichen auf die individuelle Situation an. Die Beweggründe für seine Freilassung und welche Ausbildung er während seiner Zeit als Sklave genoss, spielten ebenso eine wichtige Rolle. Ein weiterer Faktor war auch der Status des Patrons innerhalb der römischen Gesellschaft: Je höher dieser gewesen ist, desto höher war auch das Ansehen seines Freigelassenen. Gerade reiche Patrone überließen ihren *liberti* häufig Geschäfte oder Betriebe, verbunden mit der Auflage, einen Teil des Gewinns abzugeben. Das soziale Ansehen dieser „wohlhabenden“ Freigelassenen war höher als das anderer ehemaliger Sklaven.

Auf der einen Seite war der Freigelassene frei, andererseits sozial aber nicht vollkommen gleichgestellt. In der Regel war er auch noch sozial abhängig von seinem Freilasser. *Veyne* hat aus diesen Gründen vorgeschlagen, die Sklaven von den ehemaligen Sklaven gesondert sozial anzusehen,

> *„weil die Geburtsbarriere nicht horizontal verlaufe und es parallel zu den Freien eine vergleichbare soziale Abstufung bei Sklaven und Freigelassenen, nur im Stufenvergleich jeweils auf einer etwas niedrigeren Ebene, gebe.“*.[71]

Problematisch für das Verständnis der sozialen Stellung und Rolle der Freigelassenen ist auch, dass sich diese Personengruppe nicht mit einer modernen Gesell-

67 *Hoffmann*, Petronius- Satiricon, S. 16.
68 *Wojtkowiak*, Christologie und Ethik im Philipperbrief, S. 151, Fn. 196.
69 *Klingenberg*, Sozialer Abstieg in der römischen Kaiserzeit, S. 21.
70 *Cassius Dio*, 40.63.4.
71 *Vittinghoff*, in: Historische Zeitschrift, Band 230 (1980), S. 33.

schaftskategorie vergleichen lässt.[72] Dies erschwert es umso mehr, die Stellung der Freigelassenen heute nachzuvollziehen. Teilweise verweist man auf die Figur des *Parvenüs*, bei dem es sich um einen Emporkömmling in der ersten Generation handelt.[73] Jedoch ist zweifelhaft, ob solche modernen Gesellschaftsbegriffe der individuellen Situation der Freigelassenen in der Antike entsprechen.

Im Ergebnis ist eine genaue soziale Einordnung der Freigelassenen nicht möglich. Der *libertus* stellt eine Kategorie *sui generis* dar, die sich nicht pauschal bestimmen lässt.[74] An bestimmten Kriterien lässt sich jedoch seine soziale Stellung festmachen: Zum einen ist er nach wie vor sozial stigmatisiert gewesen. Allein aufgrund seines Namenszusatzes und der Einordnung in die Gruppe der *liberti* war ein Rückschluss auf seine eigentliche soziale „Herkunft“ möglich. Dieses Stigma behielt er auch sein Leben lang. Seine individuelle Lebenssituation und seine soziale Eingliederung hingen im Wesentlichen von seinen Lebensumständen ab. Der Freigelassene konnte durchaus sehr wohlhabend sein und dadurch eine sehr hohe soziale Stellung genießen – jedoch auch durchaus in ärmlichen Verhältnissen leben.

Durch die Freilassung änderte sich nicht nur die soziale Stellung der ehemaligen Sklaven. Auch rechtlich änderte sich nun im Leben der Freigelassenen etwas Wesentliches. Nicht nur, dass die Freilassung selbst einen rechtlichen Akt darstellte, sie zog auch verschiedene rechtliche Konsequenzen nach sich. Die Folgen der *manumissio* trafen nicht nur den Freigelassenen selbst, sondern wirkten sich auch auf seine Familie, insbesondere auf die Nachkommen aus.

Ein durchaus ausschlaggebender Faktor für die soziale Stellung des Freigelassenen ist auch seine Form des Bürgerrechts: das römische oder latinische. Während das römische Bürgerrecht mehr Vorzüge für den Freigelassenen enthielt, gilt das latinische als das „mindere“.[75]

II. Erste rechtliche Ausgestaltung der *manumissio*

Wann gestaltete man die Freilassung rechtlich aus? Wo finden sich ihre Grundlagen und wie entwickelte sie sich?

Aus römischer Zeit sind bereits im 12-Tafel-Gesetz Regelungen zur Freilassung zu finden. So lässt sich aus den Gaius Inst. 4.14 auf eine Regelung im 12-Tafel-Gesetz schließen:

---

72 *Mouritsen*, The Freedmen in the Roman World, S. 6.
73 *Mouritsen*, The Freedmen in the Roman World, S. 6.
74 *Mouritsen*, The Freedmen in the Roman World, S. 7.
75 Zur Unterscheidung zwischen den verschiedenen Arten des Bürgerrechts, siehe S. 49 ff.

Poena autem sacramenti aut quingenaria erat aut quinquagenaria. Nam de rebus mille aeris plurisue quingentis assibus, de minoris uero quinquaginta assibus sacramento contendebatur; nam ita lege XII tabularum cautum erat. [at] si de libertate hominis controversia erat, etiamsi pretiosissimus homo esset, tamen ut L assibus sacramento contenderetur, eadem lege cautum est favore scilicet libertatis, ne onerarentur adsertores.[76]

Vordergründig behandelt diese Regelung den „Wetteinsatz" in einem Gerichtsverfahren – es geht jedoch daraus hervor, dass es schon Prozesse gab, in denen die Freilassung als solche eine Rolle spielte. Das 12-Tafel-Gesetzes erwähnte die Freilassung eines Sklaven bereits und es bestand auch häufig Streit über *„libertate hominis controversia"* – andernfalls erübrigte sich eine solche Regelung. Eine *manumissio* selbst nennt die Quelle allerdings nicht.

Zudem findet sich in den Fragmenten Ulpians in 29.1 noch ein Hinweis auf das 12-Tafel-Gesetz:

Civis Romani liberti hereditatem lex duodecim tabularum patrono defert, si intestato sine suo herede libertus decesserit (...).[77]

Verstarb der Freigelassene eines römischen Bürgers testamentslos, erbte der Patron, wenn keine Erben des *libertus* vorhanden waren. Im Umkehrschluss bedeutet dies jedoch auch, dass der Freigelassene ein Testament verfassen konnte und man die eigenen Erben nicht überging. Dies spricht für einen Schutz des Freigelassenen.

Zwar ist der *liber singularis regularum* eine besonders umstrittene Quelle des römischen Rechts, da man seit Jahrhunderten diskutiert, ob es sich um ein authentisches Zeugnis klassischen Rechts handelt,[78] – die Regelung geht jedoch eindeutig auf das 12-Tafel-Gesetz zurück. Es handelt sich um die klassische Regel, welche die vorklassische *societas Rutiliana* ersetzte, nachdem Servius in seinem Edikt dem Patron keine Rechte an Person oder Arbeitskraft des *libertus* mehr

---

76 *Und zwar betrug die Geldeinsatzbuße entweder 500 oder 50 As. Denn wegen Sachen im Wert von 1000 As oder mehr wurde mit 500 As als Geldeinsatz gestritten, wegen geringwertiger aber mit 50 As; so ist es nämlich im Zwölftafelgesetz bestimmt worden. Wenn (aber) ein Streit über die Freiheit eines Menschen bestand, wurde aufgrund einer Bestimmung desselben Gesetzes auch dann, wenn der Mensch sehr wertvoll war, nur mit 50 As als Geldeinsatz gestritten, natürlich zur Begünstigung der Freiheit, damit die Freiheitskläger nicht belastet wurden.* (Text und Übersetzung aus: *Manthe*, Gaius-Institutionen 4.14.).

77 *Die Erbschaft des Freigelassenen eines römischen Bürgers überträgt das Zwölftafelgesetz dem Patron, wenn der Freigelassene testamentslos ohne einen seiner Hausgewalt unterworfenen Erben verschied. (...).* (Text und Übersetzung aus: *Flach*, Das Zwölftafelgesetz, S. 90).

78 *Avenarius*, Der pseudo-ulpianische *liber singularis regularum*, S. 13.

beließ.[79] Gaius 3.41 stellt diese Regelung nur als Beseitigung einer Ungerechtigkeit dar, die das 12-Tafel-Gesetz hervorbrachte. Danach schloss man den Freilasser von der Erbschaft durch alle Hauserben aus.[80]

Auch Ulpians Epitome (Überlieferungen von Ulpians Texten) schließen auf Regelungen im 12-Tafel-Gesetz. So sagt beispielsweise Ulp. frag. 2.4:

> *Sub hac condicione liber esse iussus, 'si decem milia (sestertiorum) heredi dederit', etsi ab herede abilienatus sit, emptori dando pecuniam ad libertatem pervenit; idque lex duodecim tabularum iubet.*[81]

Hier lag der Fall vor, dass sich ein Sklave nach dem Tod seines Herrn beim Erben freikaufen konnte (dies stellte eine Bedingung, „*conditione*", dar), dieser ihn jedoch an einen Dritten weiterverkaufte. Die Regelung besagt für diese Fälle, dass sich der Sklave auch bei seinem Erwerber freikaufen konnte.

Das Zwölftafelgesetz regelte also bereits, wie der Sklave seine Freiheit erlangte. Wie sich aus der Quelle ergibt, war es auch schon möglich sich unter Erfüllung einer Bedingung freizukaufen.

Die Regelungen des 12-Tafel-Gesetzes bezüglich der Freigelassenen waren also bereits detailliert und regelten auch die Erbschaftsverhältnisse innerhalb des Patronatsverhältnisses.

Die Freilassung als rechtliches Institut wurde bereits sehr früh ausgestaltet – insgesamt ist die Quellenlage aus der früheren Zeit jedoch recht dünn. Die Quellen schließen darauf, dass die Voraussetzungen der Freilassung und erbrechtliche Regelungen innerhalb des Patronatsverhältnisses bereits im 12-Tafel-Gesetz fixiert waren. Die Basis für das Freilassungsrecht der nächsten Jahrhunderte, das sich kontinuierlich weiterentwickelte, wurde gelegt.

B: Hoffnung und Wunsch auf Freilassung

I. Hoffnung und Wunsch auf Freilassung

Wie stark der Wunsch nach Freilassung tatsächlich bei den Sklaven ausgeprägt gewesen ist, lässt sich nicht verlässlich belegen. Der Freigelassene stand auf einer höheren sozialen Stufe als der Sklave und konnte mit Sicherheit ein selbst-

---

79 *Avenarius*, Der pseudo-ulpianische *liber singularis regularum*, S. 126.

80 *Avenarius*, Der pseudo-ulpianische *liber singularis regularum*, S. 126.

81 *Wurde er unter der Bedingung „wenn er dem Erben zehntausend (Sesterze) gegeben hat" dafür vorgesehen, frei zu sein, wird er, auch wenn er vom Erben veräußert wurde, dadurch zur Freiheit gelangen, dass er dem Käufer das Geld gibt, und zwar sieht dies das Zwölftafelgesetz vor.* (Text und Übersetzung aus: *Flach*, Das Zwölftafelgesetz, S. 100).

bestimmteres Leben führen. Aus heutiger Sicht ist es schwer vorstellbar, dass sich ein Sklave nicht nach der *manumissio* sehnte. Es ist jedoch denkbar, dass gerade dieses selbstständigere Leben einigen Sklaven auch Angst machte.[82] Einzelne scheuten sogar die Verantwortung, die damit einherging, da man nun auf sich alleine gestellt gewesen ist.

Ein wichtiger Faktor stellte die finanzielle Sicherheit für den Sklaven dar. Ab dem Moment der Freilassung konnte er sich nicht mehr in demselben Maß wie zuvor auf die Unterstützung seines Patrons verlassen. Er musste von nun an für sich selbst sorgen und seinen eigenen Lebensunterhalt bestreiten. Dies geht auch aus den Lehrgesprächen des Epictetus (50–138 n. Chr.)[83] hervor, der selbst ein ehemaliger Sklave gewesen ist (Epict. Diss. 4.1.35–37):

> *εἶτα ἀπηλευθέρωται καὶ εὐθὺς μὲν οὐκ ἔχων, ποῖ φάγῃ, ζητεῖ, τίνα κολακεύσῃ, παρὰ τίνι δειπνήσῃ: εἶτα ἢ ἐργάζεται τῷ σώματι καὶ πάσχει τὰ δεινότατα κἂν σχῇ τινα φάτνην, ἐμπέπτωκεν εἰς δουλείαν πολὺ τῆς προτέρας χαλεπω [36] τέραν ἢ καὶ εὐπορήσας ἄνθρωπος ἀπειρόκαλος πεφίληκε παιδισκάριον καὶ δυστυχῶν ἀνακλαίεται καὶ τὴν δουλείαν ποθεῖ. [37] 'τί γάρ μοι κακὸν ἦν; ἄλλος μ' ἐνέδυεν, ἄλλος μ' ὑπέδει, ἄλλος ἔτρεφεν, ἄλλος ἐνοσοκόμει, ὀλίγα αὐτῷ ὑπηρέτουν. νῦν δὲ τάλας οἷα πάσχω πλείοσι δουλεύων ἀνθ' ἑνός;*[84]

Epictetus setzt sich an dieser Stelle intensiv mit den finanziellen Folgen der Freilassung auseinander und stellt ihre Folgen äußerst negativ für den Freigelassenen dar. Hinzu kam, dass spätestens mit der nächsten Generation das Schutzverhältnis des Patronats endgültig endete (vorausgesetzt ein solches bestand im individuellen Fall).[85] Wie viele Sklaven sich tatsächlich mit diesen Folgen ihrer Freilassung auseinandersetzten und ob dies Auswirkungen auf ihren Wunsch der *manumissio* hatte, kann man nur vermuten.

---

82 *Weiler*, Die Beendigung des Sklavenstatus im Altertum, S. 129 ff.

83 *Grenz*, The Moral Quest, S. 86.

84 *Dann ist der Sklave frei und hat sofort keinen Platz zum Schlafen und Essen, er schaut sich nach jemanden um, dem er schmeicheln kann, nach jemanden, in dessen Haus er essen kann. Als nächstes verdient er seinen Lebensunterhalt mit Prostitution und erträgt die furchtbarsten Dinge und wenn er einen Neidhammel bekommt, von dem er Essen bekommt, ist er wieder in der Sklaverei zurück; oder selbst wenn er reich wird, und ein Protz ist, und sich in eine Frau verliebt, geht es ihm schlecht, er klagt und hat Sehnsucht nach der Sklaverei. Warum, was ist falsch mit mir? Jemand anderes kleidete mich ein, und gab mir Essen, und pflegte mich, wenn ich krank war; ich diente ihm nur wenig. Aber jetzt, ein jämmerlicher Mann der ich bin, bin ich Sklave für mehrere, statt für einen.* (Text aus: *Teubner [Ed.]*, Epicteti Dissertationes ab Arriano digestae. Epictetus; Übersetzung aus: *Bradley*, Slaves and Masters in the Roman Empire, S. 82).

85 *Kaser; Knütel; Lohsse*, Römisches Privatrecht, S. 98.

Viele Freigelassene besaßen nach ihrer *manumissio* selbst Sklaven.[86] Dies geht aus Dokumenten der östlichen Provinzen hervor. Das älteste Dokument stammt aus Alexandria (BGU 1112, 4 v. Chr.) und berichtet von dem Freigelassenen Gaios Iulios Felix, der seine Sklavin vermietete. Zahlreiche Dokumente schließen auf den Ankauf von Sklaven durch Freigelassene.[87] Einige Quellen – wie beispielsweise Seneca *de clementia* 1.18.2 – berichten sogar davon, dass Freigelassene die schlimmsten Sklavenhalter gewesen seien. Ein historisches Beispiel für einen solchen *libertus* soll Isodorus gewesen sein.[88]

Warum aber gab es die Freilassung? Wurde sie für die Sklaven oder für die Herren entwickelt?

Verlässliche Quellen oder Belege für die Beantwortung dieser Frage lassen sich nicht finden. Ob ursprünglich die Freilassung als Vorteil für die Sklavenhalter oder die Sklaven entwickelt wurde, lässt sich daher nur vermuten. Da die Herren, auch wenn die Sklaven unter äußerst schlechten Bedingungen lebten, bei eingeschränkter Arbeitskraft aufgrund Altersschwäche oder Krankheit, vermutlich finanzielle Belastungen fürchteten, liegt es nahe, dass die Forderung seitens der Herren nach einer Lösung dieses Problems laut wurde.

Die Etablierung der Freilassung sorgte aber auch für eine Verhinderung von Sklavenaufständen. Indem man den Sklaven einen Anreiz der Freilassung gab, dämmte man auch die politische Brisanz der Aufstände ein.

Aber auch erbrechtliche Folgen können für die Freilassung relevant gewesen sein: Wenn der Hausherr keinen Erben – *sui* -hatte, rückte der Freigelassene an diese Stelle.[89]

Die Motive für Freilassungen waren sehr vielseitig und vom Verhältnis des Patrons zum Sklaven abhängig. Grundsätzlich bestand zu keiner Zeit eine allgemeine Verpflichtung des Sklavenhalters zur Freilassung. Diese ergab sich nur durch ein Testament oder sonstige Rechtsgeschäfte.[90] Dies ist eine Form der Privatautonomie: dem Freilasser stand es frei, sich für oder gegen eine Freilassung zu entscheiden.

Treue Dienste, weniger Arbeitskraft aufgrund eines höheren Alters oder der unaufhörliche Nachschub neuer Sklaven sind dabei nur einige Aspekte. Mit

86 *Mouritsen*, The Freedmen in the Roman World, S. 5.

87 *Marinovic; Golubcova; Sifman; Pavlovskaja*, Die Sklaverei in den östlichen Provinzen des Römischen Reiches im 1.-3. Jahrhundert, S. 247.

88 *Treggiari*, Roman Freedmen during the Late Republic, S. 13.

89 *Kaser*, Das altrömische Ius, S. 161.

90 *Waldstein*, „Ingrati accusatio" im Römischen Recht, in: Danken und Dankbarkeit, S. 141.

steigendem Alter der Sklaven, ließ häufig ihre Leistungsfähigkeit nach und sie waren krankheitsanfällig. Das Interesse des Sklavenhalters an einem solchen Sklaven war äußerst gering. Vielfach spielte auch der Aspekt der höheren Produktivität infolge eines Ansporns durch die Aussicht der *manumissio* eine Rolle. Da die verbleibenden Sklaven die Aussicht auf Freilassung hatten, erhöhte sich deren Arbeitsmoral. Eine gezielte Auswahl der Freigelassenen war unerlässlich. Hatte jeder Sklave die gleiche Aussicht auf Freilassung, entfiel dieser Anreiz auf höheren Arbeitseinsatz. Dies geht beispielsweise aus den *sermones* 356,7 des Augustinus hervor.[91] Aber auch andere wirtschaftliche Motive spielten eine Rolle: Mit der Verpflichtung zu Dienstleistungen oder Geldzahlungen nach der Freilassung hat der Patron ein sicheres Einkommen – ohne jedoch für den Sklaven weiterhin aufkommen zu müssen. Oft erzielte der Freilasser mit dem Freikauf auch eine recht rentable Summe.[92] Laut Dionysios von Halikarnossos (Römische Geschichte 4.24.4) erlangten nur wenige Sklaven durch Freikauf den Status des *libertus*:

> *ἐτύγχανον δὲ τῆς ἐλευθερίας οἱ μὲν πλεῖστοι προῖκα διὰ καλοκἀγαθίαν: καὶ κράτιστος ἀπαλλαγῆς δεσποτῶν τρόπος οὗτος ἦν: ὀλίγοι δέ τινες λύτρα κατατιθέντες ἐξ ὁσίων καὶ δικαίων ἐργασιῶν συναχθέντα.*[93]

Die Eitelkeit der Patrone spielte eine große Rolle: Mit der (testamentarischen) Freilassung demonstrierte man Reichtum und Einfluss römischer Familien, wenn der ehemalige Sklave den Verstorbenen im Leichenzug (*pompa funebris*) zu Grabe trug. Als „Höhepunkt" galt, wenn der *libertus* die kegelförmige Filzkappe – die sogenannte Freiheitsmütze (*pilleus libertatis*) – trug. Diese galt als Zeichen seiner neu gewonnenen Freiheit.[94] So berichtet beispielsweise Dionysius von Halikarnassus,[95] dass Herren alle ihre Sklaven freiließen, damit diese mit den Hüten der Freiheit ihre Beerdigung schmückten.[96]

Häufig anzutreffen sind auch freigelassene Sklavinnen, die einer Liebesbeziehung zu ihrem Herrn die Freiheit verdankten. Nicht selten endete eine solche

91 *Barschdorf*, Freigelassene in der Spätantike, S. 40.

92 *Schumacher*, Sklaverei in der Antike, S. 293.

93 *Die meisten wurden umsonst wieder in Freiheit gesetzt, bloß wegen ihres Wohlverhaltens und ihrer Rechtschaffenheit; welches die beste Art war, einen Sklaven loszulassen. Nur wenige erkauften sich ihre Freiheit für das, was sie sich auf eine rechtmäßige Weise in ihrem Dienste erworben hatten.* (Text aus: *Jacoby [Editor]*, Dionysius of Halicarnassus; Übersetzung nach *Cary [Übers.]*, Dionysius of Halicarnassus, 4.24.4.).

94 *Schumacher*, Sklaverei in der Antike, S. 293.

95 *Dionysios von Halikarnassos*, 4.24.

96 *Duff*, Freedmen in the Early Roman Empire, S. 31.

Beziehung sogar in einer Ehe zwischen beiden Parteien. Dies belegen mehrere Inschriften und Grabinschriften.[97]

Der Einsatz des Freigelassenen als Strohmann in Handelsgeschäften eines Senators stellte ein weiteres Motiv für eine Freilassung dar.[98]

Anzutreffen ist auch die Freilassung aus Dankbarkeit, weil beispielsweise der Sklave den Herrn rettete oder in einer besonderen Weise beschützte.[99] Eine gewisse Treue des Sklaven gegenüber seinem Herrn – die eine Nähe voraussetzte – dürfte dafür unerlässlich gewesen sein.

Im Übrigen sind vier weitere Hauptgründe zu nennen: finanzielle Motive, Prestigegründe, Altruismus und sonstige Motive zugunsten des Herrn oder Staates.[100]

Im Vordergrund standen in einer Vielzahl der Fälle eigennützige Motive[101] – wie dargestellt.

II. Aussicht auf Freilassung

Alföldy schrieb 1986 Folgendes zur Aussicht der Sklaven auf eine Freilassung:

> *„Sklaven in höherem Alter als 30 bis 40 finden sich deshalb kaum, weil jene servi, die dieses Alter erreichten, bereits meist über die Freiheit verfügten und in den Inschriften dementsprechend nicht mehr als servi, sondern als liberti erwähnt werden. Das bedeutet so viel, dass die Sklaven – abgesehen von der häufigen Möglichkeit der früheren manumissio – zumindest nach dem 30. oder 40. Lebensjahr, falls sie dieses Alter erreichten, in überraschend großer Zahl freigelassenen worden sein müssen.“*[102]

Eine solche pauschale, zahlenmäßige Aussage gibt die Quellenlage nicht her. Gerade das Alter beziehungsweise spezielle Zahlen lassen sich lediglich grob schätzen. Im Übrigen verfügten Sklaven über eine schlechte gesundheitliche Versorgung und erreichten kein hohes Alter.

Inwieweit die Sklaven auf die Freilassung hoffen konnten, hing im Ganzen von zwei Faktoren ab: Zum einen vom Zeitpunkt, zu dem der Sklave lebte, zum anderen auch von seiner persönlichen Nähe zum Freilasser.

97 *Schumacher*, Sklaverei in der Antike, S. 295.
98 *Knoch*, Sklavenfürsorge im Römischen Reich, S. 9.
99 *Bradley*, Slavery and Society at Rome, S. 160.
100 Im Übrigen gibt *Knoch*, Sklavenfürsorge im Römischen Reich, S. 9 ff. einen sehr guten Überblick für die Motive für Freilassungen.
101 *Barschdorf*, Freigelassene in der Spätantike, S. 41.
102 *Alföldy*, in: Revista storica dell'antiquita, 1972, S. 114.

1.) Zeitliche Umstände

Generell stellte die Freilassung zu allen Zeiten in der Antike wohl keine Ausnahme dar, sondern wurde zahlreich praktiziert – wobei die römische Gesellschaft häufiger von der *manumissio* Gebrauch machte, als die griechische.[103] Fraglich ist nur, ob die Freilassung durchweg in gleicher Anzahl zur Anwendung kam.

a.) Veränderungen unter Appius Claudius Caecus

Wirklich verlässliche Vermutungen lassen sich erst seit 312 v. Chr. anstellen. Da Appius Claudius Caecus (340–273 v. Chr.)[104] rechtlich verbindliche Regelungen für die Freilassungen schuf (zur Vereinfachung und Vereinheitlichung)[105], liegt es wohl nahe, dass die Anzahl der Freilassungen stieg, da der Bedarf nach diesen anwuchs. Unter Appius Claudius Caecus war es erstmals möglich, Freigelassene in den Senat zu berufen.[106]

b.) Veränderungen unter Augustus

Zwar sind keine verlässlichen Zahlen für Freilassungen verfügbar – unter Augustus stieg die Anzahl der Freilassungen aber vermutlich so stark, dass man sie reguliert musste, da man sie als Gefahr für die Gesellschaft ansah: Ursprünglich bestanden zwar Regelungen, die die *manumissio* betrafen, jedoch regelten diese nur die Ausführung und schränkten den Umfang nicht ein. Augustus schuf zahlreiche rechtliche Regelungen, die eindeutig die Freilassungen unter den Römern einschränkten. Es handelte sich dabei um die ersten Maßnahmen dieser Art.

Ciceros *pro Rabirio perduellionis reo ad quirites oratio* 16 zeigt, wie verbreitet die Freilassung zeitweise gewesen sein muss:

> *misera est ignominia iudiciorum publicorum, misera multatio bonorum, miserum exsilium; sed tamen in omni calamitate retinetur aliquod vestigium libertatis. mors denique si proponitur, in libertate moriamur, carnifex vero et obductio capitis et nomen ipsum crucis absit non modo a corpore civium Romanorum sed etiam a cogitatione, oculis, auribus. harum enim omnium rerum non solum eventus atque perpessio sed etiam condicio, exspectatio, mentio ipsa denique indigna cive Romano atque homine libero est. an vero servos nostros horum suppliciorum*

103 *Alföldy*, in: Revista storica dell'antiquitá, 1972, S. 97.
104 *Blits*, The Heart of Rome, S. 144.
105 *Staveley*, in: Historia – Zeitschrift für Alte Geschichte, 8 (1959), S. 410.
106 Livius, 9.29.

omnium metu dominorum benignitas vindicta una liberat; nos a verberibus, ab unco, a crucis denique terrore neque res gestae neque acta aetas neque vestri honores vindicabunt?[107]

Die Textstelle *ignominia iudiciorum publicorum* bezeichnet das Stigma gegen die *dignitas* oder *existimatio*. Eine Parallele zur *infamia* besteht.[108] Diese hatte den Verlust der bürgerlichen Ehre zur Folge,[109] entspringt also auch dem Bereich der Ehre und der Moral. Sie geht auf althergebrachte Regeln (*moribus*) zurück und dauerte lebenslänglich. Oft ging mit ihr auch der Verlust politischer Rechte einher.[110] Die Konsequenz der *infamia* ist der Verlust des guten Namens gewesen („*ingomnia iudiciorum publicorum*").

Die Stelle „*a vero servos nostros (…) vindicabunt*" zeigt die Überlegenheit gegenüber Sklaven – unabhängig davon, wie niedrig der Stand des römischen Bürgers war.[111] Es wird gegen die Politik Sullas argumentiert, der die Zahl der Sklaven deutlich durch seine Freilassungen reduzierte.[112]

Zu dieser Zeit bestand für Sklaven eine sehr große Hoffnung auf Freilassung. Ihre Herren machten wohl oft davon Gebrauch. Gelegentlich wird auch von einem

---

107 *Es ist ein Elend, den guten Namen vor Gericht zu verlieren, ein Elend ist es auch eine Buße von seinem Vermögen gefordert zu bekommen und ein Elend ist das Exil, aber in jedem Elend bleibt eine Spur von Freiheit. Auch wenn der Tod vor uns liegt können wir in Freiheit sterben. Aber der Scharfrichter, mit verhülltem Haupt und dem besonderen Wort „Kreuz" lässt sie alle nicht nur von den Körpern der römischen Bürger, sondern auch von ihren Gedanken frei; ihre Augen und ihre Ohren. Das Ergebnis und das Leiden, als auch die Situation, sogar Vorfreude über ihre Befähigung und am Ende die bloße Nennung von ihnen ist unwürdig für einen römischen Bürger und freien Mann. Oder ist es, weil die Güte der Herren die Furcht der Sklaven mit einem Schlag durch die Freilassung nimmt. Auch nicht unsere Heldentaten, oder unsere Leben, noch unsere Ehre, die ihr jemanden erwiesen habt, wird uns von der Geißelung, von dem Haken und letzten Endes von den Grauen des Kreuzes befreien?* (Text aus: Library of Latin Texts, CLCLT, 2010; Übersetzung in Anlehnung an: *Tyrell*, A legal and historical commentary to Cicero's *oratio pro C. Rabirio perduellionis reo*).

108 *Tyrrell*, A legal and historical commentary to Cicero's *oratio pro C. Rabirio perduellionis reo*, S. 100.

109 *Honsell*, Römisches Recht, S. 122.

110 *von Keller*, Institutionen, S. 10.

111 *Tyrrell*, A legal and historical commentary to Cicero's *oratio pro C. Rabirio perduellionis reo*, S. 100.

112 *Tyrrell*, A legal and historical commentary to Cicero's *oratio pro C. Rabirio perduellionis reo*, S. 100.

Massenphänomen gesprochen.[113] In welcher zahlenmäßigen Häufigkeit die Freilassungen stattgefunden haben, lässt sich jedoch nicht verbindlich sagen.

Sueton berichtet in *Augustus* 40.4 nun von der Reaktion des Augustus auf das „Massenphänomen" Freilassung:

> *servos non contentus multis difficultatibus a libertate et multo pluribus a libertate iusta removisse, cum et de numero et de condicione ac differentia eorum, qui manumitterentur, curiose cavisset, hoc quoque adiecit, ne vinctus umquam tortusve quis ullo libertatis genere civitatem adipisceretur.*[114]

Mit diesen „Erschwerungen" der Freilassung und der Erlangung des Bürgerrechts meint Sueton folgende drei Gesetze: die *Lex Iulia* (18 v. Chr.), *Lex Aelia Sentia* (4 n. Chr.), sowie die *Lex Papia* (9 n. Chr.). Sie alle stehen in Verbindung mit den bevölkerungspolitischen Maßnahmen unter Augustus.[115] Die *Lex Aelia Sentia* wurde auf Antrag der Konsuln Sextus Aelius Catus und Caius Sentius Saturnius erlassen.[116] Wesentliche Regelungen der Gesetze betreffen die Ehe, weshalb man sie auch oft die Ehegesetze des Augustus nennt. Viele Regelungen betreffen auch die *liberti* – vor allem die Beschränkung von Freilassungen.[117] Die *Lex Aelia Sentia* sah ein Mindestalter des Herrn von 20 Jahren und des Sklaven von 30 Jahren bei der prätorischen Freilassung vor.[118] Die *Lex Fufia Caninia* bestimmte, dass Herren – je nach Zahl der Sklaven – nur eine gewisse Quote freilassen durften.[119] Dieses Gesetz wandelte gewohnheitsrechtliches Überlieferungsgut in geschriebenes Recht um, womit das Gesetz zu den sog. *novae leges* gehört.[120]

---

113 *Weiler*, Die Beendigung des Sklavenstatus im Altertum, S. 190.

114 *Er (Anm: Augustus) gab sich nicht damit zufrieden, den Sklaven bei ihren Bemühungen um die Freilassung große Schwierigkeiten und bei denen um das volle Bürgerrecht noch größere zu machen, indem er bezüglich der Zahl, der Bedingung und der unterschiedlichen Behandlung derer, die freigelassen werden sollten, sehr sorgfältige Vorsichtsmaßnahmen getroffen hatte; darüber hinaus erließ er eine Verfügung, dass niemand, der jemals inhaftiert oder gefoltert worden war, durch irgendeine Form der Freilassung das Bürgerrecht erlangen dürfte* (Text und Übersetzung aus: *Schmitz*, Sueton-Augustus, S. 67).

115 *Waldstein*, Operae Libertorum, S. 161.

116 *Schumacher*, Sklaverei in der Antike, S. 294.

117 *Waldstein*, Operae Libertorum, S. 161.

118 *Schumacher*, Sklaverei in der Antike, S. 294.

119 *Flaig*, Weltgeschichte der Sklaverei, S. 63.

120 *Bellen*, Politik – Recht – Gesellschaft, S. 205.

Laut Sueton war es ein Anliegen von Augustus „*magni preaterea existimans sincerum atque ab omni colluvione peregrini ac servilis incorruptum servare populum*".[121] (Sueton, *Augustus*, 40.3).

Auch die folgende Stelle verdeutlicht, dass Augustus Vorurteile gegen Freigelassene hegte und diesen misstraute (Sueton, *Augustus*, 25.2):

> *libertino milite, praeterquam Romae incendiorum causa et si tumultus in graviore annona metueretur, bis usus est: semel ad praesidium coloniarum Illyricum contigentium, iterum ad tutelam ripae theni fluminis;(..)*[122]

Daran zeigt sich, dass er Freigelassene grundsätzlich aus dem "Staatsapparat" heraushalten wollte und nur "für das Grobe" einsetzte. Ob man Freigelassene für solche Dienste tatsächlich einsetzte, ist anhand der Quellenlage nicht nachzuvollziehen.[123] Historisch belegbar ist eine Ungleichheit, die sich entwickelte. Während der Republik war eine Aufnahme in das Heer noch uneingeschränkt möglich gewesen. Unter Augustus setzte man Freigelassenen wohl nur noch in Notfällen ein. Es bestand zu keiner Zeit ein offizielles gesetzliches Verbot der Aufnahme in das Heer.[124]

Freigelassene arbeiteten oftmals im Handwerk und Kleinhandel, aber auch im Bildungsbereich oder in den freien Berufen, und stellten somit eine wirtschaftliche Konkurrenz zu ihren Patronen dar.[125] Neid und Missgunst könnten daher ein Grund dafür gewesen sein, die *liberti* aus staatlichen Belangen herauszuhalten.

Das Motiv für Augustus' Regelungen bleibt in der Forschung weiterhin strittig. Teils stellt die Literatur darauf ab, dass er die Anzahl der Freilassungen eingrenzen wollte – auf der anderen Seite hebt sie wirtschaftliche Interessen hervor.[126] Seine Motive gingen jedoch darüber hinaus:

Er verfolgte eine Verrechtlichung der *mores*.[127] Diese sollten nach der Zeit des Umbruchs der späten Republik mit ihren Verwerfungen und Erschütterungen

---

121 „Für wichtig hielt er es außerdem, das Volk von jeder Blutsvermischung mit Angehörigen fremder Völker oder Sklaven rein und unverfälscht zu halten." (Text und Übersetzung aus: *Schmitz*, Sueton-Augustus, S. 67).

122 *Freigelassene als Soldaten hat Augustus, außer bei Brandstiftung in Rom oder wenn ein Aufstand bei gestiegenen Getreidepreisen befürchtet wurde, nur zweimal eingesetzt: einmal zum Schutz der Provinzen, die an Illyricum angrenzten, das andere Mal zur Sicherung des Rheinufers.* (Text und Übersetzung aus *Schmitz*, Sueton- Augustus, S. 39).

123 *Welwei*, Unfreie im Antiken Kriegsdienst, S. 18.

124 *Jung*, in: Aufstieg und Niedergang der römischen Welt, II, 14, S. 898.

125 *Schumacher*, Sklaverei in der Antike, S. 295.

126 Zum Forschungsstand: *Bradley*, Slavery and Society at Rome, S. 157.

127 *Mette-Dittmann*, Die Ehegesetze des Augustus, S. 193.

der althergebrachten Sitten wiederhergestellt werden.[128] Mit den Beschränkungen der Freilassung wollte Augustus Folgendes erreichen: zuverlässige Sklaven sollten durch die Freilassung das Bürgerrecht erhalten, unzuverlässige sollten vom Bürgerrecht ferngehalten werden.[129]

Insgesamt verdeutlicht dies, dass man ab Augustus die Anzahl der Freilassungen einschränken wollte. Dies geschah auch mit rechtlichen Mitteln und Regelungen. Ab diesem Zeitpunkt schwand auch die Aussicht der einzelnen Sklaven auf eine Freilassung.

Die tatsächlichen Auswirkungen dieser Begrenzungen sind jedoch zu bezweifeln.[130] Man machte nach wie vor häufig Gebrauch von Freilassungen und bis in die Spätantike verlieh man durch rechtsgültige Freilassung grundsätzlich das Bürgerrecht.[131] Partielle Veränderungen traten allerdings ein: Aufgrund – wenn auch zahlenmäßig nur gering – weniger Freilassungen, stieg die Zahl der Sklaven wieder. Dies begünstigte die Vermehrung des Sklavenstandes natürlich: Ließ man weniger Sklavinnen frei, wurden auch weniger freie Bürger geboren.[132]

2.) Persönliche Nähe/Berufsgruppe

Ein zweiter Faktor für die Chancen auf ein freieres Leben spielte die persönliche Nähe zum Freilasser.

Mit Nähe zum Freilasser stiegen die Chancen auf eine Freilassung. Vor allem treue Sklaven belohnte man, indem man sie frei ließ.[133] Die Chance für einen Haussklaven, seine Freiheit zu erlangen, war daher tendenziell höher.[134]

Es bestehen keine verlässlichen Zahlen darüber, wie viele Sklaven zu welcher Zeit tatsächlich die Freiheit fanden. Darüber können nur Mutmaßungen angestellt werden. Es gab aber Tätigkeitsbereiche, in denen die Sklaven eher auf eine Freilassung hoffen durften, beziehungsweise kaum Aussicht auf eine Freilassung bestand. Letzteres traf vor allem für die *servi* in der Landwirtschaft und den Bergwerken zu – auch weil es sich häufig um Strafsklaven handelte. Ein Grund liegt darin, dass die Beziehung zu dem Herrn nicht besonders eng und die Möglichkeit

---

128 *Barschdorf*, Freigelassene in der Spätantike, S. 64.
129 *Mette-Dittmann*, Die Ehegesetze des Augustus, S. 193.
130 *Alföldy*, in: Revista storica dell'antiquitá, 1972, S. 98.
131 *Schumacher*, Sklaverei in der Antike, S. 295.
132 *Flaig*, Weltgeschichte der Sklaverei, S. 63.
133 *Barschdorf*, Freigelassene in der Spätantike, S. 38.
134 *Barschdorf*, Freigelassene in der Spätantike, S. 39.

durch gute Arbeit hervorzustechen oder für treue Dienste belohnt zu werden, verhältnismäßig gering gewesen ist.[135]

Für eine bestimmte Gruppe von Sklaven, nämlich die Feld- und Hirtensklaven, oder die zur Zwangsarbeit verurteilten Straftäter, war die Chance auf Freilassung äußerst gering.[136] Mangelnde persönliche Beziehungen und die vergleichsweise geringe Lebenserwartung spielten hier eine Rolle.

III. Freiheit ohne Freilassung

In wenigen Ausnahmen gab es die Möglichkeit, dass der Sklave aufgrund einer gesetzlichen Verpflichtung oder ohne den Akt der *manumissio* die Freiheit erlangte.

Das Corpus Iuris Civilis enthält eine Regelung von Marcian in D. 40.8.5 nach der ein Sklave, der den Mord seines Herrn aufdeckte, frei wurde.

Ebenso enthält C. 7.13.1 eine Regelung, die auch auf älteres Recht verweist, nach der ein Sklave, der eine solche Tat für seinen Herrn rächte, in dem er den Mörder selbst tötete, frei wurde. Sollte er trotz größter Anstrengungen den Tod des Mörders nicht herbeiführen können, blieb die Entscheidung der Freiheit dem Präsidenten vorbehalten.[137]

Von Diokletian und Maximian (284–305 n. Chr.) ist bekannt, dass die Freiheit nach 20 Jahren ersessen werden konnte, wenn der Sklave gutgläubig gewesen ist und ohne Anfechtung wie ein Freier gelebt hat (vgl. C. 7.22.2). Unter Anastasius (491–518 n. Chr.) wurde die Grenze auf 40 Jahre erhöht (vgl. C. 7.39.4).[138]

Konstantin bestimmte im Jahr 339 n. Chr. in C. 1.10.1, dass christliche Sklaven jüdischer Herren die Freiheit automatisch erlangten. Auch im Codex Theodosius finden sich solche Regelungen.[139] Insgesamt stellte die Freiheit durch Freilassung die Regel dar, alles andere die Ausnahme.

IV. Zwischenergebnis

Der Freigelassene als solcher ist sozial schwer einzuordnen, da seine soziale Stellung insbesondere von der individuellen Lebensform abhing (Bildung, Be-

---

135 *Barschdorf*, Freigelassene in der Spätantike, S. 38 ff.

136 *Schumacher*, Sklaverei in der Antike, S. 292.

137 *Wagner*, Die soziale Entwicklung des Sklavenrechts in der römischen Kaiserzeit, S. 49.

138 *Wagner*, Die soziale Entwicklung des Sklavenrechts in der römischen Kaiserzeit, S. 172.

139 *Wagner*, Die soziale Entwicklung des Sklavenrechts in der römischen Kaiserzeit, S. 167.

rufsgruppe, Förderung durch Freilasser, etc.). Sozial erfuhr er aber keine Gleichstellung. Dies lässt sich insbesondere daran erkennen, dass er nach wie vor zu einer besonderen Personengruppe zählte, die wörtlich durch den Begriff *libertus* zusammenzufassen ist.

Die rechtlichen Grundlagen für das Freilassungsrecht legte bereits das 12-Tafel-Gesetz. Ob Sklaven generell eine Freilassung anstrebten, ist schwer zu beurteilen. Zwar erlangte der Sklave ein freieres, selbstbestimmteres Leben mit der Freilassung – die finanzielle Sicherheit, die er als *servus* genoss, hatte er nun jedoch nicht mehr. Er musste seinen Lebensunterhalt aus der eigenen Verantwortung heraus bestreiten und war (gerade in finanzieller Hinsicht) für sich selbst verantwortlich.

Vielseitig sind auch die Motive für die Freilassung gewesen. Neben Eitelkeit und Prestige, finanziellen Aspekten, spielte auch Altruismus eine Rolle. Die Chance auf Freilassung eines Sklaven hing im Wesentlichen von zwei Faktoren ab: von der Zeit, in welcher der Sklave lebte und seiner persönlichen Nähe zum Freilasser. Zeitweise fanden (insbesondere unter Augustus) starke Eingriffe in das Freilassungswesen statt, womit sich auch die Chancen des Sklaven auf Freilassung verringerten. Generell lässt sich aber sagen, dass sich die Möglichkeit der Freilassung mit steigender Nähe zum Freilasser erhöhte.

Ebenso ist festzuhalten, dass die Freiheit ohne Freilassung eine absolute Ausnahme darstellte. Regelmäßig erlangte der Sklave nur durch *manumissio* die Freiheit.

C: Nach der Freilassung gleich vor der Freilassung?

Die Freilassung stellte eine starke Veränderung im Leben des ehemaligen Sklaven dar. Es ist deutlich zwischen der sozialen und rechtlichen Stellung eines *libertus* zu unterscheiden. Während die rechtliche Situation umgrenzt und anhand juristischer Quellen einzuordnen ist, bereitet die soziale Stellung eines Freigelassenen verschiedene Probleme, die sich aber letztendlich rechtlich auswirken können. Auch nach der Freilassung gestalteten noch zahlreiche rechtliche Regelungen das Verhältnis zwischen den Parteien. Den zeitgenössischen Gesetzestexten kommt ein nahezu emotionales Gepräge zu,

> *„wenn sich die Institutionen im Zusammenhang mit der Freilassung auf ein geläutertes Verständnis von Menschlichkeit berufen (Inst. 1.6.2, vgl. auch Inst. 3.2.7; 3.6.10), wenn sie Beschränkungen der Freilassung für missgünstig (Inst. 1.7) oder unerträglich (Inst. 1.6.7)*

erklären oder eine der Freilassung nachteilige Spruchpraxis als von Gehässigkeit erfüllt bezeichnen.“[140]

Traten tatsächlich wesentliche Änderungen nach der Freilassung für den *libertus* ein? Oder lebte er weiterhin wie ein „Sklave“ unter der Herrschaft seines Freilassers? Wie ist das Verhältnis rechtlich ausgestaltet gewesen? Wie weit reichte die Patronatsgewalt? Erlangte der Freigelassene die volle Freiheit,[141] sodass eine Wiederversklavung allein aufgrund der Patronatsgewalt nicht möglich gewesen ist oder erlangte der *libertus* niemals die volle Freiheit[142] und eine Wiederversklavung war jederzeit möglich?

Blieb rechtlich für den Sklaven vor der Freilassung wie nach der Freilassung alles gleich? Was bedeutete das Patronatsverhältnis für den Freigelassenen? Im Wesentlichen geht es dabei um die Frage nach den konkreten Verpflichtungen, die dem *libertus* oblagen und ob er der Gefahr der Wiederversklavung ausgesetzt war. Ein wichtiger Faktor ist die zeitliche Einordnung der zur Verfügung stehenden Quellen. Änderte sich die Situation der Freigelassenen im Laufe der Zeit oder dauerte der Zustand für die *liberti* während der gesamten Antike an?

Diese Untersuchungen bilden die Grundlage für die Frage nach der rechtlichen Beständigkeit der Freilassung. War die Situation des *libertus* derart unsicher aufgrund seiner sozialen und rechtlichen Situation, dass er von seinem Freilasser oder Dritten jederzeit wiederversklavt werden konnte?

Auf den ersten Blick bedeutete es Folgendes: Generell bezeichnet das Patronatsverhältnis „eine Rechts- und Sozialbeziehung zwischen sozial, rechtlich, materiell oder in anderer Hinsicht Ungleichen im römischen Kulturkreis“.[143] Es wird erneut deutlich, dass der Freigelassene zwar einen neuen, aber eben nicht unbedingt gleichberechtigten Status, erhielt.

Aus dem Herrenrecht über den Sklaven entstand mit der Freilassung die Patronatsgewalt über den *libertus*. So bestand ein Gewaltverhältnis eines römischen Bürgers über einen anderen Bürger. Dies ist in seiner Ausgestaltung nicht ungewöhnlich, denn auch der Vater einer Familie herrschte rechtlich gesehen durch die

---

140 *Meincke*, Zur Freilassung nach dem Recht der Institutionen Iustinians, in: *Kroppenberg (Hrsg.)*, Recht, Religion, Verfassung: Festschrift für Hans-Jürgen Becker zum 70.Geburtstag am 3.November, S. 167.

141 So im Ergebnis *Mommsen* (*Kaser*, in: ZRG 58 (1938), S. 90), *Loening*, Geschichte des deutschen Kirchenrechts, Band 2, S. 234 und *Gardner*, Being a Roman Citizen, S. 51.

142 so im Ergebnis *Kaser*, in: ZRG 58 (1938), S. 90; *Lambert*, Les Operae Liberti, S. 10; *Fabre*, Libertus, S. 319.

143 *Bormann*, Philippi– Stadt und Christengemeinde zur Zeit des Paulus, S. 187.

patria potestas über seine untergegebenen Familienmitglieder – die aber dennoch römische Bürger waren. Spezifisch an diesem Verhältnis ist, dass der Sklave aus dem Gewaltverhältnis mit der Freilassung eigentlich entlassen sein sollte. Die Frage ist, ob er in ein neues Gewaltverhältnis gelangte.

I. Rechtlicher Status vor und nach der Freilassung

1.) Rechtlicher Status vor der Freilassung

Vor der Freilassung stand der Sklave vollkommen unter der Hausgewalt, der *patria potestas*, seines Herrn. Das bedeutete, dass er kein eigenes Vermögen, keine eigenen Rechte und keinen Rechtsstatus innehatte. Dies geht besonders aus D. 50.17.32 von Ulpian hervor:

> *Ulpianus 43 ad sab.*
> *Quod attinet ad ius civile, servi pro nullis habentur: non tamen et iure naturali, quia, quod ad ius naturale attinet, omnes homines aequales sunt.*[144]

Im Hinblick auf das moderne Verständnis von Menschenrechten, erscheint es aus heutiger Sicht besonders befremdlich einem Menschen den Personenstatus rechtlich abzuerkennen und ihn zu einer Sache zu degradieren. Interessant an dieser viel zitierten Stelle ist jedoch, dass sie einen deutlichen Unterschied zum *ius naturale* zieht, nach dem alle Menschen gleich sind. Dies verdeutlicht die Unterscheidung zwischen Naturrecht und Zivilrecht.

Was genau unter der Herrschaft des Patrons zu verstehen ist, führt Gaius in den Gaius Inst. 1.52 eingehend aus:

> *In potestate itaque sunt servi dominorum. Quae quidem potestas iuris gentium est: Nam apud omnes peraeque gentes animadvertere possumus dominis in servos vitae necisque potestatem esse, et quodcumque per servum adquiritur, id domino adquiritur.*[145]

Der Sklave konnte kein eigenes Vermögen aufbauen, was ihn lebenslang in der Abhängigkeit seines Herrn hielt. Eine Flucht oder der Aufbau eines selbstständigen Lebens ist so nahezu unmöglich gewesen. Es entstand eine vollkommene

---

144 *Ulpian, Sabinus, 43. Buch: Was das Zivilrecht betrifft, gelten die Sklaven für nichts, nicht aber im Naturrecht. Denn was das natürliche Recht betrifft, sind alle Menschen gleich* (Text und Übersetzung aus: *Rainer [Hrsg.]*, CRRS, Teil 1, S. 80).

145 *Sklaven befinden sich also in der Gewalt (potestas) ihrer Herrn. Diese Gewalt resultiert aus dem (ungeschriebenen) Völkergemeinrecht: Denn unterschiedslos bei allen Völkern kann man feststellen, dass Herrn Gewalt über Leben und Tod ihrer Sklaven haben; und alles was durch einen Sklaven erworben wird, wird für den Herrn erworben.* (Text und Übersetzung aus: *Eck; Heinrichs*, Sklaven und Freigelassene, S. 3).

rechtliche und soziale Abhängigkeit. Als Begründung für diese Sichtweise ist das *ius gentium* ausschlaggebend. Es stimmt mit unserem heutigen Verständnis des Völkerrechts nicht überein. Übersetzt bedeutet der Begriff „Recht der Völker" und bezeichnet nicht eine überstaatliche Rechtsordnung, sondern die Rechtsbeziehungen der Römer zu Ausländern. *Mommsen* geht von einer schrankenlosen Gewalt des Hausherrn über seine Angehörigen aus, die er mit der Gewalt des Staates über seine Gemeindeangehörigen vergleicht.[146]

Ein gewisser Schutz des Sklaven vor körperlicher Misshandlung bestand schon in früher Zeit – nur die Sitte, die aufgrund der engen Lebensgemeinschaft bestand, beschränkte diesen.[147] Das 12-Tafel-Gesetz fixierte später lediglich einen Bußgeldanspruch des Herrn gegen den Schädiger, sollte der Sklave körperlich durch einen Dritten verletzt werden (Tafel 8.2.3).[148] Auch die *Lex Aquilia* fixierte einen gewissen Schutz für den Sklaven (vgl. Gaius D. 9.2.2 pr.).[149]

10 n. Chr. verschärfte sich die Situation der Sklaven weiter. Unter anderem verankerte man eine gesetzliche Vermutung der Sklaven zur Mitschuld bei Tötung des Herrn. In diesen Fällen durften sie gefoltert und sogar getötet werden.[150]

Dass sich aber im Laufe der Zeit eine Besserung der Situation von Sklaven einstellte, führt Gaius in den Gaius Inst. 1.53 weiter aus:

> *Sed hoc tempore neque civibus Romanis nec ullis aliis hominibus, qui sub imperio populi Romani sunt, licet supra modum et sine causa in servos suos saevire.*[151]

In der Realität nutze man Sklaven in ihrer Situation aus und misshandelte sie. Aber auch Sklavenaufstände taten ihr Übriges zu dieser „Besserung". Die Tötung eines Sklaven stand jedoch erst unter Claudius als Mord unter Strafe (Sueton, *Claudius* 5.25).[152]

146 *Mommsen*, Strafrecht, S. 16.

147 *Wagner*, Die soziale Stellung des Sklavenrechts in der römischen Kaiserzeit, S. 20.

148 *Wagner*, Die soziale Stellung des Sklavenrechts in der römischen Kaiserzeit, S. 21.

149 *Wagner*, Die soziale Stellung des Sklavenrechts in der römischen Kaiserzeit, S. 22.

150 *Wagner*, Die soziale Entwicklung des Sklavenrechts in der römischen Kaiserzeit, S. 48.

151 *Aber heutzutage dürfen weder römische Bürger noch irgendwelche anderen Menschen, die unter der Herrschaft des römischen Volkes leben, ihre Sklaven über das Maß hinaus und ohne Grund misshandeln.* (Text und Übersetzung aus: *Filip-Fröschl; Rainer; Söllner [Hrsg.]*, CRRS, Teil 10, S. 33).

152 *Wagner*, Die soziale Stellung des Sklavenrechts in der römischen Kaiserzeit, S. 23.

2.) Rechtlicher Status nach der Freilassung

Mit der Freilassung erlangte der Sklave den Status eines Freigelassenen. Rechtlich bedeutete dies, dass er erstmals Rechte besaß und außerhalb der Familie und der Hausgewalt des Herrn leben konnte. Man entließ ihn aus der Gewalt seines Herrn. Rechtlich gesehen war er sein eigener Herr, da der Patron kein Eigentum mehr innehatte.[153] Dies bedeutete zum ersten Mal in seinem Leben auch soziale Mobilität. Dies bedeutete nicht nur einen Aufstieg, sondern konnte auch einen Abstieg in der sozialen Stufe bedeuten. Der Freigelassene war nun auch wirtschaftlich für sich selbst verantwortlich.

Als weitere Rechtsfolge ergab sich aus der Freilassung das Bürgerrecht. Da die *liberti* nun einen Rechtsstatus besaßen, teilte man sie auch in eine der drei Kategorien des Bürgerrechts ein. Aus Gaius Inst. 1.12 geht die Unterscheidung des Standes der Freigelassenen hervor:

> *Rursus libertinorum genera sunt tria: aut enim civis Romani aut Latini aut dediticiorum numero sunt.*[154]

Während man das römische Bürgerrecht als das „vollkommenste" ansah, stellte das latinische nur ein „minderwertiges" dar. Die Vorteile des römischen Bürgerrechts lagen in vielen Bereichen – wie beispielsweise dem Familien-, Steuer-, Ehe- und Strafrecht.[155]

Es gab ein *Latini iuniani/Latini colonarii*. Während es sich bei Ersterem um ein Recht handelt, dass man zum Beispiel bei einer unförmlichen Freilassung erlangte,[156] handelt es sich beim Zweiten um eine Art Zwischenstufe für die Einwohner der Latinerstädte. Diese wurden zwar offiziell Teil des römischen Gebietes, behielten jedoch ihre Autonomie. Ihnen stand beispielsweise kein politisches Mitspracherecht zu.[157] Grundsätzlich waren beide Latinerrechte gleichgestellt, die *Latini Iuniana* erhielten jedoch nicht mit der *Constitutio Antoniana* das römische Bürgerrecht. Erst Justinian vergab dieses.[158]

---

153 *Meincke,* in: *Kroppenberg (Hrsg.),* Recht-Religion- Verfassung/Festschrift für Hans Jürgen Becker zum 70.Geburtstag, S. 171.

154 *Ferner gibt es bei Freigelassenen drei Arten: solche mit römischen Bürgerrecht, solche latinischen Rechts und solche im Rechtsstatus von dediticii.* (Text und Übersetzung aus: *Eck; Heinrichs,* Sklaven und Freigelassene, S. 178).

155 *Löther,* Römisches Bürgerrecht, in: *Kosseleck/Schreiner (Hrsg.),* Bürgerschaft, S. 244.

156 *Wagner,* Die soziale Stellung des Sklavenrechts in der römischen Kaiserzeit, S. 145.

157 *Bleicken,* Geschichte der römischen Republik, S. 39.

158 *Wagner,* Die soziale Stellung des Sklavenrechts in der römischen Kaiserzeit, S. 147.

Die *dediticii* stellten die unterste Klasse dar. Für diese Gruppe traten kaum Verbesserungen ein – rechtlich gesehen gehörten sie aber nicht mehr zu den *servi*, sondern zu einer der drei *status libertinorum*.[159]

Dies verdeutlicht, dass die Freigelassenen nach wie vor einen Sonderstatus innehatten. Auch innerhalb der Kategorie *liberti* unterschied man. Um ein vollwertiger römischer Bürger zu werden, musste der Freigelassene laut Gaius drei Voraussetzungen erfüllen (Gaius, Inst. 1.17):

> *Nam in cuius persona tria haec concurrunt, ut maior sit annorum triginta, et ex iure Quiritium domini, et iusta ac legitima manumissione liberetur, id est vindicta aut censu aut testamento, is civis Romanus fit; sin vero aliquid eorum deerit, Latinus erit.*[160]

Dadurch erlangte der Freigelassene zwar rechtlich gesehen die volle Bürgerschaft. Gesetzlich galt er nach wie vor als Freigelassener, für den die zahlreichen rechtlichen Sonderregelungen galten. Erhielt der *libertus* nur die latinische Bürgerschaft, befand er sich in einem Bürgerstatus, der eine Übergangsstufe zum Vollbürgerrecht darstellte. Neben der moralischen Stigmatisierung, stand auch die Schaffung von rechtlichen Hindernisse der Gleichstellung im Vordergrund.[161] Wie erstrebenswert die Erlangung des römischen Bürgerrechts damals gewesen sein muss, geht aus vielen antiken Quellen hervor. Obwohl der Freigelassene nach wie vor rechtlich noch einen Sonderstatus mit eingeschränkten Rechten innehielt, schaffte das römische Bürgerrecht auch für ihn weitere Vorteile.

Einen Hinweis darauf gibt Petronius in *Satyrica* 57.4.[162] An der Stelle berichtet er von dem Wert des römischen Bürgerrechts:

---

159 *Wagner*, Die soziale Entwicklung des Sklavenrechts in der römischen Kaiserzeit, S. 148.

160 *Wer persönlich folgende drei Bedingungen erfüllt: er muss älter sein als 30 Jahre, nach quiritischen Recht Eigentum seines Herrn gewesen sein und die Freiheit erlangt haben durch eine rechtlich definierte Freilassung in der gesetzlich vorgeschriebenen Form – durch Berührung mit der vindicta, durch Eintragung in die Bürgerliste oder aufgrund testamentarischer Verfügung – der wird römischer Bürger. Fehlt aber eine dieser Bedingungen, wird er Latiner.* (Text und Übersetzung aus: *Eck; Heinrichs*, Sklaven und Freigelassene, S. 178).

161 *Weiler*, Die Beendigung des Sklavenstatus im Altertum, S. 191.

162 Petronius Arbiter lebte von ca. 16 bis 66 n. Chr. und war zeitweise römischer Senator. Bei der *Satyrica* handelt es sich um einen satirischen Roman, der nicht vollständig überliefert ist. (*Bieler*, Geschichte der römischen Literatur, S. 88).

ridet. Quid habet quod rideat? Numquid pater fetum emit lamna? Eques Romanus es: et ego regis filius. 'quare ergo servivisti?'quia ipse me dedi in servitutem et malui civis Romanus esse quam tributaries. Et nunc spero me sic vivere, ut nemimi iocus sim.[163]

Petronius berichtet, dass sich jemand selbst in die Sklaverei verkaufte, um dann die Freilassung zu erlangen, die das römische Bürgerrecht für die betreffende Person zur Folge hatte. Ebenso gibt die Quelle einen Aufschluss über den Makel derjenigen, die es nicht besaßen. Dies brachte nicht nur steuerliche und rechtliche, sondern auch gesellschaftliche Nachteile mit sich.

Als Fazit bleibt festzuhalten, dass die Freilassung wesentliche rechtliche Vorteile für den Freigelassenen mit sich brachte. Zwar wurde er weiterhin sozial, wie auch rechtlich gesondert behandelt – ihm standen nun jedoch mehr Möglichkeiten zur Verfügung, ein eigenständigeres Leben zu führen. Interessant ist dabei die Rolle des Bürgerrechts, das wie Petronius berichtet, zum Teil sogar durch List und unangenehme Hürden erlangt werden sollte.

II. Parallelen zur Vater-Sohn-Beziehung

Der Freigelassene war stark in den familiären Verbund der Familie seines Freilassers eingebunden und viele Stellen behandeln ihn rechtlich wie seinen Sohn. Dies spricht durchaus für eine starke Stellung und eine besondere Beziehung zwischen Freilasser und Freigelassenen nach der *manumissio*.

An vielen Stellen in den Digesten ist der Freigelassene mit dem Sohn eines Patrons gleichgestellt. Für beide Personengruppen gelten dann die gleichen Regelungen. Wie bereits ausgeführt, stammt das Wort „Patron" ursprünglich von *pater* ab. Man kann sogar von einem *filius sine natura* sprechen.[164]

In den D. 37.15.9 von Ulpian stellt dieser ausdrücklich fest, dass die Patronatsbeziehung mit der eines Vaters und seines Sohnes vergleichbar ist:

---

163 *Er lacht. Was hat er zu lachen? Hat etwa der Vater den Sprössling für seine Kohle gekauft? Du bist römischer Ritter – und ich ein Königssohn! 'Warum hast du dann als Sklave gedient?' Weil ich mich selbst in Sklaverei begeben habe und lieber römischer Bürger als zur Kopfsteuer verpflichtet sein wollte. Und jetzt hoffe ich so zu leben, dass niemand sich über mich lustig macht.* (Text und Übersetzung aus: *Holzberg*, Satyrische Geschichten – Satyrica/ Petronius Arbiter, S. 111).

164 *Mouritsen*, The Freedmen in the Roman World, S. 40.

Ulpianus 66 ad ed.
Liberto et filio semper honesta et sancta persona patris ac patroni videri debet.[165]

Noch weiter geht D. 48.9.1, die sich auf die *Lex Pompeia* von 55/52 v. Chr., sowie auf die *lex Corneliae de sicariis* von 82–79 v. Chr., die durch Sulla erlassen wurde, bezieht. Die Stelle stammt von Marcian:[166]

Marcianus 14 inst.
Lege Pompeia de parricidiis cauetur, ut, si quis patrem matrem, auum auiam,(...) patronum patronam occiderit cuiusue dolo malo id factum erit, ut poena ea teneatur quae est legis Corneliae de sicariis. (...)[167]

Diese Stelle verdeutlicht, dass ein Freigelassener ein "Verwandtenmörder" ist, wenn er seinen Patron umbringt. Die Quelle macht keinen Unterschied, ob jemand Sohn oder *libertus* ist. Der Freigelassene erhält die gleiche Bestrafung wie derjenige, der aufgrund einer agnatischen Verwandtschaft zur Familie gehörte. Das starke Band und das Vertrauensverhältnis, das offensichtlich ein Leben lang zwischen dem Freilasser und dem Freigelassenen bestand, wird hier besonders deutlich. Zuvor gehörte der Sklave nur zum Hausverband des Herrn – nun zur Familie. Er steht in gewisser Weise dem blutsverwandten Sohn des Hauses gleich.

Auch nach der *lex coloniae genitivae* konnte niemand zur Aussage gegen seinen Schwiegervater, und -sohn, Stiefvater und -sohn, sowie Patron oder Freigelassenen gezwungen werden.[168] Die erste Fassung dieses Gesetz wurde noch unter Caesar entworfen – vermutlich nach der Eroberung der Stadt im Anschluss an die Schlacht um Munda.[169] 95 regelt Folgendes:

---

165 *Ulpian, Edikt, 66. Buch: Der Vater und der Patron sollten in den Augen eines Freigelassenen oder seines Sohnes immer geehrt werden.* (Text aus: *Wiedemann*, Greek and Roman Slavery, S. 53; eigene Übersetzung).

166 *Mouritsen*, The Freedmen in the Roman World, S. 40.

167 *Marcian, Institutionen, 14. Buch: Durch das Pompejische Gesetz über die Verwandtenmörder wird vorgeschrieben, dass, wer (...) Freilasser oder Freilasserin getötet hat, oder durch wessen Arglist es geschehen sein wird, dieselbe Strafe erleiden solle, welche durch das Cornelische Gesetz über die Mörder vorgeschrieben ist.(...).* (Text aus: *Watson*; *Mommsen*; *Krüger [Hrsg.]*, The Digest of Justinian, Vol. IV.; Übersetzung in Anlehnung an Textausgabe).

168 *Mouritsen*, The Freedmen in the Roman World, S. 40.

169 *Pennitz*, Der „Enteignungsfall" im römischen Recht der Republik und des Prinzipats, S. 93.

Neve quem invitum testimonium dicere cogito, cui ei, cuia res tum agetur, gener socer, vitricus privignus, patronus libertus, consobrinus sit propiusve eum ea cognatione atfinitateve contingat.[170]

Der Freigelassene ist mit Familienmitgliedern gleichgestellt und muss nicht gegen seinen Willen gegen seinen Freilasser vor Gericht aussagen. Aufgrund seiner engen Einbindung in das Privatleben des Freilassers erhält er einen persönlichen und detaillierten Einblick in dessen Geschäfte und Leben – ebenso wie ein Familienmitglied. Aufgrund dieser Kenntnisse und der Abhängigkeit von seinem Freilasser war es ihm nicht zuzumuten, dass er gegen ihn aussagt.

Noch ausdrucksvoller zeigt diese *pseudo-filial construction*[171] D. 50.16.195.1:

Ulpianus 46 ad ed.
(...) ad personas autem refertur familiae significatio ita, cum de patrono et liberto loquitur lex: "ex ea familia", inquit, "in eam familiam": et hic de singularibus personis legem loqui.[172]

Wenn das Gesetz von *familia* spricht, gehört der Freigelassene selbstverständlich dazu. Der Begriff der Familie ist an dieser Stelle definiert.

Auch Inst. 3.7, das ein Erbrecht des Freilassers bestimmte, wenn der Freigelassene kein Testament verfasste und auch keinen Noterben bestimmte, untermauert dies:

(...) olim itaque licebat liberto patronum suum impune testamento praeterire: nam ita demum lex duodecim tabularum ad hereditatem liberti vocabat patronum, si intestatus mortuus esset libertus, nullo suo herede relicto. (...)[173]

---

170 *Niemand soll gegen seinen Willen dazu gezwungen werden auszusagen, wenn er mit einer Partei als Schwiegervater, oder -sohn; Stiefvater, oder -sohn; Patron, Freigelassener, Cousin oder einer anderen Verbindung durch Blut oder besondere Nähe verwandt ist.* (Text aus: *Mommsen [Editor]*, Lex coloniae Iuliae; eigene Übersetzung).

171 *Mouritsen*, The Freedmen in the Roman World, S. 41.

172 *(...) Auf Personen wird aber die Bedeutung von familia dann bezogen, wenn das Gesetz vom Patron und Freigelassenen spricht: ex ea familia sagt es, in eam familia und bekanntlich spricht das Gesetz hier von einzelnen Personen.*
(Text aus: *Watson*; *Mommsen*; *Krüger [Hrsg.]*, The Digest of Justinian, Vol. IV. *Ulpian, Edikt, 46. Buch;* Übersetzung in Anlehnung an Textausgabe).

173 *(...) In alter Zeit war es dem Freigelassenen erlaubt, seinen Freilasser ohne Nachteil im Testament zu übergehen. Denn nur dann berief das Zwölftafelgesetz (5.8) den Freilasser zur Erbschaft des Freigelassenen, wenn der Freigelassene testamentslos und ohne einen Hauserben zu hinterlassen, gestorben war. (...).*
(Text und Übersetzung aus: *Behrends; Knütel; Kupisch; Seiler [Hrsg.]*, Corpus Iuris Civilis, Institutionen).

Hierbei handelt es sich um eine Regelung, die dem Freigelassenen eine gewisse Freiheit gab, wem er seinen Nachlass vermachte. Wie bei der gewillkürten Erbfolge üblich, treten aber Familienmitglieder ein, sobald der Erblasser kein Testament errichtete – in diesem Falle der Freilasser. Aber auch an dieser Stelle fand mit der Zeit eine Benachteiligung des Freigelassenen statt: Während er nach dieser Quelle den Freilasser im 12-Tafel-Gesetz ungestraft übergehen konnte, erschwerte man ihm dies teilweise in späterer Zeit, wie aus Gaius Inst. 3.39–40 hervorgeht:

> *Nunc de libertorum bonis uideamus.*
> *Olim itaque licebat liberto patronum suum impune testamento praeterire. nam ita demum lex XII tabularum ad hereditatem liberti uocabat patronum, si intestatus mortuus esset libertus nullo suo herede relicto. itaque intestato quoque mortuo liberto, si is suum heredem reliquerat, nihil in bonis eius patrono iuris erat; et si quidem ex naturalibus liberis aliquem suum heredem reliquisset, nulla uidebatur esse querella; si uero uel adoptiuus filius filiaue uel uxor, quae in manu esset, suus uel sua heres esset, aperte iniquum erat nihil iuris patrono superesse.*[174]

Die Stelle macht die enge familiäre Beziehung zwischen Freigelassenen und Freilasser deutlich. Der Patron sollte über adoptierten Kindern und der unter der Hausgewalt stehenden Gattin des Freigelassenen stehen. Man empfand wohl diese Beziehung nicht so wichtig wie die zum Freilasser. Der ehemalige Herr des Sklaven sollte weiterhin eine besondere Stellung innehalten und nicht so „einfach" aus der Erbfolge ausgeschlossen werden. Im weiteren Verlauf schildert Gaius, wie sich das Recht später zu Ungunsten des Freigelassenen in diesen Fallgestaltungen veränderte (Gaius Inst. 3.41):

> *Qua de causa postea praetoris edicto haec iuris iniquitas emendata est. siue enim faciat testamentum libertus, iubetur ita testari, ut patrono suo partem dimidiam bonorum suorum relinquat, et si aut nihil aut minus quam partem dimidiam reliquerit, datur patrono contra*

174 *Wir wollen uns nun der Hinterlassenschaft von Freigelassenen (quiritischen Rechts) zuwenden. In alter Zeit durfte ein Freigelassener seinen Patron ungestraft in seinem Testament übergehen: das Zwölftafelgesetz bestimmte ja einen Patron erst dann zum Erben seines Freigelassenen, wenn dieser ohne Errichtung eines Testaments und ohne Hauserben (suus heres) verstorben war. Hinterließ also ein testamentslos verstorbener Freigelassener einen Hauserben, so hatte sein Patron keinen Anspruch auf die Hinterlassenschaft. Hatte nun der Freigelassene als Hauserben eines seiner leiblichen Kinder, so gab es wohl keine Beschwerden; war der Hauserbe aber ein adoptiertes Kind, Sohn oder Tochter, oder eine Gattin in der manus, so empfand man es offenbar als Unrecht, dass dem Patron keinerlei Rechtsanspruch (an der Hinterlassenschaft) verblieb.* (Text und Übersetzung aus: *Eck; Heinrichs*, Sklaven und Freigelassene, S. 194).

tabulas testamenti partis dimidiae bonorum possessio; si uero intestatus moriatur suo herede relicto adoptiuo filio uel uxore, quae in manu ipsius esset, uel nuru, quae in manu filii eius fuerit, datur aeque patrono aduersus hos suos heredes partis dimidiae bonorum possessio. prosunt autem liberto ad excludendum patronum naturales liberi (...)[175]

Wenig später verstärkte sich die Rolle des Patrons wieder – der Freigelassene musste ihm einen Teil seines Vermögens im Testament vermachen. Aber auch ohne Testament sprach man die Hälfte des Vermögens dem Freilasser zu. Einzig leibliche Kinder konnten an dieser Situation etwas ändern. Diese Quelle verdeutlicht besonders wie sich der Schutz bzw. die Stellung des Freigelassenen in der Antike durch rechtliche Regelungen ändern konnte.

Später wird sogar von so etwas wie einem Pflichtteil der Freilasser berichtet (Ulp. Epit. 29.3):

Lex Papia Poppaea postea libertas quattour liberorum iure tutela patronorum liberavit: et cum intulerit iam posse eas sine auctoritate patronorum testari, prospexit, ut pro numero liberorum libertae superstitum virilis pars patrono debasetur.[176]

Die Quelle unterscheidet zwischen männlichen und weiblichen Freigelassenen, was nur äußerst selten der Fall ist. Generell differenzieren antike Rechtstexte in Bezug auf Freigelassene keine Geschlechter, sondern sprechen von einer generellen, abstrakten Gruppe der Freigelassenen.

Bei den angeführten rechtlichen Beispielen handelt es sich jeweils (mit Ausnahme der Regelung im 12-Tafel-Gesetz) um nicht nur positive Regelungen für den Freigelassenen. Der *libertus* ist zwar mit der Familie gleichgestellt, jedoch hat

---

175 *Deshalb wurde später durch das prätorische Edikt diese Unbilligkeit im Recht behoben. Errichtet demnach ein Freigelassener (quiritischen Rechts und ohne leibliches Kind) ein Testament, so muss er es dergestalt tun, dass er seinem Patron die Hälfte seines Besitzes vermacht; vermacht er ihm aber nichts oder weniger als die Hälfte, so wird dem Patron entgegen den testamentarischen Verfügungen die Hälfte der Hinterlassenschaft eingeräumt. Stirbt er aber ohne Testament und hinterlässt als Hauserben einen Adoptivsohn oder seine Gattin, die in seiner manus war, oder eine Schwiegertochter, die in der manus seines Sohnes war, so wird dem Patron gleichermaßen gegen diese Hauserben die Hälfte der Hinterlassenschaft eingeräumt. Beim Ausschluss des Patrons (vom Erbe) nützen dem Freigelassenen allerdings leibliche Kinder (...).* (Text und Übersetzung aus: *Eck; Heinrichs*, Sklaven und Freigelassene, S. 194).

176 *Später entband die Lex Papia Poppaea freigelassene Frauen nach dem Vierkinderrecht von der Vormundschaft ihrer Patrone: und wenngleich das Gesetz bereits die Neuerung enthielt, dass (die Freigelassenen) ohne Genehmigung ihrer Patrone ein Testament errichten durften, sah es doch vor, dass dem Patron ein voller, gleicher Anteil (am Erbe) zustünde, wie jedem Kind der Freigelassenen, das (seine Mutter) überlebte.* (Text und Übersetzung aus: *Eck; Heinrichs*, Sklaven und Freigelassene, S. 195).

dies in den vorliegenden Fällen überwiegend negative Folgen, da er härter bestraft wird oder Teile seines Vermögens abgeben muss – ohne im Todesfall des Patron ebenfalls davon zu profitieren.

Jedoch ist auch zu erkennen, dass das 12-Tafel-Gesetz das Bestimmungsrecht des Freigelassenen über sein Vermögen im Todesfall vorbehielt. Wie bereits dargestellt, wurden diese teils durchaus positiven Regelungen für die *liberti* nach und nach abgeschafft und durch strengere ersetzt. Dies belegt einen steigenden Zweifel an den Freigelassenen bzw. am Institut der *manumissio* in der fortschreitenden Antike.

Insgesamt lassen sich also durchaus rechtliche Belege für eine Parallele zwischen Vater und Sohn in Bezug auf Patron und Freigelassenen finden. Neben den oben genannten konkreten juristischen Beispielen sind auch Fälle zu finden, die Freigelassene als Vatermörder ansehen, wenn er seinen Patron umbringt. So liegt beispielsweise das *parridicium* in diesem Fall in Contr. 7.2 oder Ps. Quint. Decl. Min. 315.18; 371.3 oder 322.4 vor.[177]

Der *libertus* ist rechtlich als Familienmitglied zu sehen – was aber überwiegend negative Folgen für ihn hatte. Diese Parallelen lassen sich mit der tatsächlichen Nähe und der Eingliederung in das Familien- und Hausleben der ehemaligen Herren erklären. Ebenso ist dies ein Zeichen dafür, dass der Freigelassene nach wie vor einer gewissen Gewalt und eines Einflusses seines ehemaligen Herrn unterstand.

Der Sklave unterstand der *potestas* des Herrn. Das Patronat ist von den Römern zu Beginn als Überbleibsel dieser Herrschaft verstanden worden.[178]

III. Entwicklung des Patronatsverhältnisses

1.) Frühzeit und Republik

Das Patronatsverhältnis an sich geht schon auf früheste Quellen zurück: Eine der ersten rechtlichen Ausgestaltungen zwischen dem Patron und dem Freigelassenen finden sich bereits im 12-Tafel-Gesetz. In den Überlieferungen des 12-Tafel-Gesetzes finden sich an vielen Stellen Hinweise auf die rechtliche Ausgestaltung des Patronatsverhältnisses. Eine Übersicht dieser Quellen wird dargestellt. Im Wesentlichen ist jedoch auf die Regelungen aus früherer Zeit zum Klientel zurückzugreifen – dazu gehörten auch die Freigelassenen.[179]

177 *Amato*, Law and Ethics in Greek and Roman Declamation, S. 135.

178 *Kaser*, in: ZRG 58 (1938), S. 103.

179 *Kaser*, in: ZRG 58 (1938), S. 89.

Das Freigelassenenpatronat war von Beginn an auf zwei Säulen gegründet: Familie und Klientel. Diese Säulen zeigen besonders deutlich die private und öffentliche Stellung des Freigelassenen. Während er privat als quasi-Familienmitglied zur Familie des Patrons gehörte, zählte er in seinem öffentlichen Leben zum Klientel.[180] Generell beruhte die gesamte römische Gesellschaft auf Familien- und Klientelverhältnissen, die das Verhältnis von untergeordneten zu übergeordneten Personen beschreiben. Grundlage ist im Wesentlichen die gegenseitige *fides.*[181] Dies geht auch schon aus dem 12-Tafel-Gesetz 8.21 hervor.[182]

Aus der römischen Frühzeit gibt es insgesamt nur wenige direkte Quellen, die sich ausschließlich mit dem Patronatsverhältnis beschäftigen. In literarischen Texten finden sich allerdings Anspielungen. Dabei nennen die antiken Autoren nicht die später gängigen Begriffe wie *patronus*, *patronatus*, *cliens* oder *clientela*, sondern eher Umschreibungen.[183] Diese Umschreibungen nutzten sie oft, um häufige Wiederholungen desselben Wortes stilistisch zu vermeiden.[184] In vielen Fällen ergab sich der Kontext für den Leser erst aus dem Zusammenhang.[185] Hier ist das Vorwissen des antiken Lesers zu berücksichtigen. Dieser wusste genau, wie er gewisse Umschreibungen zu verstehen hatte.[186] Das folgende Beispiel soll dieses Phänomen veranschaulichen:

Das vertrauliche Verhältnis zwischen Patron und Freigelassenen ist an einer Stelle von Plautus in *Menaechmi* 1031–1034 zu sehen:

1032: sed, patrone, te opsecro
1033: ne minus imperes mihi quam tuos servos fui
1034: apudted habitabo et quando ibis, una tecum ibo domum[187]

Der Sklave des Menaechmus II leistet in dieser Komödie dem Menaechmus I einen Dienst, indem er diesen befreit. Messenio bittet Menaechmus I daraufhin um die Freiheit, da er ihn für seinen Herrn hält. Dieser antworte darauf, dass er frei sein solle („*liber esto atque ito*"), woraufhin er ihn für seinen Patron hält. Der

180 *Barschdorf*, Freigelassene in der Spätantike, S. 60.
181 *Spielvogel*, Amicitia und res publica, S. 9 ff.
182 *Spielvogel*, Amicitia und res publica, S. 9.
183 *Bormann*, Philippi – Stadt und Christengemeinde zur Zeit des Paulus, S. 188.
184 *Yavetz*, Caesar in der öffentlichen Meinung, S. 229.
185 *Yavetz*, Caesar in der öffentlichen Meinung, S. 230.
186 *Yavetz*, Plebs and Princeps, S. 148.
187 *1032: Doch ich bitte dich, mein Patron.*
1033: Mir genauso zu gebieten, wie da ich dein Sklave war.
1034: Ich will bei dir wohnen und nach Hause gehen, wenn du gehst. (Text und Übersetzung aus: *Rau*, Plautus/Komödien, Band 3).

ehemalige Sklave will seine Dankbarkeit für die Freilassung beweisen und ihm weiterhin freiwillig dienen.[188]

Bis auf die Regelungen im 12-Tafel-Gesetz – die überliefert sind – fehlen juristische Texte. Dies zeigt, dass man diesen Themenbereich kaum rechtlich ausgestaltete und in gesellschaftlichen Normen verhaftet gewesen ist.

Eine erste rechtliche Grundlage für das Erbrecht, das durch Gaius und Ulpian überliefert ist, wurde bereits bei den Parallelen zu einer Vater-Sohn-Beziehung besprochen. Bereits das 12-Tafel-Gesetz enthielt Regelungen zur Erlangung der Freiheit durch den Sklaven. Dies erschließt sich aus einer Stelle von Ulpian und Festus. Zunächst ergibt sich aus Ulp. reg. 2.1–4 folgende Regelung:

> *qui sub condicione testamento liber esse iussus est, „statu liber" appellatur. Statu liber, quamdiu pendet condicio, servus heredis <est>. statu liber seu alienetur ab herede sive <u> suscapiatur ab aliquo, libertatis condicionem secum trahit. Sub haec condicione liber esse iussus <si decem milia (sestertiorum) heredi dederit>etsi ab herede abalienatus sit, emptori dando pecuniam ad libertatem perveniet; idque lex duodecim tabularum iubet.*[189]

Auch von Festus ist diese Stelle mit partiell anderem Wortlaut überliefert:

> *Statu liber est, qui testamento certa condicione proposita iubetur esse liber: et si per heredem est, quo minus statu liber praestare possit, quod praestare debet, nihilominus liber esse videtur.*[190]

Es handelt sich hier zwar primär um eine erbrechtliche Regelung – sie definiert jedoch die Voraussetzungen für eine Freilassung des Sklaven. Da bereits in den 12-Tafeln laut Ulpian eine solche Regelung bestand, muss auch der Bedarf für eine solche bestanden haben.

Die genaue Ausgestaltung des Verhältnisses nach der Erlangung der Freiheit schließt sich hieraus jedoch nicht.

---

188 *Neuhauser*, Patronus und Orator, S. 68.

189 *Wer unter einer Bedingung durch letztwillige Verfügung dafür vorgesehen wurde, frei zu sein, wird „der Rechtsstellung nach frei" genannt. Der Rechtsstellung nach frei ist er, solange die Bedingung in der Schwebe ist, Sklave des Erben. Der Rechtsstellung nach frei, nimmt er, wenn er vom Erben veräußert oder von irgendeinem ersessen werden sollte, die Freiheitsbedingung mit sich mit. Wurde er unter der Bedingung „wenn er dem Erben zehntausend (Sesterze) gegeben hat" dafür vorgesehen, frei zu sein, wird er, auch wenn er vom Erben veräußert wurde, dadurch zur Freiheit gelangen, dass er dem Käufer das Geld gibt, und zwar sieht dies das Zwölftafelgesetz vor.* (Text und Übersetzung aus: *Flach, Das* Zwölftafelgesetz, S. 100).

190 Text aus: *Lindsay*, Festus, Sextus Pompieus, S. 414.

Aber aus einer weiteren Stelle lassen sich Rückschlüsse auf die Beziehung zwischen Patron und Freigelassenen in alter Zeit ziehen. So bestimmt das 12-Tafel-Gesetz 8.21:

Patronus, si clienti fraudem fecerit, sacer esto.[191]

Hieraus geht hervor, dass der Klient einen sehr starken Schutz erhält. In der römischen Republik stellten Klienten „Schutzbefohlene“ dar, die meist aus freien, jedoch sozial schwachen Bürgern wie Bauern, Fremde oder Freigelassenen, bestanden.[192] Der Patron sollte also für Fehlverhalten gegenüber seinem Schützling (galt für alle Patronatsverhältnisse, nicht nur für Freigelassene)[193] bestraft werden, da er das Grundgebot der *fides* verletzt hat.

Dies zeigt wie stark die römische Gesellschaft zu dieser Zeit darauf achtete die wirtschaftlich und gesellschaftlich unterlegene *cliens* nicht auszubeuten.[194] Der Schutzgedanke ist noch stark ausgeprägt.

Parallelen zu dem von Dionysius von Halikarnosses (Römische Geschichte 2.10.3) und Plutarch (Romulus 13) verfassten Grundsätzen – die sich auf die frühe Zeit beziehen – lassen sich feststellen. So schreibt Dionysius:

κοινῇ δ᾽ ἀμφοτέροις οὔτε ὅσιον οὔτε θέμις ἦν κατηγορεῖν ἀλλήλων ἐπὶ δίκαις ἢ καταμαρτυρεῖν ἢ ψῆφον ἐναντίαν ἐπιφέρειν ἢ μετὰ τῶν ἐχθρῶν ἐξετάζεσθαι. εἰ δέ τις ἐξελεγχθείη τούτων τι διαπραττόμενος ἔνοχος ἦν τῷ νόμῳ τῆς προδοσίας, ὃν ἐκύρωσεν ὁ Ῥωμύλος, τὸν δὲ ἁλόντα τῷ βουλομένῳ κτείνειν ὅσιον ἦν ὡς θῦμα τοῦ καταχθονίου Διός. ἐν ἔθει γὰρ Ῥωμαίοις, ὅσους ἐβούλοντο νηποινὶ τεθνάναι, τὰ τούτων σώματα θεῶν ὁτῳδήτινι, μάλιστα δὲ τοῖς καταχθονίοις κατονομάζειν: ὃ καὶ τότε ὁ Ῥωμύλος ἐποίησε.[195]

---

191 *Wenn ein Patron an einem sich an ihn lehnenden Schützling, cliens, Betrug begeht, soll er verflucht sein.* (Text und Übersetzung aus *Flach*, Das Zwölftafelgesetz, S. 132).

192 *Rebenich*, Die 101 wichtigsten Fragen- Antike, S. 40.

193 *Barschdorf*, Freigelassene in der Spätantike, S. 59 Fn. 17.

194 *Flach*, *Das* Zwölftafelgesetz, S. 213.

195 *Beiden (Anm.: Klienten und Patronen) gleichermaßen war es nach religiösem Recht ebenso wie per Gesetz untersagt, einander in Prozessen anzuklagen, gegeneinander auszusagen, gegeneinander zu stimmen oder unter Feinden des jeweils anderen erwischt zu werden. Wurde aber jemand einer solchen Tat zweifelsfrei überführt, war er nach dem Gesetz, das Romulus in Kraft gesetzt hatte, des Verrates schuldig, und der Überführte durfte von jedem Beliebigen als Opfer für den Zeus der Unterwelt getötet werden. Es war nämlich Sitte der Römer, alle Personen, die sie straflos töten wollten, irgendeinem Gott, vor allem an der den Unterweltsgöttern, zu weihen(…).* (Text aus: *Jacoby* [Editor], Dionysius of Halicarnassus; Übersetzung aus: *Wiater*, Dionysius- Römische Frühgeschichte, Band 1, S. 182).

Dionysius erwähnt ein sakrales Recht (sog. *leges regiae*) aus früher Zeit, – vor den 12-Tafeln – das die Parteien zu gegenseitigem Respekt und Vertrauen anhielt. Hier lässt sich auf die Treuepflicht des Patrons schließen, die sich schon zu so früher Zeit etablierte. So fand eine natürliche Beschränkung der Gewalt des Patrons statt.[196]

Auch Plutarch beruft sich in *Romulus* 13 auf eine solche nicht-rechtliche Bindung:

> *καταμαρτυρεῖν τε πελάτου προστάτην ἢ προστάτου πελάτην οὔτε νόμος οὐδεὶς οὔτ᾽ ἄρχων ἠνάγκαζεν. ὕστερον δὲ τῶν ἄλλων δικαίων μενόντων, τὸ λαμβάνειν χρήματα τοὺς δυνατοὺς παρὰ τῶν ταπεινοτέρων αἰσχρὸν ἐνομίσθη καὶ ἀγεννές.*[197]

Das Patronatsverhältnis bestand in der früheren Zeit nicht aus rechtlich fixierten Regelungen, sondern aus gegenseitigen Respekt und Vertrauen – der *fides*. Das sakrale Recht füllte eine Verbindung zwischen zwei Parteien aus, die keiner juristischen Ausgestaltung bedurfte. Diese *fides* basierte auf gesellschaftlichen Normen (*mos*), die erst in der Republik eine rechtliche Ausgestaltung erfuhren.[198] Sowohl der Freigelassene als auch der Freilasser wussten aufgrund ihrer Erziehung und den geltenden gesellschaftlichen Standards, wie sie sich respektvoll zu verhalten hatten. Bei Fehlverhalten drohte eine harte Bestrafung. Die Strafe entstammte dem religiösen Bereich und nicht irdischen Gesetzen. Beide Seiten mussten Respekt und Ehre erweisen – eine gleichberechtigte Verbindung bestand. Eine einheitliche Patronatsgewalt leitet sich daraus ab.[199]

Das Patronats- bzw. Klientelverhältnis beruhte im Wesentlichen auf der gegenseitigen *fides*,[200] grundlegendes Merkmal war dabei das Prinzip der Gegenseitigkeit.[201] Der Freigelassene hatte in diesem Patronatsverhältnis nicht pauschal eine untergebene Rolle inne. Eine große und aktive Klientel erhöhte das Ansehen der Familie. Die *clientes*, worunter auch Freigelassene fielen, unterstützte ihren Patron vielseitig. Dafür wurden sie teilweise sogar materiell entlohnt. Schließlich ist aus der Zeit der Republik die politische Macht der Klientel

---

196 *Kaser*, in: ZRG 58 (1938), S. 92.

197 *Und es gab kein Gesetz oder irgendeinen Richter, der einen Patron dazu zwingen konnte, gegen seinen Klienten, oder einen Klienten gegen den Patron auszusagen. Aber später, als alle anderen Rechte und Privilegien im Zwang blieben, wurde es als nicht respektvoll erachtet, wenn diejenigen von höherem Stand Geld von Leuten niedrigeren Standes nahmen.* (Text und Übersetzung aus: *Perrin*, Plutarch's lives, S. 127).

198 *Wojciech*, Die Stadtpräfektur im Prinzipat, S. 100.

199 *Kaser*, in: ZRG 68 (1951), S. 582.

200 *Bormann*, Philippi – Stadt und Christengemeinde zur Zeit des Paulus, S. 189.

201 *Bormann*, Philippi – Stadt und Christengemeinde zur Zeit des Paulus, S. 190.

zur Zeit des Clodius Pulcher überliefert, der überwiegend *clientes* als Anhänger um sich versammelte.[202]

In der Frühzeit bestand eine Grundlage für das Patronatsverhältnis. Im Wesentlichen basierte das Verhältnis auf einem gewohnheitsrechtlichen, religiösen Verhaltensmuster, das verpflichtend einzuhalten war. Für diesen Teil der Antike scheint der Freigelassene durchaus die volle Freiheit erlangt zu haben – er stand unter einem starken Schutz der Gesellschaft und der Sitte.[203] Wesentliche Veränderungen für den *libertus* traten nach der Freilassung ein – auch wenn nicht von einer vollkommenen Gleichberechtigung gesprochen werden kann.

Nichts anders lässt sich aus Ciceros *ad Quintum fratem* 1.1.4 schließen. Aus der Stelle geht hervor:

> *Accensus sit eo numero, quo maiores nostri esse voluerunt, qui hoc in beneficii loco, sed in laboris ac muneris non tempere nisi libertis suis deferebant, quibus illi quidem non multo secus ac servis imperabant; sit lictor non.*[204]

Cicero und sein Bruder, der zu dieser Zeit Statthalter in Kleinasien gewesen ist, verfassten die Briefe zwischen 60 und 54 v.Chr.[205] In der obigen Passage schreibt Cicero an seinen Bruder aus Rom nach Asien und spricht davon, dass man *liberti* nicht anders als *servi* hielt.[206]

Die Basis des Patronatsverhältnisses fand auf Dankbarkeit, Demut und gegenseitigem Respekt statt. Die Worte *reverentia*, oder *obsequium* nennt Cicero nicht. Der antike Leser weiß allerdings genau, was diese Stelle aussagt. Diese Quelle stellt

---

202 *Bormann*, Philippi – Stadt und Christengemeinde zur Zeit des Paulus, S. 191.

203 So im Ergebnis auch *Barschdorf*, Freigelassene in der Spätantike, S. 63; *Gardner*, Being a Roman Citizen, S. 51 (geht auch für die Kaiserzeit von einer Gleichstellung mit Freigeborenen und der vollen Freiheit aus); *Costentini*, Studi Sui Liberti, S. 74.

204 *Lass deinen Amtsdiener den Rang behalten, den unsere Vorfahren ihn beizubehalten wünschten, der keiner wegen dem Profit ist, aber mit Arbeit und Pflicht verbunden, übertrage ihn kaum auf Freigelassene, die genauso wie Sklaven kontrolliert wurden.* (Text aus: *Bailey [Übers.]*, Cicero/ad Quintum Fratem; eigene Übersetzung).

205 Der Neue Pauly.

206 *Kaser* schließt daraus eine vollkommene Gleichstellung von Sklaven und Freigelassenen im römischen Hausverband in früherer Zeit (*Kaser*, in: ZRG 58 (1938), S. 102) in rechtlicher Hinsicht (*Kaser*, in: ZRG 68 (1951), S. 581), was jedoch nicht überzeugend ist, da der Kontext der Stelle primär nicht das Freigelassenenpatronat betrifft. *Cosentini* schließt aus dieser Stelle eine sittliche Unterwerfung (*Cosentini*, Studi sui Liberti, S. 74); *Mouritsen* spricht davon, dass die Stelle nicht so wörtlich genommen werden könne (*Mouritsen*, The Freedman in the Roman World, S. 57).

einen Spiegel der damaligen Zeit dar. Eine Gleichstellung lässt sich aus der Stelle zwar nicht ableiten, wohl aber ein starker Schutz des Freigelassenen.

Zu diesem Zeitpunkt ist eine Wiederversklavungsmöglichkeit allein aus der Patronatsgewalt heraus nicht möglich. Der Schutz des Freigelassenen ist noch stark ausgestaltet gewesen. Jedenfalls geben die Quellen dies nicht her – was an dieser Stelle als *argumentum e silentio* zu werten ist.

Aber auch schon während der Republik scheinen diese Muster irgendwann nicht mehr funktioniert zu haben. Die Notwendigkeit eines rechtlichen Schutzes gegen die Ausbeutung der Freigelassenen bestand. Dies ergibt sich aus einem Edikt. Aus diesem Grund gestaltete Prätor Rutilius (158–78 v. Chr.) diesen Schutz.[207]

D. 38.2.1.1 pr. von Ulpian stellt die spätere Einschränkung der Dienstleistungspflicht dar:

> *Ulpianus 42 ad ed.*
> *Hoc edictum a praetore propositum est honoris, quem liberti patronis habere debent, moderandi gratia. namque ut Seruius scribit, antea soliti fuerunt a libertis durissimas res exigere, scilicet ad remunerandum tam grande beneficium, quod in libertos confertur, cum ex servitute ad ciuitatem Romanam perducuntur.*[208]

Prätor Rutilius lebte im ersten vorchristlichen Jahrhundert. Zu dieser Zeit versuchte man den Schutz des Freigelassenen rechtlich zu sichern. Ziel war es eine absolute Ausbeutungssituation und Abhängigkeit des *libertus* zu verhindern, da dies offenbar häufig in der Praxis der Fall gewesen ist. Die Verleihung des Bürgerrechts und der damit verbundenen Verbesserung der Lebensbedingungen war der Auslöser für eine solche Regelung, die den Schutz der Freigelassenen zum Ziel hatte. Die Wohltat („*beneficium*"), die der *libertus* erhalten hat, ist einfach zu groß gewesen.[209] Aus dieser Quelle lässt sich schließen, dass es sich in der Regel bei einem Patronatsverhältnis um ein „Ausbeutungsverhältnis"

---

207 *Barschdorf*, Freigelassene in der Spätantike, S. 62.

208 *Ulpian, Edikt, 42. Buch*
Dieses Edikt ist vom Prätor (Rutilius) zu dem Ende erlassen worden, um die Ehrerbietung, welche die Freigelassenen den Freilassern zu erweisen haben, nach bestimmten Grundsätzen festzustellen. Denn vor diesem war es, wie Servius schreibt, Sitte, dass die Freilasser von ihren Freigelassenen die härtesten Sachen forderten, nämlich als Gegenleistung für die so große Wohltat, welche den Freigelassenen dadurch zu Teil wird, dass sie aus der Sklaverei zum römischen Bürgerrecht erlangen. (Text aus: *Watson; Mommsen; Krüger [Hrsg.]*, The Digests of Justinian, Vol. III; Übersetzung in Anlehnung daran).

209 *Barschdorf*, Freigelassene in der Spätantike, S. 62; ebenso *Doria*, in: ZRG 110 (1993), S. 82.

gehandelt haben muss – anderenfalls scheint eine solche Regelung überflüssig zu sein.[210] Ausgangssituation war eine rechtlich nicht fixierte, auf den Sitten und dem Gewohnheitsrecht basierende, starke Stellung des Freigelassenen, die nun rechtlich aufgrund eines Überstrapazierens eingeschränkt werden musste.

Aufgrund dieses großen Ungleichgewichtes erließ der Prätor Rutilius nun folgendes Edikt, D. 38.2.1.1:

> *Ulpianus 42 ad ed.*
> *Et quidem primus praetor Rutilius edixit se amplius non daturum patrono quam operarum et societatis actionem, uidelicet si hoc pepigisset, ut, nisi ei obsequium praestaret libertus, in societatem admitteretur patronus.*[211]

Sollte der Freigelassene gegen seine Pflicht zu den *operae* verstoßen haben, konnte der Freilasser ihn nur mit der *actio societatis* vor Gericht verantworten. Die Möglichkeiten des Patrons waren somit eingeschränkt. Es fand ein Umbruch in der Ausgestaltung des Patronatsverhältnisses statt.

2.) Kaiserzeit

Aus dem Prinzipat sind die meisten Quellen über das Patronatsverhältnis im Corpus Iuris Civilis überliefert. Allein in den Digesten sind ca. 515 Stellen, in denen das Wort *patronus* vorkommt, enthalten. Die meisten stammen von Ulpian. Auch in den Institutionen des Gaius finden sich viele Stellen, die auf die rechtliche Ausgestaltung des Verhältnisses zwischen Freigelassenen und Freilasser schließen lassen.

Während des Prinzipats schuf man rechtlich verbindliche Regelungen bezüglich des Patronatsverhältnisses. Die gesellschaftlichen Normen, die zuvor bestanden, funktionierten vermutlich nicht mehr und der Bedarf einer einheitlichen und rechtlich verbindlichen Regelung bestand. Zudem ist die Anzahl der Freigelassenen gestiegen, was die Notwendigkeit rechtlich fixierter Normen nur noch verstärkte.[212] Einen Grund für die positiv geregelten Einzel-

---

210 *Barschdorf*, Wirtschaftliche Bedeutung von Freigelassenen, in: *Göbel (Hrsg.)*, Exportschlager kultureller Austausch, S. 314.

211 *Ulpian, Edikt, 42. Buch*
Als erstes hat der Prätor Rutilius ediziert, dass er dem Patron nicht mehr geben werde, als die operarum et societatis actio, nämlich wenn er (der Freigelassene) das vereinbart hat, dass er den Patron als Gesellschafter zulässt, falls der Freigelassene ihm nicht das obsequium leistet. (Text aus: *Watson; Mommsen; Krüger [Hrsg.]*, The Digests of Justinian, Vol. III.; Übersetzung aus: *Waldstein*, Patrone und Freigelassen, in: *Altmeppen [Hrsg.]*, Festschrift für Rolf Knütel, S. 1336).

212 *Wojciech*, Die Stadtpräfektur im Prinzipat, S. 101.

fallentscheidungen aus der Zeit des Prinzipats liegt auch in der fortschreitenden Verselbstständigung der *liberti* und Verflüchtigung der ursprünglichen einheitlichen Patronatsgewalt.[213]

Das Institut der Freilassung nahm einen wesentlichen Platz im Rechtssystem des antiken Rom ein und spielte auch in der Rechtspraxis eine wichtige Rolle.[214] Eine Vielzahl von rechtlichen Regelungen dreht sich nur um das Verhältnis des Patrons zu seinem Freigelassenen. Die sprachliche Fassung dieser Gesetze ist auffällig: Die Institutionen Justinians verpacken die sonst so nüchtern formulierten Texte bei dem Thema Freilassung in ein *„nahezu emotionales Gepräge“* (z. B. Inst. 1.6.2; vgl. auch Inst. 3.2.7; 3.6.10).[215] Vor dem Hintergrund, dass die Freilassung den Patron und den *libertus* zeitlebens verband und vermutlich ein Näheverhältnis zwischen beiden zugrunde lag, ist dies durchaus nachzuvollziehen.

Dies ist vor dem Hintergrund der fehlenden rechtlichen Fixierung in den vorangegangenen Jahrhunderten auffällig. Offenbar bedurfte es nun einer stärkeren juristischen Handhabe in Bezug auf die Freigelassenen. Die sakralen, gewohnheitsrechtlichen Verhaltensmuster schienen nicht mehr zu genügen. Dies mag daran gelegen haben, dass sich die Parteien nicht mehr an diese Muster hielten. So beklagten sich beispielsweise Horaz und Sallust über den Sittenverfall zu Beginn der Kaiserzeit.[216]

Wie aber gestaltete man das Verhältnis aus? Engte es den Freigelassenen so ein, dass er jederzeit mit der Wiederversklavung rechnen musste? Wie stark ausgeprägt sind seine Verpflichtungen gewesen?

IV. Verpflichtungen aus dem Patronatsverhältnis

Wie bereits angedeutet, bestand das Patronatsverhältnis aus einer Vielzahl rechtlicher und sittlicher Verpflichtungen, die der Freigelassene erfüllen musste. Besonders im Corpus Iuris Civilis sind viele Regelungen überliefert, die die Ausgestaltung der Verpflichtungen verdeutlichen. Schwerpunkt bei der Ausarbeitung der Pflichten des Freigelassenen bildet das 38. Buch der Digesten, das sich ausschließlich mit den *operae libertorum* befasst. Bereits aus dieser intensiven Be-

---

213 *Kaser*, in: ZRG 68 (1951), S. 582.

214 *Meincke*, Zur Freilassung nach dem Recht der Institutionen Iustinians, in: *Kroppenberg (Hrsg.)*, Festschrift H.-J. Becker, S. 167.

215 *Meincke*, Zur Freilassung nach dem Recht der Institutionen Iustinians, in: *Kroppenberg (Hrsg.)*, Festschrift H.-J. Becker, S. 167.

216 *Schörner*, Sallust und Horaz über den Sittenverfall und die sittliche Erneuerung Roms, S. 5 ff.

schäftigung des Corpus Iuris Civilis mit den Verpflichtungen des Freigelassenen, zeigt sich, was für eine Bedeutung diese im 6. Jahrhundert innehatten.

Kaser fasst dies treffend folgendermaßen zusammen:

> *„In unserer Überlieferung erscheint er [der Patronat] als ein Bündel gegenseitiger Rechte und Pflichten zwischen Patron und Freigelassenen, die in einzelnen Beziehungen auch auf die Angehörigen der beiden Teile übergreifen. Das Schrifttum pflegt den Patronat als gegenseitiges Schutzverhältnis zu kennzeichnen (...).“*[217]

Überwogen die Schutzvorschriften und traten für den Freigelassenen wesentliche positive Aspekte der Freiheit ein? Oder überwogen die Verbindlichkeiten?

Nicht nur im alltäglichen Leben und auf sozialer Ebene waren Patron und Freigelassener nach wie vor stark verbunden, sondern dieses Verhältnis wurde mit der Zeit auch rechtlich stark ausgeprägt und verbindlich fixiert.

Der Freilassung folgten eine Vielzahl rechtlicher und sittlicher Verpflichtungen, die mit den Begriffen *obsequium*, *reverentia*, *gratitudo*, *honor*, *pietas*, *verecundia* und *operae* zu charakterisieren sind.[218] Auch in den rechtlichen Regelungen, die bei Gaius oder im Corpus Iuris Civilis überliefert sind, finden sich diese Begriffe wieder. Generell hatten diese Begriffe in der römischen Gesellschaft eine besondere Rolle, was mit dem römischen Realismus und der Abneigung gegen alle Abstraktion zu erklären ist.[219] Diese Begriffe sind zunächst allein den Sitten und nicht dem Rechtsbereich zuzuordnen. Erst später wurden diese Begriffe in einen rechtlichen Kontext gesetzt und erschienen in Rechtstexten.[220] Auch hier ist wieder die mit der Zeit einhergehende „Verrechtlichung“ der Sitten in Bezug auf das Patronatsverhältnis ersichtlich.

Aber welche Bedeutung stand hinter den jeweiligen Begriffen, die das Patronatsverhältnis charakterisierten? Welche Verpflichtungen umfassten diese Begrifflichkeiten?

1.) Operae

In den Digesten finden sich ca. 482 Stellen mit dem Begriff *operae*, von denen sich ca. 41 % auf die *operae libertorum* beziehen.[221] Dabei ist letztgenanntes ein rechtlich verbindliches Tagewerk, das der Freigelassene zusichert, wobei es sich

---

217 *Kaser*, in: ZRG 58 (1938), S. 88.

218 Von *Grieser*, Sklaverei im spätantiken und frühmittelalterlichen Gallien, S. 151 so zusammengefasst.

219 *Vaubel*, Pudor, Verecundia, Reverentia, S. 8.

220 *Kaser*, in: ZRG 58 (1938), S. 112.

221 so von *Waldstein*, Operae Libertorum, S. 19 gezählt.

bei den anderen um sittliche Verpflichtungen handelt.[222] Dazu kommen noch 19 Konstitutionen aus dem Codex Iustinianus, von denen 12 aus der klassischen Zeit stammen, was besonders vor dem Hintergrund von Interpolationsfragen bei den Digesten von Bedeutung ist.[223]

Bereits aus den Digesten ergibt sich die hohe rechtliche und auch tatsächliche Relevanz der Verpflichtungen des *libertus* nach seiner Freilassung: Im 38. Buch befindet sich ein ganzer Titel, der sich ausschließlich mit den *operae libertorum* befasst. Bereits der erste Passus (D. 38.1.1) von Paulus verdeutlicht, welchen Umfang diese *operae* haben sollten:

> *Paulus l.S. de var. lect.*
> *Operae sunt diurnum officium.*[224]

Im Ergebnis stellt diese Regelung einen starken Einschnitt in die Freiheit des Freigelassenen dar. Zwar lässt sich daraus kein völliges, grenzenloses Unterworfensein des *libertus* folgern,[225] jedoch konnte der Freilasser offensichtlich große Gegenleistungen für das Geschenk der Freiheit verlangen.

Den Inhalt der *operae* legte man durch einen Eid bei der *manumissio* individuell fest. Er durfte den Freigelassenen nicht von der eigenen Erwerbstätigkeit für seinen Lebensunterhalt abhalten.[226] Die *operae* ergaben sich nicht schon alleine aus dem Patronatsverhältnis.[227] Auch hier ist eine Einschränkung der Ausbeutung Freigelassener zu erkennen. Insbesondere bestimmte man ihre Anzahl immer von vornherein[228] – man schuldete sie gerade nicht lebenslang.[229]

Wie aber leistete der Freigelassene die *operae* tatsächlich ab? Im Wesentlichen hing dies davon ab, welche „Leistungen" der Freigelassenen seinem Freilasser er-

---

222 *Waldstein*, Operae Libertorum, S. 209 ff.

223 *Waldstein*, Operae Libertorum, S. 19.

224 *Paulus, verschiedene Lesungen, einzelnes Buch*
Dienste sind eine tägliche Pflicht. (Text aus: *Watson; Mommsen; Krüger [Hrsg.]*, The Digests of Justinian, Vol. III; Übersetzung in Anlehnung daran).

225 Anders: *Lambert*, Les Operae Liberti, S. 71.

226 *Barschdorf*, Freigelassene in der Spätantike, S. 63.

227 *Kaser*, in: ZRG 68 (1951), S. 584.

228 *Waldstein*, Operae Libertorum, S. 83; *Fabre* schließt aus D. 38.1.30 pr. und Cic. Ad Q. 1.1.13, dass *operae* zunächst auch unbegrenzt möglich gewesen seien (Libertus S. 319/326).

229 So: *Waldstein*, Operae Libertorum, S. 83; *Duff*, Freedmen in the early Roman Empire, S. 45.

bringen konnte. Übte er beispielsweise ein Handwerk oder eine Kunst aus, musste er diese dem Patron leisten.[230]

Von einem völligen Unterworfensein durch die Verpflichtung zu den *operae* kann nicht gesprochen werden. Zwar ist der Begriff durchaus „schwammig" und inhaltlich nicht genau umrissen. Es zeichnet sich jedoch eine Einschränkung in der Antike ab. Der Freigelassene erlangte mit der Zeit wieder einen stärkeren Schutz, der ihm zur Zeit der 12-Tafel bereits zustand. Nach der Ausbeutung und Beschränkung der Freigelassenen, die ab Augustus vermehrt anstieg, mindert sich diese Entwicklung wieder.

Die *operae* legten zwar Verpflichtungen auf, engten den Freigelassenen jedoch nicht vollkommen ein. Sie sind als Ausgleichsleistungen jeder Art für die Freilassung zu sehen.

2.) Obsequium

Zentraler, charakteristischer Begriff der Freilassung ist das *obsequium*. Übersetzt bedeutet der Begriff Fügsamkeit, Nachgiebigkeit, Gefälligkeit oder Gehorsam.[231] Er entstammt einen für die römische Gesellschaft charakterisierenden Bereich der Ehre und Moral.

Es ist jedoch durchaus zweifelhaft, dass in der Antike „seit alters her" der Begriff des *obsequium* mit dem der „*dauernden und zum Gehorsam bereiten Unterordnung unter einen fremden Willen*" gleichgestellt werden kann.[232] Den Begriff verwendet in der nicht-juristischen Literatur nur Tacitus (*annales* 13.26). Die klassischen Juristen machen von diesem Wort noch keinen Gebrauch.[233] Während des Prinzipates ist die Pflicht zum *obsequium* nicht als Rechtspflicht anerkannt.[234] Erst in der Kaiserzeit wird der Begriff häufiger genutzt. Auch hier ist der Übergang von einem sittlichen, in einen rechtlichen Bereich deutlich.[235]

---

230 D. 38.1.23 pr.; D. 38.1.38.1; *Waldstein*, Operae Libertorum, S. 83 ff.; *Doria*, Civitas operae obsequium, S. 60 ff.

231 *Pons*, 2013, *obsequium*.

232 *Waldstein*, Operae Libertorum, S. 59; so auch früher schon *Lambert*, Les Operae Liberti, S. 285.

233 *Kaser*, in: ZRG 58 (1938), S. 114.

234 *Kaser*, in: ZRG 58 (1938), S. 116.

235 *Kaser*, in: ZRG 58 (1938), S. 115; so auch *Costentini*, Studi sui Liberti, S. 229 ff.

Das erste Mal tritt der Begriff *obsequium* in juristischen Quellen in D. 38.2.1.1 von Ulpian auf.[236] Der Patron hat also eine indirekte Möglichkeit, gegenüber dem Freigelassenen dessen *obsequium* sicherzustellen.[237]

Ursprünglich war der Freigelassene nicht zum *obsequium* verpflichtet. Der Begriff erlangte erst im Prinzipat juristische Bedeutung. Eine starke Einschränkung des Freigelassenen durch diese Verpflichtung ist den genannten Quellen nicht zu entnehmen. Es handelt sich hierbei im Gegensatz zu den *operae* nicht um messbare „Tageswerke", sondern um sittliche Verpflichtungen aus dem Ehrbereich, die einzelfallabhängig waren und sich aufgrund veränderter Moralvorstellungen anpassen konnten.

Eine Wiederversklavung aufgrund der Verletzung des *obsequiums* ist nicht möglich gewesen. Man erdrückte den Freigelassenen nicht unter der „Last" des *obsequium*. Das spezielle Verhältnis, das Patron und *libertus* verband, verdeutlicht, dass der Freigelassene nach wie vor aufgrund des *obsequium* eine gewisse Unterordnung gegenüber seinen ehemaligen Herrn hatte. Weitreichende Befugnisse über den Freigelassenen erlangte der Freilasser damit jedoch nicht.

3.) Reverentia

Der Begriff *reverentia* wird mit Ehrerbietung oder gebührender Achtung übersetzt.[238] Ein besonderes Merkmal kommt hinzu, da es sich meistens um die Ehrfurcht vor einem sachlich und moralisch Überlegenen handelt.[239] Im Gegensatz zu dem zentralen Begriff im Rahmen des Patronats *obsequium* steht hierbei jedoch nicht die Unterwerfung im Vordergrund, sondern die Ehrfurcht.[240] Insgesamt unterscheiden die Digesten mehrere Personengruppen, denen gegenüber *reverentia* zu schulden ist: zum einen gegenüber den Eltern,[241] zum anderen gegenüber Ehemännern,[242] im Verhältnis zwischen Vater und Sohn,[243] sowie von Soldaten.[244] Auffällig ist, dass nicht-juristische Autoren den Begriff nicht verwenden.[245] Dies schließt darauf, dass es sich ursprünglich nicht um einen Begriff

236 *Waldstein*, Operae Libertorum, S. 60. Analyse und Übersetzung der Stelle siehe S. 70.
237 *Waldstein*, Operae Libertorum, S. 60.
238 *Duncker (Hrsg.)*, Gleichheit und Ungleichheit in der Ehe, S. 378.
239 *Vaubel*, Pudor, Verecundia, Reverentia, S. 10.
240 *Kaser*, in: ZRG 58 (1938), S. 117.
241 D. 2.4.6.
242 D. 24.3.14.1.
243 D. 36.1.52.
244 D. 49.16.13.3.
245 *Kaser*, in: ZRG 58 (1938), S. 117.

aus dem sittlichen Bereich handelte, sondern gleich um einen *terminus technicus* aus der Rechtssprache. Die wohl bedeutendste Gruppe, die *reverentia* schuldete (gemessen an der Anzahl des Begriffs in den Regelungen des Corpus Iuris Civilis, die die Freigelassenen betreffen), sind die *liberti*.

Anhand einzelner Beispiele lässt sich der Begriff der *reverentia* näher darstellen:

In den D. 2.4.10.3 von Ulpian ist Folgendes festgelegt:

Ulpianus 5 ad ed.
Sed si ius anulorum accepit, puto eum reverentiam patrono exhibere debere, quamvis omnia ingenuitatis munia habet. aliud si natalibus sit restitutus: nam princeps ingenuum facit.[246]

Mit dem Recht des Ringes ist das Recht zum Tragen (*ius anulorum*) eines Siegelringes gemeint, was in der Antike weit verbreitet gewesen ist.[247] Ursprünglich durften nur Freie und ausgewählte Bürger den Ring tragen. Bald breitete sich das Tragen des Ringes aber vermutlich auch auf Freigelassene aus, wie sich aus Plinius 33.32–33 ergibt. Aus diesem Grunde erließ Tiberius im Jahre 22 n. Chr. ein Gesetz, wonach er das Recht des Goldringes auf die *equites* beschränkte, deren geschätztes Vermögen 400.000 Sesterzen betrug und die in den ersten 14 Reihen des Theaters sitzen durften.[248]

Aus der Quelle geht hervor, wer die Ehrerbietung hier gegenüber dem Patron schuldete. Aus der Quelle geht jedoch nicht der Inhalt dieser Hochachtung hervor. Diese lässt sich jedoch aus weiteren Digesten-Stellen konkretisieren:

So bestimmt D. 34.5.9.2 von Tryphonin:

Tryphoninius 21 disp.
Si cum filio suo libertus simul perierit intestati, patrono legitima defertur hereditas, si non probatur supervixisse patri filius: hoc enim reverentia patronatus suggerente dicimus.

Die Quelle schuf ein gesetzliches Erbrecht. Insbesondere das Erbrecht des Patrons nimmt einen wesentlichen Teil der rechtlichen Ausgestaltung des Patronatsverhältnisses ein.

---

246 *Ulpian, Edikt, 5. Buch: Ich bin der Meinung, dass aber auch derjenige, dem das Vorrecht des Goldenen Ringes verliehen worden ist, dem Freilasser die Ehrerbietung erweisen muss, obgleich er damit alle Rechte der freien Geburt hat. Anders ist es, wenn ihm das Recht der freien Geburt verliehen worden ist; denn damit macht ihn der Kaiser zum Freigeborenen.* (Text und Übersetzung aus: *Behrends; Kupisch; Seiler [Hrsg.]*, Corpus Iuris Civilis, Digesten 1–10).

247 *Zwierlein-Diehl*, Antike Gemmen und ihr Nachleben, S. 15.

248 *Zwierlein-Diehl*, Antike Gemmen und ihr Nachleben, S. 16.

Ein Teil der Ehrerbietung seitens des Freigelassenen konnte ein Erbrecht des Patrons kraft gesetzlicher Erbfolge sein. Hintergrund ist, dass der Freilasser zum einen eine große Wohltat erbracht hat, zum anderen aber auch lange Zeit finanzielle und ideelle Werte in den Sklaven/Freigelassenen steckte. Es lässt aber auch Rückschlüsse auf die Beziehung zwischen den Parteien zu: Eine familienähnliche, enge Verbindung ergibt sich auch hier, wie bereits festgestellt. Der Sohn des Freigelassenen hatte zwar ein vorrangiges Erbrecht, der Freilasser „rückt" aber nach.

Auch aus D. 44.4.4.16 von Ulpian ergibt sich eine Regelung mit erbrechtlichem Bezug, die ebenso Rückschlüsse auf den Inhalt der Ehrerbietung zulässt:

> *Ulpianus 76 ad ed.*
> *Aduersus parentes patronosque neque doli exceptio neque alia quidem, quae patroni parentisve opinionem apud bonos mores suggillet, competere potest: in factum tamen erit excipiendum, ut, si forte pecunia non numerata dicatur, obiciatur exceptio pecuniae non numeratae. nihil autem interest, utrum patronus ex suo contractu an uero ex alieno conueniatur: semper enim reuerentia ei exhibenda est tam vivo quam defuncto. si autem cum herede liberti patronus agat, puto excipere debere de dolo patroni heredem liberti. libertum autem de dolo patroni, etsi ab herede eius conueniatur, minime exceptionem obiecturum: namque conuenit tam uiuo quam mortuo patrono a liberto honorem exhiberi. in stipulatione plane doli clausula non erit detrahenda, quia ex doli clausula non de dolo actio intenditur, sed ex stipulatu.*[249]

Aus dieser Stelle geht hervor, dass der Freilasser „*vivo quam mortuo*" Ehrerbietung, *reverentia*, schuldet. Aus diesem Grund darf er selbst nicht die Einrede

249 *Ulpian, Edikt, 76. Buch: Gegen Eltern und Freilasser findet weder die Einrede der Arglist noch eine andere statt, die dem Ruf der Eltern oder des Freilassers bei allen moralisch gesinnten Leuten schadet; auf das Geschehene kann eine Einrede entgegengesetzt werden, sodass also zum Beispiel wenn die Zahlung von Geld nicht geschehen, die Einrede des nicht gezahlten Geldes vorgeschützt wird. Ob aber der Freilasser aus einem selbstgeschlossenen Vertrag, oder aus einem fremden belangt wird, ist einerlei, denn es muss ihm unausgesetzte Ehrfurcht gezollt werden, sowohl zu Lebzeiten als nach seinem Tode. Klagt der Freilasser aber wider den Erben des Freigelassenen, so kann meines Erachtens der Erbe desselben sich auf die Arglist des Freilassers einredeweise berufen; dahingegen darf der Freigelassene keineswegs die Einrede der Arglist vorschützen, wenn er auch von dessen Erben angegriffen wird; denn er muss dem Freilasser im Leben und nach dem Tode Ehrerbietung zollen. Bei einer Stipulation darf freilich die Klausel der Arglist nicht weggelassen werden, weil aus letzterer nicht die Klage wegen Arglist, sondern die aus der Stipulation erhoben wird.* (Text aus: *Watson; Mommsen; Krüger [Hrsg.]*, The Digests of Justinian, Vol. IV; Übersetzung in Anlehnung daran).

der Arglist (*exceptio doli*)[250] erheben – seine Erben jedoch schon. Diese Quelle gibt einen Hinweis darauf, inwieweit die *reverentia* auch von den Erben des Freigelassenen zu erweisen ist. Deutlich ist an dieser Stelle auch der Bezug zu den *bonos mores*, die – wie oben dargestellt -eine frühere Grundlage für das Patronatsverhältnis bildeten. Zwar bezieht sich der Text auf die gewohnheitsrechtlichen Regelungen, offensichtlich bedürfen diese jedoch nun einer rechtlichen Ausgestaltung.

In den zwei vorhergehenden Quellen zeigt sich die Ehrerbietung des Freigelassenen gegenüber seinem Wohltäter. D. 44.5.1.6 von Ulpian gibt einen Hinweis darauf, dass manche diese maßlos eingeforderten. Eine zu übermäßige Unterwerfung und Ehrfurcht (*reverentia*) seitens des Freigelassenen sollte verhindert werden:

> *Ulpianus 76 ad ed.*
> *In summa si in continenti impositum quid sit liberto, quod επαιωρογεηοη oneret eius libertatem, dicendum est exceptioni locum facere. sed si post intervallum, habet quidem dubitationem, quia nemo eum cogebat hoc promittere: sed idem erit probandum et hic, tamen causa cognita, si liquido appareat libertum metu solo vel nimia patrono reverentia ita se subiecisse, ut vel poenali quadam stipulatione se subiceret.*[251]

Es stellt sich die Frage, ob dem Freigelassenen eine *exceptio* zusteht, wenn er sich bei der Freilassung zu etwas verpflichtet hat bzw. nach der Freilassung. Auch hier sollten die Einwirkungen des Freilassers und seine Forderungen eingedämmt werden.

Der Begriff *reverentia* kommt nur an wenigen Stellen im Corpus Iuris Civilis vor und ist rechtlich unbestimmt. Der Begriff weist fast ausschließlich einen fa-

---

250 Bei der *exceptio doli* handelt es sich um eine Einrede, die 66 v. Chr. von Aquilius Gallus eingeführt wurde und zu den *actiones in factum* gehört, d. h. strafenden Charakter haben. (*Berger*, Encyclopedic Dictionary of Roman Law, Vol. 43, Actio doli, S. 343). Hierbei wird eine gegenwärtige *dolus* geltend gemacht, wenn der Kläger also gegen die *bona fides* und *aequitas* verstößt. (*Kupisch*, Exceptio doli generalis und iudicium bonae fidei, in: Festschrift für Ulrich Huber, S. 402).

251 *Ulpian, Edikt, 76. Buch: Überhaupt kann man sagen, dass, wenn einem Freigelassenen sofort (bei der Freilassung) etwas auferlegt worden, was seine Freiheit mit einer Bedrohung beschwert, die Einrede Platz ergreife. Wenn aber nach Verlauf einer Zwischenzeit, so ließe sich zwar ein Zweifel aufstellen, weil ihn niemand zu dem Versprechen zwang, alleine es gilt auch hier das Nämliche, natürlich wenn sich nach vorheriger Erörterung klar ergibt, dass der Freigelassene allein durch Furcht, oder zu große Ehrfurcht sich dergestalt unterworfen habe, dass er gewissermaßen sich durch die Strafstipulation unterwarf.* (Text aus: *Watson; Mommsen; Krüger [Hrsg.]*, The Digests of Justinian, Vol. IV; Übersetzung in Anlehnung daran).

miliären Charakter und ein besonderes Näheverhältnis auf (bis auf D. 49.16.13.4 die von der *reverentia* der Soldaten spricht).

4.) Verecundia

Ein weiterer Begriff, der die sittlichen Verpflichtungen des Freigelassenen rechtlich bestimmt, ist *verecundia*. Allgemein ist darunter Scham, Anstandsgefühl, sittliches Empfinden oder Ehrgefühl zu verstehen.[252] Es kann aber auch mit Zurückhaltung und Ehrfurcht übersetzt werden.[253]

Der Begriff *verecundia* kommt, anders als der vorherige Begriff der *reverentia*, auch in literarischen Texten vor. In den rechtlichen Texten geht es häufig um Respekt gegenüber Familienangehörigen (z. B. D. 24.3.22.6; D. 39.5.31.1 oder D. 49.17.14.1) oder Freilassern. Hinzu kommt aber auch noch der Respekt gegenüber dem weiblichen Geschlecht (Inst. 1.26; 2.28; D. 26.10.1.7). Die Klassik benutzt den Begriff in Bezug auf das Patronatsverhältnis gar nicht.[254]

Zunächst findet sich in den Institutionen Justinians eine Stelle, aus der hervorgeht, dass auch Sklaven *verecundia* wahren mussten. So geht aus D. 1.12.1.8 von Ulpian hervor:

> *Ulpianus l.S. de off. praef. urb.*
> *Quod autem dictum est, ut servos de dominis querentes praefectus audiat, sic accipiemus non accusantes dominos (hoc enim nequaquam servo permittendum est nisi ex causis receptis), sed si verecunde expostulent, si saevitiam, si duritiam, si famem, qua eos premant, si obscenitatem, in qua eos compulerint vel compellant, apud praefectum urbi exponant. hoc quoque officium praefecto urbi a divo severo datum est, ut mancipia tueatur ne prostituantur.*[255]

---

252 *Heumann/Seckel*, S. 619.

253 TLL, *verecundia*.

254 *Kaser*, in: ZRG 58 (1938), S. 119.

255 *Ulpian in der Einzelschrift über das Amt des Stadtpräfekten: Soweit jedoch gesagt wurde, der Stadtpräfekt gewähre den Sklaven, die sich über ihre Eigentümer beschweren, rechtliches Gehör, müssen wir das so auffassen, dass sie die Eigentümer nicht etwa anschuldigen (das ist einem Sklaven, abgesehen, von den anerkannten Fällen, nämlich in keiner Weise zu gestatten), sondern so, dass sie unter Wahrung des Respekts Beschwerde führen, wenn sie Grausamkeit, Härte, Hunger, mit dem die Eigentümer sie bedrücken, oder Schändlichkeiten, zu denen sie gezwungen haben oder zwingen, vor dem Stadtpräfekten darlegen. Dem Stadtpräfekten ist vom vergöttlichten Kaiser Septimus Severus auch die Amtspflicht übertragen worden, die Sklaven davor zu schützen, dass sie der Prostitution preisgegeben werden.* (Text und Übersetzung aus: *Behrends; Knütel; Seiler [Hrsg.]*, Corpus Iuris Civilis, Digesten 1–10).

Grundsätzlich soll es eine Ausnahme darstellen, dass ein Sklave sich über seinen Herrn beim Stadtpräfekten beschweren kann. In anerkannten Fällen – unter Wahrung des Respekts (*verecunde expostulent*) – räumt man ihm diese Möglichkeit ein. Die Quelle führt nicht näher aus, was darunter zu verstehen ist. Denkbar ist in diesen Konstellationen, dass sich der Sklave nicht unberechtigterweise beschweren oder private, hausinterne Angelegenheiten an die Öffentlichkeit tragen sollte.

Die nächste Quelle bezieht sich explizit auf die *verecundia* des Freigelassenen und weist Parallelen zu der vorherigen Quelle auf (D. 38.1.41):

Papinianus 5 resp.
Libertus, qui operarum obligatione dimissus est atque ita liberam testamenti factionem adsecutus est, nihilo minus obsequi uerecundiae tenetur. alimentorum diuersa causa est, cum inopia patroni per inuidiam libertum conuenit.[256]

Hieraus schließt sich, dass der Freigelassene, der nun zwar testamentierfähig ist, aus Respekt (*verecundiae*) seinem Freilasser noch verpflichtet ist. Wie bei dem Begriff *reverentia* fällt auf, dass ein erbrechtlicher Bezug vorliegt. Ebenso wie der Sklave, schuldet der Freigelassene *verecundia*. Hier zeigen sich wieder im Patronatsverhältnis Parallelen zu einer Herr-Sklave-Beziehung.

5.) Honor

Der Begriff *honor* tritt seltener in Bezug auf das Patronatsverhältnis auf – wird jedoch stellenweise auch genutzt.

Zum einen kommt der Begriff in diesem Zusammenhang in D. 38.2.1 pr. vor.[257] Der zu erbringende *honor* der Freigelassenen ist deutlich umrissen.

Auch bei Gaius taucht der Begriff in den Gaius Inst. 1.172 auf:

Sed fiduciarios quoque quidam putaverunt cedendae tutelae ius non habere, cum ipsi se oneri subiecerint. Quod etsi placeat, in parente tamen, qui filiam neptemve aut proneptem alteri ea lege mancipio dedit, ut sibi remanciparetur, remanicipatamque manumisit, idem

256 *Papinian, Antworten, 5. Buch: Der Freigelassene, welcher seiner Verbindlichkeit zu Diensten entlassen worden ist, und so unbeschränkte Testamentsfähigkeit erlangt hat, bleibt nichtsdestoweniger zur Erweisung der Ehrfurcht verpflichtet. Mit den Alimenten ist es anders, indem die Dürftigkeit des Freilassers dem Freigelassenen wegen der (letzteren dadurch treffenden) Gehässigkeit in Anklagestand versetzt.* (Text aus: *Watson; Mommsen; Krüger [Hrsg.]*, The Digests of Justinian, Vol. III; Übersetzung in Anlehnung daran).

257 Übersetzung und Analyse der Quelle S. 74.

dici non debet, cum is et legitimus tutor habeatur et non minus huic quam patronis honor praestandus sit.[258]

Die Stelle zieht eine Parallele der Vormünder zu den Freigelassenen. Unklar ist, warum Gaius gerade an dieser Stelle den Begriff *honor* benutzt, da dieser eben sehr selten auftaucht.

Bei C. 6.3.5 handelt es sich um eine etwas jüngere Quelle, die über den zu erweisenden *honor* schreibt:

Imperator Antoninus
Mater tua ab eo, quem ex causa fideicommissi manumisit, operas impositas petere non potest, nisi eius tantummodo temporis, quo eum ante manumisit, quam dies fideicommissae libertatis existeret. sed nisi ei honorem patronis debitum exhibuerit, adeat competentem iudicem pro modo admissi vindicaturum. (212)[259]

Vorliegend geht es um den Fall, dass einem Freilasser die Ehrfurcht verweigert wird („*honorem patronis debitum exhibuerit*"). Synonyme werden verwendet. Im Übrigen geht es um die Klagemöglichkeit eines Freilassers, wobei nicht genau gesagt wird, welche Klage hier erhoben werden kann.

6.) Pietas

Die Klassiker nutzen den Begriff *pietas* in Bezug auf das Patronatsverhältnis nicht.[260] In D. 37.15.1.2 ist eine Passage über die *pietas*, die freigelassene Mütter und Söhne zu leisten haben, überliefert:

---

258 *Einige Juristen waren allerdings der Ansicht, dass auch Treuhandmünder kein Recht zur Abtretung der Vormundschaft hätten, da sie freiwillig die Last übernommen hätten. Selbst wenn diese Ansicht zutrifft, so darf dieses Verbot nicht für einen Hausvater gelten, der seine Tochter, Enkelin oder Urenkelin einem anderen mit der Bestimmung manzipiert hat, dass sie ihm zurück manzipiert würde, und der sie nach der Rückmanzipation freigelassen hat, weil er nämlich zugleich als gesetzlicher Vormund angesehen wird; diesem aber muss ebenso viel Ehre wie den Patronen erwiesen werden.* (Text und Übersetzung aus: *Manthe*, Gaius Institutionen, S. 101).

259 *Kaiser Antonius: Deine Mutter kann von demjenigen, welchen sie entsprechend einem Fideikomiss freigelassen hat, die auferlegten Dienste nicht fordern, als nur für die Zeit, die sie ihn früher freigelassen hat, als der Zeitpunkt der fideikomissischen Freilassung eingetreten war. Sollte er ihr aber einem Freilasser schuldige Ehrfurcht verweigern, so steht ihr das Recht zu, ihre Ansprüche vor dem zuständigen Richter zu verfolgen. (212).* (Text aus: *Krüger*, Codex Iustinianus; Übersetzung in Anlehnung an: *Scott*, The Civil Law, Vol. XII).

260 *Kaser*, in: ZRG 58 (1938), S. 119.

Ulpianus 1 opin.
Si filius matrem aut patrem, quos uenerari oportet, contumeliis adficit uel impias manus eis infert, praefectus urbis delictum ad publicam pietatem pertinens pro modo eius uindicat.[261]

Im Titel 15 des 37. Buch geht es vordergründig um den Respekt, der gegenüber Eltern und Freilassern zu erweisen ist.

Insgesamt handelt es sich um einen untergeordneten Begriff im Patronatsrecht.

V. Zwischenergebnis

Vor der Freilassung stand der *libertus* unter der *patria potestas* seines Herrn und war vollkommen von ihm abhängig. Oft ist er seinem *dominus* ausgeliefert gewesen – auch wenn sich mit der Zeit gewisse Schutzvorschriften etablierten. Nach der Freilassung konnten die *liberti* sogar das römische Bürgerrecht erlangen, das gewisse Vorteile bot. Nach wie vor hatten sie einen zentralen Platz innerhalb der Familie des Patrons inne und einen engen Bezug zu diesem. Vergleichbar ist diese Beziehung mit einer Vater-Sohn-Beziehung. Tötete der Freigelassene seinen Patron, sprechen literarischen Texten stellenweise sogar von einem Verwandtenmörder (*parradicium*).[262]

Das Patronatsverhältnis als solches ist bereits im 12-Tafel-Gesetz ausgestaltet und bestand zu früherer Zeit aus Gewohnheitsrecht. Es basierte auf gegenseitiger *fides* und bedurfte keiner rechtlichen Ausgestaltung. Strafen bei Verstößen innerhalb dieses Verhältnisses stammten aus dem religiösen Bereich. Nichtsdestotrotz stand der *libertus* zu dieser Zeit unter einem starken Schutz. Erst später bestand die Notwendigkeit diese Schutzrechte rechtlich zu fixieren. Insbesondere in der Kaiserzeit erfuhr das Patronatsverhältnis eine starke rechtliche Ausgestaltung. Es ist gekennzeichnet durch die Begriffe *obsequium*, *reverentia*, *gratitudo*, *honor*, *pietas*, *verecundia* und *operae*. Davon sind die Begriffe *operae* und *obsequium* bedeutend und erfuhren eine besonders starke rechtliche Ausgestaltung. In einer Vielzahl von Stellen im Corpus Iuris Civilis sind diese Begriffe überliefert. Sie legten dem Freigelassenen zwar Verpflichtungen aus dem moralischen und rechtlichen Bereich auf, engten ihn aber niemals so stark ein, dass er unter ihnen förmlich „erdrückt" wurde. Es bestand aufgrund dieser zahlreichen Verpflichtungen

261 *Ulpian, Meinungen, 1. Buch: Respekt zwischen einer Mutter und einem Sohn, die freigelassen wurden, sollte mit dem Naturrecht übereinstimmen.* (Text aus: *Watson; Mommsen; Krüger [Hrsg.]*, The Digests of Justinian, Vol. III; Übersetzung in Anlehnung daran).

262 Contr. 7.2; Ps.-Quint. Decl. Min. 315.18; 371.3; 322.4.

ein enges Band zwischen *libertus* und Freilasser, das den Freigelassenen aber nicht vollkommen die Freiheit nahm.

VI. Exkurs: Missbrauch der Patronatsgewalt durch den Patron

Den Missbrauch der Patronatsgewalt stellte bereits das 12-Tafel-Gesetz (8.21)[263] unter Strafe. Die genaueren Normen sind nie ausformuliert worden und entstammten dem sittlichen Bereich.[264] Im Wesentlichen ist dies auf Dionysios (20.13) zu stützen. Daraus geht hervor, dass die Censoren sogar bei Grausamkeiten gegen Sklaven regulierend eingriffen – weshalb dies erst recht für Freigelassene gelten muss.[265]

Die *Lex Aelia Sentia* erließ zudem zahlreiche Vorschriften, die den Freilasser mit dem Verlust der Patronatsrechte für Missbrauch bestraften.[266] Ebenso verhielt es sich in der *Lex Papia Poppaea*, die dem Patron in bestimmten Fällen seine Rechte aus dem Patronat verweigerte, zum Teil sogar die Ehrenrechte.[267]

Im Ergebnis ist durchaus von einer Bestrafung bei Missbrauch der Patronatsrechte in früher Zeit auszugehen. Zu beachten ist jedoch, dass wenig über die Pflichten des Patrons überliefert ist.

VII. Zwischenfazit: Halbfreiheit?

Gab es in der römischen Antike so etwas wie eine Halbfreiheit? Im frühen Griechenland war dies möglich. Oder ist das Verständnis der Römer in „Frei“ und „Unfrei“ getrennt gewesen? Wie bereits herausgearbeitet, hatte der Freigelassene verschiedene Verpflichtungen nach der Freilassung. Befand er sich aufgrund dessen in einem „Zwischenstadium“? Oder war alles so wie vor der Freilassung?

Die Freiheit darf gerade nicht aus heutiger Sicht betrachtet werden, wie *Kaser* zutreffend erinnert: *„Die Freiheit des manumissus ist begrenzt, wie es dem römischen Freiheitsbegriff entspricht.“*[268] Die römische Gesellschaft hatte eine differenziertere Auffassung zur Freiheit und ein stärker ausgeprägtes Hierarchiedenken. Der Sklave stand auf der untersten Stufe der Gesellschaftsordnung. Er besaß keinerlei Rechte. Der Freigelassene entließ ihn aus dieser Situation mit der Freilassung. Er konnte sich weitestgehend ein eigenes Leben aufbauen. In

263 Siehe S. 71.
264 *Kaser*, in: ZRG 58 (1938), S. 93; *Mommsen* nimmt eine kriminelle Bestrafung an.
265 *Kaser*, in: ZRG 58 (1938), S. 93.
266 *Kaser*, in: ZRG 58 (1938), S. 121.
267 *Kaser*, in: ZRG 58 (1938), S. 123.
268 *Kaser*, in: ZRG 58 (1938), S. 96.

diesem Sinne erlangte er Freiheit, es traten wesentliche Veränderungen nach der Freilassung ein.

Die volle Freiheit ist rechtlich erst seit dem Beginn der Republik aufgrund der Fixierung im weltlichen Recht möglich gewesen. Erst dann erhielt der Freigelassene das Bürgerrecht und konnte endgültig aus der *manus* des Herrn entlassen werden.[269] Aber ist dies so einfach anhand rechtlicher Regelungen zum Bürgerrecht festzumachen?

Die Rechtsstellung des Freigelassenen änderte sich mit Erlangung des Bürgerrechts. An seinen Verpflichtungen aus den dargestellten Begriffen änderte sich aber nichts. Der Freigelassene war nach wie vor rechtlich an seinen Freilasser gebunden und konnte erhebliche Nachteile erleiden, wenn er die Verpflichtungen aus dem Patronat nicht einhielt. Diese Pflichten, die er nach der *manumissio* auferlegt bekam, waren mitunter gravierend und grenzten seine Freiheit aus heutiger Sicht massiv ein. Nach einem Zenit dieser Einschränkung ist im Laufe der Kaiserzeit eine leichte Verbesserung eingetreten, die auch rechtlich fixiert wurde. Allgemein ist von einer Verrechtlichung des Patronatsverhältnisses in der Antike von moralisch-sittlichen Pflichten hin zu rechtlichen zu sprechen.

Ein wichtiger Faktor darf bei der Beantwortung nach der Reichweite der Freiheit eines Freigelassenen und den mit der Freilassung einhergehenden Veränderungen für ihn nicht vergessen werden: die genannte römische „Auffassung" und Einstellung zur Freiheit.

Diesbezüglich ist die Freiheit des Freigelassenen mit Sicherheit nicht formaljuristisch zu betrachten.[270] Vielmehr sind viele andere Faktoren und die individuelle Situation der Freigelassenen zu berücksichtigen. Juristisch gesehen fand nur eine Unterscheidung zwischen *liberti* und *servi* statt,[271] die Frage nach der Reichweite der Freiheit eines Freigelassenen kann jedoch nicht so einfach in ein Schema gepresst werden.

Der *libertus* war formal-juristisch frei und ein Rechtssubjekt. Aufgrund der Vielzahl der moralischen (zum Teil verbunden mit juristischen) Verpflichtungen, befand er sich weiterhin in einem engen Korsett. Dieses Korsett engte ihn aber nicht derart ein, dass sich keine grundlegenden Veränderungen für ihn nach der *manumissio* einstellten. Besonders reichten die Befugnisse des Patrons nicht so weit, dass er ihm diesen Status durch eine Wiederversklavung aufgrund des Patronatsrechts entziehen konnte.

---

269 *Kaser*, in: ZRG 58 (1938), S. 95.

270 So auch: *Weiler*, Die Beendigung des Sklavenstatus im Altertum, S. 31.

271 *Weiler*, Die Beendigung des Sklavenstatus im Altertum, S. 31.

D: Zusammenfassung

Der Freigelassene als solcher ist sozial nicht in eine bestimmte Gesellschaftsgruppe der Antike einzuordnen. Die Situation hing stark vom Einzelfall ab. Fest steht jedoch, dass die *liberti* eine Sonderstellung einnahmen. Diese sind in vielen rechtlichen Regelungen fixiert und gehen aus einer Vielzahl literarischen Quellen hervor.

Nach der Freilassung erlangte der ehemalige Sklave auch keine vollkommene, umfassende Freiheit. Man kann zwar auch nicht von einem uneingeschränkten Gewaltverhältnis über den Freigelassenen durch den Freilasser sprechen – dieses blieb jedoch partiell bestehen. Es bestand nach wie vor eine rechtliche Bindung zwischen den Parteien. Der Freilasser konnte gewisse Verpflichtungen und Verhaltensweisen einklagen. Im Zentrum dieses Gewaltverhältnisses stehen die *operae*.

Zusammenfassend lässt sich noch eine Entwicklung des Patronatsverhältnisses von einem sittlichen Bereich, hin zu einem rechtlichen Verhältnis festhalten. Einen Höhepunkt erlangte dies im Prinzipat. Zahlreiche juristische Quellen aus dieser Zeit rekonstruieren die rechtliche Ausgestaltung dieses Verhältnisses.

Zur Freiheit des einzelnen *libertus* ist abschließend noch zu sagen, dass sich dieser in einem eng umgrenzten rechtlichen Bereich befand. Seine Verpflichtungen waren vielseitig und eng umrissen.

Allein aus dem Patronatsverhältnis heraus war eine Wiederversklavung jedoch nie möglich gewesen. Soweit reichte das Gewaltverhältnis nicht, es bedurfte einer rechtlichen Regelung.

§ 3: Rechtliche Beständigkeit von Freilassungen

A: *Revocatio in servitutem* als Folge der *actio ingrati*?

Allein aus der Verletzung der Pflichten aus dem Patronatsverhältnis ergab sich für den Freilasser keine Möglichkeit der Wiederversklavung. Es bedurfte für ein solches Mittel eine eigene rechtlichen Grundlage.

Kernfrage dieses Kapitels ist, ob es ein solches rechtliches Mittel gab? Stand der Freigelassene „unter dem Damoklesschwert" der Unfreiheit? Musste er bei Fehlverhalten oder bei Änderung der Meinung seines Freilassers mit der Aufhebung seiner rechtlichen Position rechnen? Ein solches Mittel stellte die *actio ingrati* dar, die zumindest unter Konstantin die Möglichkeit zur Wiederversklavung bot. Was aber war vorher die Rechtsfolge gewesen?

Die *actio ingrati* tritt erstmalig in der *Lex Aelia Sentia* auf. Dies ergibt sich aus D. 50.16.70. Die Rechtsfolge der Wiederversklavung eines Freigelassenen ist aber erst seit Konstantin in C. 6.7.2 pr. eindeutig als Strafe belegt. Folgt man der Auffassung, dass erst ab dem 4. Jahrhundert nach Christus eine Wiederversklavung als regelmäßige Folge einer Klage gegen den undankbaren Freigelassenen möglich gewesen ist, stellt sich die Frage, was vorher die Konsequenz dieser Klage gewesen ist.[272]

Was waren die Voraussetzungen einer solchen Klage und ihre praktische Bedeutung? Was war unter Undankbarkeit zu verstehen und welchen gesellschaftlichen Wert hatte diese Eigenschaft? Woraus ergab sich die Undankbarkeit im römischen Denken? Gab es wirklich vermehrtes „unverschämtes" Verhalten der Freigelassenen (wie Tacitus in den *annales* 13.26 berichtet: „*fraudibus libertorum*") oder erfolgte dies aus einer Unsicherheit des römischen Bürgertums heraus?

Das Rechtsinstitut der *revocatio in servitutem* wurde zwar stellenweise in der Forschung aufgegriffen, jedoch wurden die zur Verfügung stehenden Quellen nicht ausführlich analysiert und gegenübergestellt.

I. Ausgangspunkt: Konstantin, C. 6.7.2 pr.

Die Kanzlei Konstantins des Grossen (Regierungszeit von 306 bis 337 n. Chr.)[273] verfasste eine Regelung zur Klage gegen undankbare Freigelassene und ordnete ihre Wiederversklavung in diesen Fällen an. Den Ausgangspunkt der Unter-

272 Zum Forschungsstand und zu den Kontroversen, siehe Einleitung, § 1.

273 *Brandt*, Konstantin der Grosse, S. 200.

suchungen bildet diese Stelle, da ab diesem Zeitpunkt der Rechtszustand klar geregelt erscheint. In C. 6.7.2 pr. wird erstmals die Wiederversklavung undankbarer Freigelassener angeordnet.

Aus C. 6.7.2 pr. geht hervor:

> *Imperator Constantinus*
> *Si manumissus ingratus circa patronum suum extiterit et quadam iactantia vel contumacia cervices adversus eum erexerit aut levis offensae contraxerit culpam, a patronis rursus sub imperia dicionemque mittatur, si in iudicio vel apud pedaneos iudices patroni querella exserta ingratum eum ostendat: filiis etiam qui postea nati fuerint servituris, quoniam illis delicta parentium non nocent, quos tunc ortos esse constiterit, dum libertate illi potirentur. const. a. ad maximum pu. <a 326 pp. id. april. romae constantino a. vii et constantio c. conss.>*[274]

Diese Stelle enthält sehr viele Einzelheiten zur *actio ingrati* unter Konstantin. Der Begriff der *ingrati liberti* wird mit den Wörtern *iactantia*, *contumacia* und *culpa levis offensa* beschrieben. Zunächst zum Begriff *iactantia*: Er kann mit „Frechheit“ oder auch „Prahlerei“ übersetzt werden.[275] Bezüglich des „frechen“ Verhaltens eines Freigelassenen sind entsprechende Verhaltensweisen wie Arbeitsverweigerung, Beleidigungen oder ähnliches vorstellbar. Die Prahlerei ist schon schwieriger einzuordnen: Besonders die Konkurrenztätigkeit von Freigelassenen spielte in diesem Zusammenhang eine Rolle. Seine Bildung und berufliche Fähigkeiten erwarb er in der Regel von seinem Freilasser und es galt als Affront, wenn der ehemalige Sklave erfolgreicher als sein Herr gewesen ist. An dieser Stelle sind beispielsweise die Konkurrenzverbote zu erwähnen.[276] Grundsätzlich konnte der Freigelassene seinem Gewerbe, auch wenn der Patron ebenfalls in diesem tätig gewesen ist, nachgehen – solange dieser dadurch keinen Schaden erlitt.[277] Für den Fall, dass der Freigelassene im gleichen Gewerbe wie der Patron tätig war, fiel das

---

274 *Kaiser Konstantin I.*
Ein Freigelassener, der undankbar gegen seinen Freilasser war und überheblich und ungehorsam den Nacken versteift oder sich auch nur eine leichte Beleidigung hat zu Schulden kommen lassen, kann von seinen Freilassern wieder unter ihre Herrschaft und Botmäßigkeit gebracht werden, wenn die vor dem Richter oder einem iudex pedaneus angestrebte Klage ihn als undankbar erweist. Auch die nachher geborenen Kinder werden Sklaven, weil jenen die Verbrechen der Eltern nicht schaden dürfen, die zu einer Zeit geboren wurden, als die Eltern im Genuß der Freiheit waren. An den Stadtpräfekten Maximus, Rom, 30. Januar 326 (Text und Übersetzung aus: *Rainer*, CRRS, Teil 1, S. 130).

275 *Pons*, Latein/Deutsch.

276 dazu näher: *Becker*, Ökonomie und Recht, S. 12 ff.

277 *Becker*, Ökonomie und Recht, S. 12 ff.

Verhalten nicht unter *iactantia*. Es fiel unter ehrverletztendes Verhalten in Form von Bloßstellung des Patrons.

Der zweite Begriff *contumacia* kann mit „Trotz" übersetzt werden.[278] Er lässt an alle möglichen Verhaltensweisen des Freigelassenen denken. Auch hier fallen Arbeitsverweigerung, freches Verhalten oder Widerspenstigkeit darunter.

Der dritte Begriff der leichten Körperverletzung, *„culpa levis offensa"*, lässt als einziger auf körperliches Verhalten schließen. Hierbei handelt es sich nicht um einen gängigen juristischen *terminus technicus* der Antike. Er erscheint lediglich in einer weiteren Stelle im Corpus Iuris Civilis, nämlich in D. 34.4.3.11 von Ulpian.[279]

Auch die Rechtsfolge ist juristisch ungewöhnlich formuliert: Es wird nicht von einer juristischen Statusänderung – wie beispielsweise bei dem Terminus *revocatio in servitutem* gesprochen – sondern, dass der Freigelassene wieder in die Herrschaft des Herrn kommt (*„a patronis rursus sub imperia dicionemque mittatur"*). Es wird nicht ausdrücklich gesagt, dass er juristisch wieder ein *servus* wird, also rechtlich zu einer anderen Personengruppe gehört. Es handelt sich eher um die Veränderung eines tatsächlichen Zustandes, also die räumliche Rückkehr zu seinem Freilasser.

Die Klage kann vor dem Richter (*„in iudicio"*) oder dem speziellen Richter (*„pedaneos iudex"*)[280] erhoben werden.

Auch der Begriff der *querella* ist an dieser Stelle bedeutend, da er aus der *querella inofficiosi testamenti* bekannt ist. D. 5.3.7 pr. 2 regelt, dass kein Urteil über die Freiheit ergehen darf, wenn die Gültigkeit des Testaments, auf dem die Freiheit zurückgeführt wird, ebenfalls untersucht wird. Die Entscheidung der Freiheit soll das Testamentsverfahren also nicht vorwegnehmen. Diese Regelung behandelt den Fall, dass der Intestaterbe das Testament für ungültig hält und neben der *querella inofficiosi testamenti* die *vindicatio in servitutem* geltend macht.[281]

Die vorliegende Quelle ist als Inskription – mit anderem Adressaten – in fast gleicher Form im Codex Theodosianus überliefert (C. Th. 4.10.1):

> *Imp. constantinus a. ad concilium byzacenorum. libertis ingratis in tantum iura adversa sunt, ut, si quadam iactantia vel contumacia cervices erexerint aut levis offensae contraxerint culpam, a patronis rursus sub imperia dicionemque mittantur. dat. vi. kal. aug. coloniae agrippinae, pacatiano et hilariano coss.*

---

278 *Pons*, Latein/Deutsch.

279 *Harper*, Slavery in the Late Roman World, S. 487, Fn. 148.

280 „der vom Magistrate gegebene Unterrichter, Hilfsrichter" (Heumann/Seckel).

281 *Indra*, Status quaestio, S. 218 ff.

interpretatio. quaecumque persona servilis a domino suo fuerit consecuta libertatem, si postea superbire coeperit aut patronum, id est manumissorem suum laeserit, amissa libertate, quam meruit, in servitium revocetur.[282]

Der Tatbestand wird ebenfalls mit *iactantia*, *contumacia* und *culpa levis offensa* ausgefüllt. Lediglich der Ausdruck „*tantum iuria adversa sunt*" fällt auf. Er drückt aus, dass das Recht gegen die Freigelassenen ist. Während der eigentliche Text von einer leichten Beleidigung oder Körperverletzung spricht, geht die *interpretatio* mit dem Ausdruck *laedere* im Ergebnis bei jedem der aufgezählten Verhaltensweisen von einer Verletzung aus. Unter den Begriff fällt auch die Verletzung von persönlichen Rechten. Der Begriff wird in diesem Zusammenhang mit den Begriffen *pietas*, *verencundia und pudor* an anderen Stellen verwendet.[283] Zudem wird in dem Text der Begriff *revocatio* – anders als in der obigen Konstitution – verwendet.

C. Th. 4.10.2 regelt noch, dass sogar die Erben des Freilassers die *actio ingrati* erheben und den Freigelassenen somit auch wieder in die Sklaverei schicken können. Schließlich erklärt C. Th. 4.10.3 diese Regelung sogar auf Beamte für anwendbar.

Indem Konstantin hier wieder – beabsichtigt – so unbestimmt wie sprachlich nur möglich die Regelung ausgestaltete, stärkte er weiter die Freilasserrechte und gab ihnen eine übermäßige Macht.[284] Von einem „*complete collapse of the classical standard*" kann in diesem Zusammenhang aber dennoch nicht gesprochen werden,[285] da es sich lediglich um Einzelfallentscheidungen handelte.

Konstantin ist seit Augustus aber der erste römische Kaiser, der derart in das Freigelassenenpatronat rechtlich eingriff und die Rechte der Freigelassenen verschlechterte. Die Wiederversklavung bekam nach Konstantin „*the fundamental regulating norm*" für den Rest der Antike.[286]

---

282 *Kaiser Konstantin zum Konsilium von Byzanz. Den undankbaren Freigelassenen steht das Recht so sehr feindlich gegenüber, dass sie, wenn sie überheblich und ungehorsam den Nacken versteifen oder sich auch nur eine leichte Beleidigung zuschulden kommen lassen, von ihren Freilassern wieder unter ihre Herrschaft und Botmäßigkeit gebracht werden (a.332).*
Interpretation: Wenn ein Sklave von seinem Herrn die Freiheit erlangt hat und danach anfängt, übermütig zu werden und seinen patronus, d. h. seinen Freilasser verletzt, so wird er zu Recht wieder in die Unfreiheit zurückgerufen unter Verlust der Freiheit, die er erlangt hatte. (Text und Übersetzung aus: *Rainer*, CRRS, Teil 1, S. 101).

283 *Heumann/Seckel*, laedere.

284 So im Ergebnis auch *Harper*, Slavery in the Late Roman World, S. 487 ff.

285 So formuliert es *Harper*, Slavery in the Late Roman World, S. 487.

286 So *Harper*, Slavery in the Late Roman World, S. 488; der allerdings nicht begründet warum die Wiederversklavung vorher nicht möglich gewesen ist.

Der Rechtszustand vor dieser Konstitution ist indes ungewiss. Nicht eindeutig ist, ob eine Widerversklavung undankbarer Freigelassenen mittels der *actio ingrati* möglich gewesen ist. Die Situation während der Republik ist besonders fraglich.

II. Cicero, *Epistulae ad Atticum*

Die älteste überlieferte Quelle – die einen Hinweis auf die Möglichkeit einer Wiederversklavung nach einer Freilassung gibt – liefert Cicero in *Epistulae ad Atticus*, 7.2.8.

Die *epistulae ad Atticum* sind in 16 Büchern erhalten und vermutlich auf die Zeit von 68 bis Mitte 44 v. Chr. datiert. Ihre Echtheit ist unbestritten.[287] Als geschichtliche Zeugnisse haben die Briefe einen unglaublichen Wert, da sie das private und öffentliche Leben dieser Zeit unverfälscht wiedergeben.[288] Ihre juristische Aussagekraft muss jedoch hinterfragt werden: Zwar verfügte Cicero über juristisches Wissen und war als Anwalt tätig – es handelt sich jedoch um eine Privatkorrespondenz. Zum anderen erwähnen die mittelalterlichen Gelehrten die Briefe nicht, sodass auch keine zeitnahe Besprechung vorliegt. Erst ein Katalog aus dem 19. Jahrhundert bezieht sich auf die Briefesammlung.[289]

Aus Ciceros *Epistulae ad Atticum* 7.2.8 geht hervor:

> *(...)illud tamen de Chrysippo— nam de altero illo minus sum admiratus, operario homine; sed tamen ne illo quidem quicquam improbius. Chrysippum vero quem ego propter litterularum nescio quid libenter vidi, in honore habui discedere a puero insciente me! Mitto alia quae audio multa, mitto furta; fugam non fero qua mihi nihil visum est sceleratius. itaque usurpavi vetus illud Drusi, ut ferunt, praetoris in eo qui eadem liber non iuraret, me istos liberos non addixisse, praesertim cum adesset nemo a quo recte vindicarentur. id tu, ut videbitur, ita accipies; ego tibi adsentiar.(...)*[290]

---

287 *Schanz; Hosius (Hrsg.)*, Geschichte der römischen Literatur, Erster Teil, 1979.

288 *Schmitz*, Epistulae ad Atticum, S. 264.

289 *Reynolds*, Texts and Transmissions, S. 135.

290 *(...) Nur über die eine Sache mit Chrysipp ein Wort. Bei dem andern wundert's mich ja weniger; er ist halt ein ganz gemeiner Schuhputzer, unverschämt wie kein anderer. Aber dass Chrysipp, den ich wegen ein bisschen literarischer Bildung gerne sah und in Ehren hielt, sich ohne mein Wissen von dem Jungen entfernt! Von manch anderem, was mir zugetragen wird, ganz zu schweigen, schweigen will ich auch von seinen Betrügereien: dass er davongelaufen ist, das ist zu viel! Schändlicher konnte er mir nicht mitspielen. So habe ich mir denn jenen alten Ausspruch zu eigen gemacht, den der Prätor Drusus, wie es heißt, auf einen Menschen geprägt hat, der nach seiner Freilassung nicht zu seinem Eide stehen wollte, und erklärt, ich hätte sie gar nicht freigesprochen, zumal kein vollgültiger Zeuge bei dem Akt zugegegen gewesen ist.(...)* (Text und Übersetzung aus *Kasten*, Atticus-Briefe, 7.2.8).

Gegen Ende der Republik musste Cicero offenbar zu einer juristischen List greifen, um einen Freigelassenen wieder in die Sklaverei zurückzuversetzen. Er beruft sich auf einen Ausspruch des Prätor Drusus („*usurpavi vetus illud Drusi*“) – der 112 v. Chr. Konsul war – wobei Cicero die typische Einleitung für einen Ausspruch des Prätors, „*in eo qui*“, verwendet.[291] Dies schließt auf seine juristische Fachkenntnis. Es geht über die Darstellung eines simplen Lebenssachverhaltes hinaus – auf eine Fachebene.

Auf den ersten Blick stellt dies keinen offiziellen Fall einer Wiederversklavung dar. Die nachträgliche Leugnung der Freilassung „löst“ das Problem. Es handelt sich vorliegend um eine *manumissio vindicta*, da die Gültigkeit des Geschäftes angezweifelt wird.[292]

Lässt die Quelle darauf schließen, dass zu dieser Zeit kein offizielles Rechtsinstitut zur Wiederversklavung zur Verfügung stand? Denn die Begriffe *revocatio in servitutem*, sowie *ingratus* werden hier nicht verwendet. Was aber genau ließ sich der Freigelassene zu Schulden kommen?

Indem er sich entfernte, kam er seiner Verpflichtung zur Leistung von *operae* nicht mehr nach. Ebenso stellt dies einen Verstoß gegen das *obsequium* dar.[293] Damit kam er den Auflagen aus dem Patronatsverhältnis nicht mehr nach.

Dies schließt auf eine enge Beziehung zwischen Freilasser und Freigelassenen. Zudem lebte er noch im Hausverband seines Wohltäters weiter. Cicero hebt auch die literarische Bildung des ehemaligen Sklaven hervor. Da er diese von seinem ehemaligen Herrn erhielt, erschien es besonders undankbar, sich von diesem unerlaubt zu entfernen – nachdem dieser so viel für ihn getan hatte.

Ging es Cicero darum, ein gerichtliches und offizielles Verfahren zu vermeiden? Erschien ihm der Weg der „außergerichtlichen“ Lösung als einfacher und effektiver? Vielleicht war es ihm auch unangenehm, dass er so von seinem Freigelassenen verärgert wurde und wollte diesen Fall daher inoffiziell lösen. Handelt es sich um eine prätorische Fiktion? Letztlich besteht natürlich die Möglichkeit, dass eine Klage zur Verfügung stand, die Voraussetzungen für den Erfolg dieser jedoch nicht vorlagen.

Eisele geht in seinen Studien zur Rechtsgeschichte von 1912 (allerdings ohne auf die Quelle von Cicero einzugehen) so weit, dass es ein Herr immer vorzog den Sklaven öffentlich freizulassen, wenn es ihm damit Ernst gewesen sei. Anderenfalls konnte der Freilasser, falls er es sich anders überlegte, den *libertus* durch

---

291 *Rein*, Das Privatrecht und der Civilprozess, S. 558.

292 *Wlassak*, Der Gerichtsmagistrat, S. 150.

293 *Treggiari*, Roman Freedmen during the Late Republic, S. 22.

Leugnung der Freilassung jederzeit wieder in die Sklaverei zurückversetzen. Zusammenfassend stellt er fest: „*(…) seine Freiheit hängt also von dem fortdauernden guten Willen des Herrn*" ab. Soweit Zeugen bei der Freilassung zugegen waren, wurde die *manumissio* faktisch unwiderruflich. Zwar verstieß dieses Vorgehen nicht gegen das Gesetz, jedoch gegen die Ehre eines „guten" Herrn. *Eisele* verweist dabei auch auf Dositheus § 5: *„sed si manumissores ausierant servitutem denuo eos per vim ducere…"*.[294]

Diese literarische Quelle aus der Republik zeichnet einen praktischen, zeitgenössischen Lebenssachverhalt und spiegelt den Zeitgeist wider. Allerdings thematisiert keine andere antike Stelle diese rechtliche Problematik – weshalb die Ausführungen von *Eisele* nicht nachvollziehbar sind. Dass der Freilasser in der Republik immer die *manumissio vindicta* wählte, wenn er den Sklaven wirklich freilassen wollte, lässt sich auch aus Ciceros Beschreibungen – ebenso wie aus anderen Quellen – nicht entnehmen.

Vesuchte Cicero an dieser Stelle nur seine juristische Schläue durch diese List darzustellen? Eine Erklärung liefert folgender Gedanke: der Schutz der Freigelassenen hatte zu dieser Zeit noch einen höheren Stellenwert, da sie zahlenmäßig offensichtlich noch geringer waren. So wie es spätere Quellen teilweise darstellen (z. B. Tacitus, *annales* 13.26 ff.) stiegen die Fälle des Fehlverhaltens der Freigelassenen mit dem Wachstum der Anzahl von Freilassungen.

Etwas anderes ergibt sich auch nicht aus Suetons *Caesar* 48. Darin berichtet Sueton Folgendes:

> *Domestica disciplina in parvis ac maioribus rebus diligenter adeo severeque rexit, ut pistorem alium quam sibi panem convivis subicientem compedibus vinxerit, libertum gratissimum ob adulteratam equitis Romani uxorem, quamvis nullo querente, capitali poena adfecerit.*[295]

Es handelte sich nicht um das klassische Patronats- oder Hausrecht, sondern um Einzelfallentscheidungen, die aus einer gewissen Machtposition heraus gefällt wurden. Keinesfalls lässt sich daraus auf eine in der Republik immer noch starke Gewalt des Patrons schließen, die sich nicht auf eine öffentliche Strafge-

---

294 *Eisele*, Studien zur römischen Rechtsgeschichte, S. 78

295 *Auf die Einhaltung bestimmter Grundsätze achtete er (Anm.: Caesar) in seinem Haus in kleinen wie in großen Dingen so sorgfältig und streng, dass er z. B. einen Bäcker, der den Gästen anderes Brot vorsetzte als ihm, in Fesseln legen oder einen ihm sehr lieben Freigelassenen, der mit der Gattin eines römischen Ritters Ehebruch begangen hatte, hinrichten ließ, obgleich niemand als Ankläger auftrat.* (Text und Übersetzung aus: *Schmitz*, Sueton Caesar).

walt bezieht.[296] Dafür spricht schon das Beispiel der Fesselung des Bäckers: die Möglichkeit der Bestrafung wegen dieses „Vergehens“ ergab sich eben nicht aus der *domestica disciplina*, sondern aus der Stellung Caesars. Im Übrigen ist unter diesem Begriff bei zeitgenössischen Autoren eher die Summe der moralischen Forderungen, die an den einzelnen gerichtet sind, gemeint: im Ergebnis die in einem Hause geltende sittliche Ordnung.[297]

Insgesamt ist festzustellen, dass aus der Republik keine weiteren juristischen oder literarischen Quellen überliefert sind, die auf eine rechtliche Möglichkeit eines Widerrufs der Freilassung schließen. Daher stand Cicero wirklich keine andere rechtliche Möglichkeit zur Verfügung, um sich gegen das „unerhörliche“ Verhalten seines Freigelassenen zu wehren.

In der Republik gab es keine Möglichkeit der *revocatio in servitutem*. Das Leugnen einer wirksamen Freilassung ist das einzige Mittel gewesen, um den Freigelassenen wieder in die Sklaverei zurückzuversetzen. Der Staat hielt sich aus der rechtlichen Ausgestaltung des Patronatsverhältnisses noch weitestgehend heraus.

III. Regelungen unter Augustus

Aus der Zeit von Augustus sind mehrere Hinweise überliefert, die auf eine *revocatio in servitutem* hinweisen. Unter Augustus fanden in der frühen Kaiserzeit verschiedene Veränderungen für die Situation der Freigelassenen statt. Insgesamt verschlechterte sich deren Situation, da zum Beispiel die Möglichkeiten für Freilassungen erschwert wurden. Dies geschah vor dem Hintergrund der Umwälzungen gegen Ende der Republik. Augustus wollte zu den *mores* zurück und das Bürgerrecht für „unwürdige“ *liberti* einschränken.[298] Er führte jedoch nicht nur die *actio ingrati* in der *Lex Aelia Sentia* ein – er nutzte die Wiederversklavung auch als politisches Mittel.

1.) D. 50.16.70

An zwei Quellen lässt sich festmachen, dass die *Lex Aelia Sentia* die *accusatio ingrati liberti* einführte. Zum einen an einer Digestenstelle von Paulus (D. 50.16.70), zum anderen an einer Stelle von Ulpian (D. 40.9.30 pr.).

Zunächst zu D. 50.16.70 von Paulus:

---

296 Anders: *Kaser*, in: ZRG 68 (1951), S. 582.

297 z. B. Cicero, *Verr.* 2.5.8; Caesar, *Bell. Gall.* 4.9.1 (*Mauch*, Der lateinische Begriff disciplina, S. 50).

298 Siehe S. 51 ff.

Paulus 73 ad ed.
Sciendum est heredem etiam per multas successiones accipi. Nam paucis speciebus "heredis" appellation proximum continent, ueluti in substitution impuberis "quisquis mihi heres erit, idem filio heres esto", ubi heredis heres non continetur, quia incertus est. Item in lege Aelia Sentia filius heres proximus potest libertum paternum ut ingratum accusare, non etiam si heredi heres exstiterit.[299]

Diese Stelle von Paulus nimmt Bezug auf die *Lex Aelia Sentia* (4 n. Chr.), die unter Augustus (63 v. Chr. – 14 n. Chr.) erlassen wurde. Wie bereits erwähnt, ist dieses Gesetz nicht direkt überliefert. Es wird daher auf die Digesten zurückgegriffen.

Primär handelt es sich um eine erbrechtliche Regelung der Frage, wer als Erbe angesehen werden kann. Der nächste Satz der Quelle weist daraufhin, wer den Anspruch auf die *accusatio ingrati* beim Tod des Freilassers geltend machen kann. Der Begriff *accusatio* wird verwendet und auf die *Lex Aelia Sentia* verwiesen. Insgesamt liegen deutliche Erschwerungen für Freigelassene und Freilassungen darin. Überliefertes Gewohnheitsrecht wurde rechtlich erstmalig fixiert.[300] Das Verhalten ist so selbstverständlich für die Gesellschaft gewesen, dass das Freigelassenenpatronat in der Republik aus ungeschriebenen Gewohnheitsrecht bestand.[301] Generell fielen unter diese Norm sowohl Rechtsverstöße, als auch sittliche Verstöße.[302]

Problematisch ist, dass es sich lediglich um eine Überlieferung des Originaltextes aus der *Lex Aelia* handelt – zum anderen wird keine Rechtsfolge, z. B. die *revocatio in servitutem*, genannt. Es ergibt sich lediglich, dass es wohl eine Klage wegen Undankbarkeit gab, die auch der Sohn des Freigelassenen als Erbe erheben konnte. Der Tatbestand ist *ingratum factum esse* bestimmt, damit gerade sowohl rechtliche, als auch sittliche Rechtsverstöße unter die Norm fielen.[303]

Welche Rechtsfolge ergab sich? Im Ergebnis: Es gab keine unmittelbare, greifbare Rechtsfolge, sondern die Klage konnte erhoben werden und dem Beklagten

---

299 *Paulus, Edikt, 73. Buch*
Man muss wissen, dass man Erben auch über mehrere Abfolgen annimmt. Denn nur selten bezeichnet „Erbe" den nächsten, etwa bei der Einsetzung eines Unmündigen. „Wer mein Erbe sein soll, der soll auch Erbe meines Sohnes sein", wo der Erbe des Erben nicht darunter begriffen wird, weil er unsicher ist. Auch nach der Lex Aelia Sentia kann der Sohn als nächster Erbe den Freigelassenen des Vaters wegen Undanks anklagen, nicht jedoch wenn jemand Erbe des Erben geworden ist. (Text aus: *Watson*; *Mommsen*; *Krüger [Hrsg.]*, The Digest of Justinian, Vol. IV; Übersetzung in Anlehnung daran).

300 *Bellen*, Politik – Recht – Gesellschaft, S. 205.

301 *Barschdorf*, Freigelassene in der Spätantike, S. 60.

302 *Kaser*, in: ZRG 58 (1938), S. 128.

303 *Kaser*, in: ZRG 58 (1938), S. 128.

haftete ein moralischer Makel nach dem Prozess an. Dies ist der heutigen juristischen Denkweise fremd – ist aber in der stark von moralischen Erwägungen dominierten römischen Gesellschaft durchaus denkbar. Viele Stellen zu Beginn des Prinzipats, aber auch während der Republik, thematisieren die moralische Aufrichtigkeit und moralisches Verhalten. Ganze philosophische Abhandlungen der Antike befassen sich mit dem moralischen Handeln, wie beispielsweise Ciceros *De Officiis* oder auch Senecas *De Beneficiis*. Es fand eine „klare Transportierung aus dem Sitten- in den Rechtsbereich“ statt.[304] Die in § 2 vorgestellten moralischen Begriffe erfuhren nun erstmalig eine rechtliche Ausgestaltung. Die zeitgenössischen Juristen setzten Moral- und Sittlichkeitsvorstellungen in geltendes Recht um.

Rechtlich ausgestaltet war diese stark moralisch geprägte Stigmatisierung in der *infamia*, die die Rechtsfolge der *actio iniuriarum* gewesen ist. Bereits in klassischer Zeit umfasste die *iniuria* nicht nur körperliche Angriffe, sondern auch die bewusste Missachtung einer fremden Person durch Taten oder Worte. Als Rechtsfolge umfasste die Infamie vor allem den Ausschluss von allen öffentlichen Ämtern und die Einschränkung des Rechtsschutzes des Verurteilten.[305] Der Begriff *iniuria* begegnet uns bereits in den 12-Tafel-Gesetzen, jedoch in Verbindung mit einer (zumindest leichten) Körperverletzung. In der Spätantike wird der Begriff als Verletzung des allgemeinen Persönlichkeitsrechts verstanden, die mit der *actio iniuriarum* zivilrechtlich verfolgt wurde. Vermutlich ab dem zweiten Jahrhundert vor Christus erfasste der Tatbestand auch nicht körperliche Aspekte. Der Tatbestand erfuhr eine immer weitergehende Auslegung. Die Rechtsfolge dieser Klage bestand in der Zahlung einer Geldbuße, die der Richter nach den Umständen des Einzelfalles festgelegte.[306] Interessant ist des Weiteren, dass der aufgrund der *actio iniuriarum* Verurteilte wegen dieser infamierenden Klage zahlreiche rechtliche Einschränkungen erlitt – beispielsweise im Bereich des Prozessrechts.[307] Sollte der Beklagte erneut durch Ehrlosigkeit negativ auffallen, konnte der Prätor in schweren Fällen durch die *coercitio* eine magistratische Strafe verhängen.[308]

Es gibt dagegen keine Anzeichen, für die Verhängung der *poena capitis* in Fällen von undankbaren Freigelassen.[309]

Eine weitere Quelle, aus der sich die Ausgestaltung der *actio ingrati* ergibt, ist D. 40.9.30 pr. von Ulpian:

---

304 *Bellen*, Politik – Recht – Gesellschaft, S. 206.

305 *Ebert*, Pönale Elemente im deutschen Privatrecht, S. 39.

306 *Seelentag*, Das *convicium* als Beispiel außergerichtlicher Konfliktlösung in Rom, S. 2.

307 *Seelentag*, Das *convicium* als Beispiel außergerichtlicher Konfliktlösung in Rom, S. 3.

308 *Seelentag*, Das *convicium* als Beispiel außergerichtlicher Konfliktlösung in Rom, S. 3.

309 *Kaser* hält dies durchaus für möglich (ZRG 58 (1938), S. 130).

Ulpianus 4 ad leg. Aeliam Sentiam
Si quis hac lege seruum emerit, ut manumittat, et non manumittente eo seruus ad libertatem pervenerit ex constitutione diui marci, an possit ut ingratum accusare, videamus. et dici potest, cum non sit manumissor, hoc ius eum non habere.[310]

Diese Quelle bezieht sich zwar auch auf die *Lex Aelia Sentia* und belegt ebenfalls, dass die Klage gegen die Undankbaren dort bereits verankert gewesen sein muss. Genaueres zum Tatbestand und ihrer Rechtsfolge erschließt sich jedoch auch hier nicht. Die Quelle beantwortet lediglich, wer als Kläger in Frage kommt – nämlich nur der Freilasser.

Insgesamt belegen zwei unabhängige Quellen, dass das 12-Tafel-Gesetz die *actio ingrati* bereits verankerte. Die Rechtsfolge dieser Klageform bestand in der Infamie, die sowohl den Ausschluss von allen öffentlichen Ämtern, als auch die Einschränkung des Rechtsschutzes des Verurteilten bedeutete.[311]

2.) „Wiederversklavung" der dediticii

Aus der Regierungszeit des Augustus (37 v. Chr. – 14 n. Chr.) ist die Wiederversklavung der *dediticii* überliefert. Diese stellten die unterste Gruppe der Freigelassenen in der Republik dar. Sie sind nach römischen Staatsrecht peregrinische Freie, die zu römischen Untertanen geworden sind, ohne zu einem Bündnis zu gehören. Sie behielten Freiheit und Eigentum und konnten sogar eine eigene Verfassung haben.[312] Aufgrund einer rechtlichen Fiktion sind sie den Freigelassenen rechtlich gleichgestellt, wie sich aus Gaius Inst. 1.12 ergibt:[313]

Rursus libertinorum tria sunt genera: Nam aut cives Romani aut Latini aut dediticiorum numero sunt.[314]

---

310 *Ulpian, Lex Aelia Sentia, 4. Buch*
Wenn jemand einen Sklaven mit der Pflicht ihn freizulassen gekauft hat, und als Ergebnis der versagten Freilassung, der Sklave die Freiheit unter der constitutio des göttlichen Marcus erlangt hat, muss abgewogen werden, ob wir den Freigelassenen wegen Undankbarkeit anklagen können. Aber da er nicht der Freilasser ist, hat er nicht dieses Recht. (Text aus: *Watson; Mommsen; Krüger [Hrsg.]*, The Digest of Justian, Vol. III; Übersetzung in Anlehnung daran).

311 *Ebert*, Pönale Elemente im deutschen Privatrecht, S. 39.

312 *Mommsen*, Römische Geschichte, Buch 4, S. 230; *Whittaker*, Rome and its Frontiers, S. 216.

313 *Mommsen*, Römische Geschichte, Buch 4, S. 230.

314 *Weiterhin (gibt es drei Arten) von Freigelassenen: (sie sind entweder römische Bürger oder Latiner oder) zählen (zu den Unterworfenen).* (Text und Übersetzung aus *Manthe*, Gaius Institutionen, S. 39).

Die Unterworfenen (*dediticii*) gehörten zu den Freigelassenen. Ihre Freiheit bedeutete laut Gaius die schlechteste aller Freiheiten (Gaius Inst. 1.26):

> *Pessima itaque libertas eorum est, qui dediticiorum numero sunt (…)*[315]

Eine „Quasi-Wiederversklavung" ist rechtlich nur bei dieser Personengruppe möglich gewesen, wie sich aus Gaius Inst. 1.27 ergibt:

> *Quin etiam in urbe Roma vel intra centesimum urbis Romae miliarium morari prohibentur; et si qui contra ea fecerint, ipsi bonaque eorum publice venire iubentur ea condicione, ut ne in urbe Roma vel intra centesimum urbis Romae miliarium serviant neve umquam manumittantur; et si manumissi fuerint, servi populi Romani esse iubentur. Et haec ita lege Aelia Sentia conprehensa sunt.*[316]

Die Unterworfenen zählten ursprünglich rechtlich gesehen zu den Freigelassenen. Sie hatten bestimmte Auflagen (hier: sie müssen sich außerhalb der 100 Meilengrenze zu Rom aufhalten). Sollten sie dagegen verstoßen, verlieren sie ihre Rechtsfähigkeit, indem ihr Eigentum und sie selbst verkauft werden. Sie werden somit Sklaven, d.h. gehören nicht mehr zu der privilegierten Gruppe der Freigelassenen. Obwohl sie vorher keine römischen Sklaven gewesen sind, sondern *libertini*, fallen sie in den Sklavenstand – sie werden sogar automatisch Staatssklaven. Zusätzlich ist ihnen lebenslang eine erneute Freilassung verwehrt. Anhand dieser Regelung lässt sich die Aussage *Eiseles* zu den *dediticii* untermauern:

> *„Sie (Anm.: die dediticii) waren sine civitate, sie waren vogelfrei und nicht einmal das römische Sklavenrecht, das seit dem Beginn der Kaiserzeit immer humanere Formen ausbildete, konnte ihnen Schutz gewähren."*[317]

Diese Personengruppe unterstand also keinem Schutz und die Freiheit konnte jederzeit wieder begrenzt oder gänzlich aufgehoben werden.

---

315 *Diejenigen, die zu den Unterworfenen zählten, haben somit die schlechteste Art der Freiheit (…)* (Text und Übersetzung aus *Mathe*, Gaius Institutionen, S. 45).

316 *Es ist ihnen sogar verboten, sich in der Stadt Rom oder innerhalb der Hundertmeilengrenze von Rom aufzuhalten, und wenn sie dagegen verstoßen, so wird befohlen, dass sie selbst und ihre Güter öffentlich verkauft werden, und zwar mit der Bedingung, dass sie weder in der Stadt Rom oder innerhalb der Hundertmeilengrenze von Rom als Sklaven Dienst tun noch jemals freigelassen werden, so werden sie zu den römischen Staatssklaven erklärt. Dies ist so im Aelisch-Sentischen Gesetz enthalten.* (Text und Übersetzung aus: *Mathe*, Gaius Institutionen, S. 45).

317 *Kießling*, in: ZRG 78 (1961), S. 426.

3.) Appian, bella civilia *5.131*

Appian von Alexandria (ca. 90–160 n. Chr.) war römischer Geschichtsschreiber. Sein Werk *bella civilia* umfasst zwei Teile. Teil 2 enthält fünf Bücher und erzählt die innere Geschichte Roms von ca. 133 v. Chr. bis zum Tod Sextus Pompeius 33 v. Chr.[318]

Appian gibt einen Hinweis auf eine Wiederversklavung als politisches Mittel unter Augustus (App. *Bella civilia* 5. 131):

> *τοῦ δὲ δήμου τὴν μεγίστην ἱερωσύνην ἐς αὐτὸν ἐκ Λεπίδου μεταφέροντος, ἣν ἕνα ἔχειν νενόμισται μέχρι θανάτου, οὐκ ἐδέχετο καὶ κτείνειν τὸν Λέπιδον ὡς πολέμιον κελευόντων οὐκ ἠνείχετο. ἐς δὲ τὰ στρατόπεδα πάντα σεσημασμένας ἔπεμψεν ἐπιστολάς, ἐντελλόμενος ἡμέρᾳ μιᾷ πάντας ἀνειλήσαντας αὐτὰς ἐπιχειρεῖν τοῖς κεκελευσμένοις. καὶ ἦν τὰ ἐπεσταλμένα περὶ τῶν θεραπόντων, ὅσοι παρὰ τὴν στάσιν ἀποδράντες ἐστρατεύοντο, καὶ αὐτοῖς τὴν ἐλευθερίαν ᾐτήκει Πομπήιος, καὶ ἡ βουλὴ καὶ αἱ συνθῆκαι δεδώκεσαν. οἱ δὲ μιᾶς ἡμέρας συνελαμβάνοντο. καὶ ἀχθέντας αὐτοὺς ἐς Ῥώμην ὁ Καῖσαρ ἀπέδωκεν αὐτῶν τε Ῥωμαίων καὶ Ἰταλῶν τοῖς δεσπόταις ἢ διαδόχοις αὐτῶν, ἀπέδωκε δὲ καὶ Σικελιώταις. ὅσους δ' οὐκ ἦν ὁ ληψόμενος, ἔκτεινε παρὰ ταῖς πόλεσιν αὐταῖς, ὧν ἀπέδρασεν.*[319]

Eine offizielle nachträgliche Freilassung entlaufener Sklaven, hier durch Senat und dem Volk selbst verliehen, wurde durch einen staatlichen Akt rückgängig gemacht – dies stellt einen *actus contrarius* zur staatlichen Freilassung dar. Zum Hintergrund der Quelle: Lepidus hielt seit 44 v. Chr. das Amt des *pontifex maximus* inne. Octavius lehnte dieses später ab und rühmte sich damit – verwies jedoch in seinen *Res gestae divi Augusti* darauf, dass er eigentlich die Legitimation für dieses Amt innehabe.[320] Als Pompeius allen Sklaven, die zu ihm flüchteten und für ihn kämpften, die Freiheit versprach, stimmte Octavius zunächst zu und

---

318 *Veh*, Appian von Alexandria- Römische Geschichte – Teil 2, S. 6 ff.

319 *Als das Volk von Lepidus auf ihn [Octavian] das höchste Priesteramt übertragen wollte, das nach dem Gesetz ein und dieselbe Person bis zum Lebensende zu bekleiden hat, lehnte Octavian dies ab und wollte den Mann auch nicht töten, als man seine Hinrichtung als Staatsfeind forderte. An sämtliche Heere aber richtete er versiegelte Schreiben mit dem Auftrag, sie alle an einem bestimmten Tage zu eröffnen und die darin enthaltenen Anweisungen auszuführen. Diese bestrafen die Sklaven, die während der Bürgerkriege ihren Herrn entlaufen und in die Heere eingetreten waren; Pompeius hatte sich für ihre Freilassung eingesetzt und Senat wie Volk sie ihnen verliehen. Nun aber wurden sie an einem einzigen Tage festgenommen und nach Rom geschafft, wo sie von Octavian ihren römischen und italienischen Herren oder deren Erben übergeben wurden. Auch die sizilianischen Sklavenhalter bekamen ihre Leute zurück. Wo sich aber niemand fand, der Anspruch erhob, da ließ sie Octavian in den gleichen Städten ermorden, aus denen sie entflohen waren.* (Text aus: *Mendelssohn*, Appian/ The Civil Wars; Übersetzung aus: *Vehl*, Appian von Alexandria, Römische Geschichte, Zweiter Teil: Die Bürgerkriege, 5.131).

320 *Stepper*, Augustus et sacerdos, S. 111.

setzte dies im sog. Vertrag von Miseum 39 v. Chr. auch durch.[321] Das heißt, dass sie offiziell freigelassen und zur Personengruppe der *liberti* gehörten.

Später rühmte er sich mit der Aufhebung der Freiheit und Rückgabe an die ursprünglichen Sklavenhalter in den *Res gestae divi Augusti* (25):

> *Mare pacavi a praedonibus. Eo bello servorum qui fugerant a dominis suis et arma contra rem publicam ceperant triginta fere millia capta dominis ad supplicium sumendum tradidi.*[322]

Eine offiziell bestätigte Freilassung flüchtiger Sklaven wurde wieder rückgängig gemacht, die Freiheit wieder entzogen und die „Freigelassenen" ihren ehemaligen „Haltern" zurückgegeben. Dies erfolgte nicht durch eine Klage oder per Gesetz, sondern aufgrund eines Befehls des Kaisers. Dies stellt eine Einzelentscheidung aus politischen Gründen dar.

IV. Seneca der Ältere, *Controversiae*

Eine zeitlich zu Beginn des 1. Jahrhunderts nach Christus einzuordnende Quelle stammt von Seneca dem Älteren, der in *Controversiae* eine *actio ingrati* thematisiert.

Seneca der Ältere (54 v. Chr. – 39 n. Chr.) – Vater des berühmten Philosophen Seneca – erhielt in der römischen Schule des Marullus rhetorischen Unterricht. Sein Ziel war es, die Behandlung von herkömmlichen rhetorischen Themen von griechischen und römischen Rhetoren aufzuzeichnen. Dazu nahm er sich zunächst die schwierigen Themen in den *Controversiae* vor, bei denen es sich um die Entscheidung in einer Rechtsfrage handelt.[323]

Seneca verfasste das Werk in den ersten Regierungsjahren des Caligula (37–41 n. Chr.).[324] Seneca verweist gleich zu Beginn der Schrift auf sein hohes Alter. Verschiedene Stellen geben zudem weitere Hinweise auf die Entstehungszeit.[325]

Nicht alle Rechtsfälle entsprechen der Realität. Sie können auch fiktiver Art sein. Im Wesentlichen handelte es sich bei den Deklamationen um Schulaufgaben, anhand derer junge Römer ihr sprachliches Ausdrucksvermögen und

---

321 *Christ*, Geschichte der römischen Kaiserzeit, S. 70.

322 *Das Meer habe ich von Seeräubern befreit. In diesem Krieg habe ich von den Sklaven, die ihren Herren davongelaufen waren und die Waffen gegen die res publica ergriffen hatten, etwa 30.000 gefangen und ihren Herren zur Bestrafung übergeben.* (Text und Übersetzung aus: *Möller*, Augustus- Meine Taten, S. 43).

323 *Schanz*, Geschichte der römischen Literatur bis zum Gesetzgebungswerk des Kaiser Justian, Zweiter Teil, S. 339.

324 *Winterling*, Caligula, S. 2.

325 *Schanz*, Geschichte der römischen Literatur bis zum Gesetzgebungswerk des Kaiser Justinian, Zweiter Teil, S. 341.

ihr Stilgefühl trainieren sollten.[326] Die Quelle liefert daher ein zeitgenössisches Bild von Themen, die zu dieser Zeit von Interesse gewesen sind – sie muss aus juristischer Sicht jedoch kritisch hinterfragt werden.

Die Quelle gibt insbesondere zur Frage des Tatbestandes der *actio ingrati* Rückschluss.

1.) Controversiae *2.5*

In den *Controversiae* 2.5 heißt es:

> *Torta a tyranno uxor, numquid de viri tyrannicidio sciret, perseveravit negare. postea maritus eius tyrannum occidit. illam sterilitatis nomine dimisit intra quinquennium non parientem. ingrati actio est.*[327]

Seneca baut seine "Lösung" des Falles durch pro und contra Gegenüberstellungen auf und befasst sich eingehend mit dem Sachverhalt. Hier bezieht er sich auf eine *actio ingrati*, die eine Frau gegenüber ihrem undankbaren Mann erhob. Ausgangsfall ist folgender: Eine Frau wird gefoltert um herauszufinden, ob sie etwas von der Verschwörung ihres Mannes weiß. Sie hält der Tortur stand, der Mann tötet den Tyrannen. Nachdem sie aufgrund der Folter innerhalb von fünf Jahren keine Kinder bekam, wollte sich der Ehemann aufgrund eines Gesetzes von ihr scheiden lassen.

Nach dem kurzen Sachverhalt folgen Argumente von Porcius Latro, Cestius Pius und Arellius Duscus sowie weiteren Fürsprechern. An dieser Stelle wird erstmalig in zeitgenössischen Quellen eine konkrete Definition von *ingratus* angeführt:

> *Ingratus vocabatur, quod in praemio nullam (…)*[328]

Er ist undankbar, weil er eine Gegenleistung für eine Wohltat verlangte. Hier wird erstmals ein konkretes Beispiel – das auch verallgemeinert werden kann – für ein undankbares Verhalten aufgezeigt: Jemand tut etwas für einen anderen und dieser fordert eine Gegenleistung.

Auf der Gegenseite bringt Fulvius Sparsus hervor:

---

326 *Von Albrecht*, Geschichte der römischen Literatur, Band 2, S. 989.

327 *Eine Frau, die von einem Tyrannen gefoltert wird, um herauszubekommen, ob sie etwas über ein Komplott ihn zu töten weiß, bestand darauf, zu sagen, dass sie es nicht wisse. Später tötete ihr Mann den Tyrannen. Er ließ sich scheiden, weil sie innerhalb von fünf Jahren keine Kinder gebar. Sie verklagte ihn wegen Undankbarkeit.* (Text aus aus: *Winterbottom*, The Elder Seneca – Declamations: Controversiae Books 1–6, Vol. 1; Übersetzung in Anlehnung daran).

328 *Sie nannten ihn undankbar, weil er eine Gegenleistung verlangte.* (Text aus: *Winterbottom*, The Elder Seneca – Declamations: Controversiae Books 1–6, Vol. 1; Übersetzung in Anlehnung daran).

Vobiscum, iudices, loquor: (quid faciam? non agam gratias, quod (non) indicavit uxor? timeo, ne vobis ingrati iam)[329]

Schließlich nennt Seneca die Fragen, die der Angeklagte bei einer solchen Undankbarkeitsklage stellen sollte:

'non accepi (beneficium' ant 'accepi) quidem sed reddidi' aut 'accepi quidem sed non potui reddere' aut isto novissime confugere: 'non, quisquis non reddidit beneficium, ingrati tenetur; animus aestimandus est non reddentis.'[330]

Hier wird eingehend auf das Verhalten einer erlangten oder eben nicht erlangten Wohltat (*beneficium*) eingegangen. Die Reaktion auf den Vorwurf der Undankbarkeit ist wie folgt beschrieben: Entweder man hat keine Wohltat erhalten, dann ist auch keine Dankbarkeit für irgendetwas geschuldet. Erhielt man eine, ist man nicht undankbar, wenn man diese schon vergolten hat. Sollte man noch nichts aus Dankbarkeit zurückgegeben haben – weil dem Empfänger dies zum Beispiel bisher unmöglich gewesen ist – sollte auf den Dankbarkeitsschuldner und seine Intention abgestellt werden. Er ist also nicht automatisch undankbar, wenn er seine Schuld bisher noch nicht zurückgab. Schulmäßig spielt Seneca hier verschiedene Reaktionsmöglichkeiten eines Angeklagten durch.

Asinius Pollio merkt zu der Möglichkeit des Leugnens einer Wohltat an:

POLLIO ASINIVS aiebat numquam temptandam esse quaestionem primam, (nisi) manifesto obtineri posset, qua negamus nos beneficium accepisse: perit tota causa, nisi in hoc vicit. apparet enim ingratum (es)se, qui ne fatetur quidem se accepisse beneficium.[331]

---

329 *Ich fragte die Richter: was soll ich tun? Soll ich meiner Frau nicht dafür danken, dass sie geschwiegen hat? Ich fürchte, dass ich in euren Augen schon der Undankbarkeit schuldig bin. Soll ich ihr danken? Soll ich ohne Kinder leben (…)* (Text aus: *Winterbottom*, The Elder Seneca – Declamations: Controversiae Books 1–6, Vol. 1; Übersetzung in Anlehnung daran).

330 *'Ich habe eine Wohltat erhalten' oder 'ich habe eine erhalten – aber ich habe sie nicht zurückgezahlt' oder 'ich habe eine Wohltat erhalten, aber es war mir nicht möglich, sie zu erwidern' oder als letzte Zuflucht 'nicht jeder, der eine Wohltat nicht vergolten hat, ist undankbar'. Man muss die Intentionen einer Person abwägen.* (Text aus: *Winterbottom*, The Elder Seneca – Declamations: Controversiae Books 1–6, Vol. 1; Übersetzung in Anlehnung daran).

331 *Asinius Pollius sagte, dass man niemals als erstes sagen sollte, dass man keine Wohltat erhalten habe – es sei denn, dass dies offensichtlich ist. Wenn das nicht der Fall ist, ist der Prozess verloren, weil es offensichtlich ist, dass jemand, der sogar leugnet, dass er eine Wohltat erhalten habe, undankbar ist.* (Text aus: *Winterbottom*, The Elder Seneca – Declamations: Controversiae Books 1–6, Vol. 1; Übersetzung in Anlehnung daran).

Die Verteidigung, dass gar keine Wohltat empfangen wurde, soll also nur vorgebracht werden, wenn ganz offensichtlich ist, dass auch keine gewährt wurde. Andernfalls sei das Verhalten per se schon undankbar. Allein das Leugnen einer Wohltat wird hier schon als Undankbarkeit angesehen, und führt dazu, dass der Beklagte den Prozess verliert.

Dem fügt Gallio noch hinzu:

> *GALLIO noster putat, quotiens possit, hoc auferendum adversario; quotiens non possit, concutiendum; quotiens ne hoc quidem pos(sit), ita transeundum, quasi donemus et possimus quidem facere controversiam sed nolimus.*[332]

Ebenso argumentiert Dionysius Atticus, der eine Parallele zum Strafprozess zieht:

> *idem ATTICO DIONYSIO, Apollodori discipulo, placuit; hoc ille amplius: quotiens non potuerimus, aiebat, an beneficium acceperimus, controversiam facere, de modo faciamus: non esse tam magnum, quam ille dicat; sicut in criminibus facimus, quotiens negare non possumus: esse quidem crimen illud fatemur sed leviore poena dignum, quam accusator arguat.*[333]

Im Zweifelsfalle sei der Wert des Geschenks also herunterzuspielen. Hier ist nicht genannt, dass dieses Verhalten undankbar ist, wenn man die Größe der Wohltat „herunterspielt".

Aber generell wird im weiteren Verlauf der Argumentation eine problematische Frage aufgeworfen:

---

332 *Mein Freund Gallio denkt, dass jemand, wann immer es ihm möglich ist, den Gegner dieses Argumentes berauben sollte, oder falls dies unmöglich ist, es wenigstens schwächen. Und wenn auch dies unmöglich ist, sollte es in einer Weise übergangen werden, dass es so aussieht, als ob man es dabei belassen will.* (Text aus: *Winterbottom*, The Elder Seneca – Declamations: Controversiae Books 1–6, Vol. 1; Übersetzung in Anlehnung daran).

333 *Dieselbe Meinung wird von einem Schüler von Apollodorus, Dionysius Atticus, vertreten. Er fügte dies hinzu: Immer wenn wir nicht abstreiten können, dass wir eine Wohltat erhalten haben, sollten wir deren Ausmaß bestreiten und dass es nicht so groß gewesen sei wie es behauptet wird. Wie in Strafprozessen: Wenn wir einen Vorwurf nicht leugnen können, räumen wir ihn ein, tragen aber vor, dass eine leichtere Strafe als die vom Kläger verlangte, angemessen ist.* (Text aus: *Winterbottom*, The Elder Seneca – Declamations: Controversiae Books 1–6, Vol. 1; Übersetzung in Anlehnung daran).

an inter viros et uxores data beneficia ingrati lege teneantur: non est beneficium sed officium facere quod debeas. (quid,) si filius patri se dicat beneficium dare? hanc quaestionem (fecit) et GALLIO noster.[334]

Für die Beziehung zwischen Ehegatten ist es fraglich, ob es eine Klage wegen Undankbarkeit geben soll. Wesentlicher Hintergrund ist die Frage, ob es eine Wohltat ist, wenn man zu dieser Handlung sowieso verpflichtet ist. Hier geht es letztlich wieder um die Frage, ob schon das Vorliegen eines *beneficiums* nicht schon im Prozess verneint werden kann.

Was bisher in den zur Verfügung stehenden juristischen Quellen fehlte, behandelt die Stelle eingehender: Was ist Undankbarkeit aus antiker Sicht? Wie könnte ein potentieller Prozess der *actio ingrati* aussehen? Letztlich geht es bei Seneca um eine generelle *actio ingrati*, die unabhängig von der Freilassung möglich sein soll. Viele der hervorgebrachten Argumente passen nicht zur *manumissio*: Die Argumention beginnt bereits mit der Aussage, dass undankbar derjenige sei, der eine Gegenleistung verlange. Da der Freigelassene jedoch vielerlei Verpflichtungen nach der Freilassung hatte, und somit eine Gegenleistung für die Wohltat der Freilassung verlangte wurde, passt dies hier nicht. Zudem hätte der Freigelassene nie die Möglichkeit gehabt, die Größe der Freilassung zu leugnen oder herunter zu spielen, wie es vorliegend als Verteidigungsstrategie empfohlen wird. Als letztes ist noch festzuhalten, dass zu keiner Zeit eine generelle Pflicht zur Freilassung bestand, sodass sich die Frage nach der Wohltat nicht stellt. Die Quelle grenzt genauer ein, welches Verhalten als undankbar erschien. Allerdings nennt sie keine Rechtsfolgen dieser Klage oder die prozessuale Ausgestaltung. Denn es ist fraglich, was die Frau hier mit ihrer Klage erreichen konnte: War es eher eine Einrede gegen die Scheidungsklage gewesen? Haftete dem Mann bei erfolgreicher Undankbarkeitsklage ein moralischer Makel an, da er offiziell im Rahmen eines Gerichtsverfahrens als undankbar deklariert wurde? Dies bleibt an dieser Stelle offen.

2.) Actio inscripti maleficii

Eng verbunden mit der *actio ingrati* ist die *actio inscripti maleficii* – Seneca erwähnt sie ebenfalls in den Deklamationen. *Declamationes* 3. praef. 17 erläutert sie.

334 *Sind Wohltaten zwischen Ehegatten von der Klage gegen Undankbare erfasst? Es ist doch keine Wohltat zu tun, was man verpflichtet ist zu tun. Auf dieser Grundlage könnte ein Sohn sagen, dass er die Wohltat auf seinen Vater übertragen hätte. Diese Frage wurde dann auch auf den Vater übertragen. Diese Frage wurde von meinem Freund Gallio erhoben.* (Text aus: *Winterbottom*, The Elder Seneca – Declamations: Controversiae Books 1–6, Vol. 1; Übersetzung in Anlehnung daran).

Diese Klage, die unter kein spezielles Gesetz fällt, wird auch in den *Controversiae* 5.1 näher ausgeführt:

> *INSCRIPTI MALEFICII SIT ACTIO.*[335]

Dabei handelte es sich um ungeschriebene Gesetze, die in Form dieser Auffangklage abgedeckt wurden. Quintilian selbst hält sie für eine fiktive Klage, die von den Schulen erfunden wurde „*finguntur in scholis et inscripti maleficii*" (Quintilian, 7.4.36). Seine Existenz ist also ebenfalls streitig.[336]

Als Beleg für die rechtliche Ausgestaltung der *actio ingrati* dient sie daher nicht, sei allerdings an dieser Stelle genannt, da trotzdem ein Bezug besteht. Sie lässt Rückschlüsse auf die *actio ingrati* in zeitgenössischen Denken zu.

3.) Controversiae *9.5 pr. 1*

Eine weitere Stelle für die *actio ingrati* findet sich in den *Controversiae* 9.5 pr. 1:

> *ADVLTERVM CVM ADVLTERA QVI DEPREHENDERIT, DVM VTRVMQVE INTERFICIAT, SINE FRAVDE SIT. Ingrati sit actio.*[337]

Folgender Sachverhalt lag dem zugrunde:

> *Miltiades peculatus damnatus in carcere alligatus decessit. Cimon, filius eius, ut eum sepeliret, vicarium se pro patris corpore dedit. Callias dives sordide natus redemit eum a re publica et pecuniam solvit eique filiam collocavit. ille deprehensam in adulterio deprecante patre occidit uxorem. ingrati reus est.*[338]

Ein Sohn gibt sich als Ersatz für seinen Vater her, der wegen Untreue verurteilt wurde. Callias kaufte schließlich den Sohn frei und verheiratete ihn mit seiner

---

335 *Eine Klage wegen eines Verstoßes, der unter kein spezielles Gesetz fällt.* (Text aus: *Winterbottom*, The Elder Seneca – Declamations: Controversiae Books 1–6, Vol. 1; Übersetzung in Anlehnung daran).

336 Vgl. *Bonner*, Roman Declamation, S. 86.

337 *Wer auch immer einen Ehebrecher mit seiner Geliebten auf frischer Tat ertappt, vorausgesetzt, dass er beide getötet hat, soll freigesprochen werden. Die Klage liegt in der Undankbarkeit.* (Text aus: *Winterbottom*, The Elder Seneca – Declamations: Controversiae Books 7–10, Vol. 2; Übersetzung in Anlehnung daran).

338 *Miltiades, der wegen Veruntreuung verurteilt wurde, starb in der Haft. Sein Sohn Cimon gab sich selbst als Ersatz für den Körper seines Vaters, so dass dieser beerdigt werden konnte. Callias, ein reicher Mann niederer Geburt, kaufte ihn vom Staat frei und zahlte das Geld; er verheiratete seine Tochter an ihn. Cimon erwischte sie beim Ehebruch und tötete sie entgegen dem Bitten ihres Vaters. Er wurde wegen Undankbarkeit angeklagt.* (Text aus: *Winterbottom*, The Elder Seneca – Declamations: Controversiae Books 7–10, Vol. 2; Übersetzung in Anlehnung daran).

Tochter. Diese beging Ehebruch und Cimon tötete sie. Er ist nun wegen Undankbarkeit angeklagt.

Nach pro und contra Reden verschiedener Personen, stellt Latro in der *divisio* folgende Frage:

> *an non quisquis gratiam non rettulit, cum posset, ingrati teneatur (...)*[339]

Danach wirft er drei wesentliche Fragen zu diesem Problem auf:

> *an possit ob id damnari quod lege fecit?*[340]
> *an facere debuerit?*[341]
> *An, si adfectu et indignatione ablatus non fuit in sua potestate, ignoscendum illi sit.*[342]

Die wichtigste Frage, die sich bei der Klage der Undankbarkeit jedoch stellen sollte, ist für Latro folgende:

> *An beneficium acceperit?*[343]

Mehrere Faktoren spielten bei der hier aufgeworfenen Frage des Erfolgs der *actio ingrati* eine Rolle. Immer wichtig zu prüfen ist demnach, ob tatsächlich ein *beneficium* erlangt wurde. Dieses wird im weiteren Verlauf des Textes noch genauer beschrieben:

> *Beneficium enim est, inquit, quod totum euius causa praestatur in quem confertur. Ubi aliquis ex eo aut sperat quid aut praeparat, non est beneficium, consilium est.*[344]

---

339 *Ist jemand, der eine Wohltat nicht zurückgezahlt hat, undankbar, wenn es ihm doch möglich war, diese zu vergelten?* (Text aus: *Winterbottom*, The Elder Seneca – Declamations: Controversiae Books 7–10, Vol. 2; Übersetzung in Anlehnung daran).

340 *Kann er für etwas verurteilt werden, wenn es ihm eigentlich nach dem Gesetz zusteht?* (Text aus: *Winterbottom*, The Elder Seneca – Declamations: Controversiae Books 7–10, Vol. 2; Übersetzung in Anlehnung daran).

341 *Sollte er es getan haben?* (Text aus: *Winterbottom*, The Elder Seneca – Declamations: Controversiae Books 7–10, Vol. 2; Übersetzung in Anlehnung daran).

342 *Wenn er sich nicht unter Kontrolle hatte aufgrund seiner Emotionen und seiner Wut, sollte man ihm verzeihen?* (Text aus: *Winterbottom*, The Elder Seneca – Declamations: Controversiae Books 7–10, Vol. 2; Übersetzung in Anlehnung daran).

343 *Hat er eine Wohltat erhalten?* (Text aus: *Winterbottom*, The Elder Seneca – Declamations: Controversiae Books 7–10, Vol. 2; Übersetzung in Anlehnung daran).

344 *Eine Wohltat ist etwas, das vollkommen für denjenigen, für den es bestimmt ist, getan wurde. Wenn sich jemand davon etwas erhofft, oder es aus einem bestimmten Plan heraus tut, ist es keine Wohltat, sondern eine Absicht.* (Text aus: *Winterbottom*, The Elder Seneca – Declamations: Controversiae Books 7–10, Vol. 2; Übersetzung in Anlehnung daran).

Besonderes Merkmal soll hier also die Uneigennützigkeit sein. Schließlich spielen auch weitere Beweggründe und Umstände eine Rolle. Eine Kritik an den Zeitgenossenen Senecas ist zu sehen – diese standen unentgeltlichen Leistungen grundsätzlich kritisch gegenüber und verfolgten häufig mit der Hingabe von Geschenken Pläne. Dies geht auf die äußerst geschäftige Mentalität der Römer zurück.[345]

Zeigt sich hier eine Parallele zu den *liberti*? Auf den ersten Blick scheint die Thematik der Dankbarkeit durchaus mit den Freigelassenen vergleichbar zu sein. Schaut man jedoch die Aussagen Senecas genauer an, fällt auf, dass sich seine *actio ingrati* im Wesentlichen um die Frage dreht, ob überhaupt ein *beneficium* erteilt wurde. Dies ist jedoch bei einer Freilassung zweifelslos der Fall. Aus Sicht des römischen Sklavenhalters, der einen *servus* freilässt, ist es die größte Wohltat, die ein Sklave überhaupt erfahren kann.[346]

4.) Bedeutung der gratia/ingratia *in zeitgenössischen Schriften*

Es ist in Zweifel zu ziehen, ob die *Controversiae* immer tatsächliche Klagearten und Fallgestaltungen skizzieren, oder ob es sich um eine Fiktion zur rhetorischen Ausbildung handelt. Häufig wurde die Rhetorik dieser Zeit auch als gesellschaftliche Aktivität und vorgetragene Literatur gesehen.[347] Im Ergebnis ist eine verbindliche Aussage zum Wahrheitsgehalt der einzelnen „Normen" in den *controversiae* nicht möglich. Häufig zweifelt der Autor selbst die Existenz eines „Gesetzes" an, indem er vorträgt, dass ein bestimmtes Gesetz bestanden haben soll.[348] Die Quelle lässt aber einen Einblick in die zeitgenössische, juristische Denkweise zu und zeigt, was die Gelehrten zu dieser Zeit beschäftigte.

Eine *actio ingrati* existierte bereits in der *Lex Aelia* Sentia – sie bezog sich jedoch auf Freigelassene. Zwar behandelt Seneca vorwiegend andere Themen, es ergeben sich jedoch gewisse inhaltliche Parallelen zu den Freigelassenen: Die Protagonisten erhielten alle eine Wohltat, ein *beneficium* und sahen sich danach in irgendeiner Weise mit dem Vorwurf der Undankbarkeit konfrontiert. Ausdrücklich wird jedoch keine Parallele zu den Freigelassenen gezogen. Die intensive Behandlung mit diesem Thema zeigt jedoch die moralische und gesellschaftliche Brisanz dieser Fälle.

---

345 *Bruck*, Paulus und die Kirchenväter, in: *Crook (Hrsg.)*, Über römisches Recht im Rahmen der Kulturgeschichte, S. 122.

346 Dies geht beispielsweise aus *Tacitus*, annales 13.26 ff. hervor.

347 *Fantham*, Literarisches Leben im antiken Rom, S. 84.

348 *Langer*, Declamatio Romanorum, S. 63.

Die Römer standen unentgeltlichen Zuwendungen grundsätzlich recht kritisch gegenüber. Hintergrund ist die äußerst geschäftige Mentalität gewesen, der völlige Selbstlosigkeit fremd gewesen ist. Dies spiegelt sich letztlich auch in ihrem Schenkungsrecht wider.[349] Das Thema der Dankbarkeit drang jedoch zur Zeit Senecas des Älteren noch nicht rechtlich durch. Die römische Gesellschaft befand sich im Umbruch und die gesellschaftlichen Strukturen, die noch in der Republik bestanden, funktionierten nicht mehr in dieser Form.

Der Römer gewährte in der Antike zwar unentgeltlich *beneficii*, forderte dafür jedoch eine Gegenleistung und trat nicht ohne Hintergedanken wohltätig auf. Was bedeutet dies aber für die Dankbarkeit? War diese immer moralisch geschuldet und was verstand man darunter? Hat sich aus der Gewährung einer Wohltat das *do ut des*-Prinzip entwickelt?

Bereits Aristoteles kannte den Begriff des Gegengeschenks (*Antídoron*).[350] Auch bei Ulpian ist er in D. 5.3.25.11 überliefert:

> *(...)nec si donaverint, locupletiores facti videbuntur, quamvis ad remunerandum sibi aliquem naturaliter obligaverunt. plane si ἀντίδωϱα acceperunt, dicendum est eatenus locupletiores factos, quatenus acceperunt: velut genus quoddam hoc esset permutationis.*[351]

Von einer belohnenden Wiedervergeltung („*remunerandum sibi aliquem naturaliter obligaverunt*“) wird vorliegend ausgegangen, wenn man eine *donatio* erhielt. Jeder Schenker erwartet irgendeine *renumeratio*.[352] Diese kann in purer Dankbarkeit bestehen – kann sich aber auch in gewissen Taten, nämlich Freundschaftsdienste oder bestimmten Handlungen zeigen. Es besteht eine moralische Dankespflicht des Beschenkten.

Martial bringt die Hoffnung des Schenkers auf den Punkt:

> *Quisquis magna dedit, voluit sibi magna remitii.*[353]

---

349 *Bruck*, Paulus, die Kirchenväter und der „Fröhliche Geber“ im römischen Recht, S. 122.

350 *Wacke*, in: *Zimmermann (Hrsg.)*, Rechtsgeschichte und Privatrechtsdogmatik, S. 332.

351 *(...) Auch wenn sie etwas verschenken, hält man sie nicht für bereichert, obgleich sie sich dadurch nach natürlicher Anschauung einen anderen zu einer belohnenden Wiedervergeltung verpflichten. Nahmen sie freilich Gegengeschenke entgegen, so sind sie insoweit bereichert anzusehen, als sie etwas empfingen, so als wäre dies gewissermaßen eine Art von Tausch.* (Text und Übersetzung: *Wacke*, in: *Zimmermann [Hrsg.]*, Rechtsgeschichte und Privatrechtsdogmatik, S. 332).

352 *Wacke*, in: *Zimmermann (Hrsg.)*, Rechtsgeschichte und Privatrechtsdogmatik, S. 332.

353 *Wer Großes schenkte, wollte, dass ihm Großes wieder geschenkt werde.* (Text und Übersetzung: *Wacke*, in: *Zimmermann [Hrsg.]*, Rechtsgeschichte und Privatrechtsdogmatik, S. 333).

Dies zeigt auch, dass man eine mindestens gleich große Wohltat erwartete, was den Maßstab der Verpflichtung darstellt. Darauf basierte auch im Wesentlichen das römische Klientelsystem,[354] das genau auf diesem Geben und Nehmen aufbaute.

Im Ergebnis ist daher festzuhalten, dass es keine Überlieferung einer *actio ingrati* unabhängig von *liberti* gibt. Daher ist in Zweifel zu ziehen, ob sich Seneca hier auf eine real existierende Klage bezog. Möglich ist, dass die Klage gegen undankbare Freigelassene bestand und aus diesem Grund diese Klage auch auf andere Bereiche ausgeweitet werden sollte.

5.) Bedeutung für die rechtliche Beständigkeit der Freilassung

Was bedeuten diese Erkenntnisse für die Frage nach der rechtlichen Beständigkeit von Freilassungen?

Grundsätzlich ist zweifelhaft, inwieweit die erwähnten Klagearten von Seneca der rechtlichen Realität entsprachen. Fest steht aber, dass die *actio ingrati* bereits in der *Lex Aelia Sentia* verankert war, dies geht sowohl aus D. 50.16.70, als auch aus D. 40.9.30 pr. hervor. Parallel davon erwähnt Seneca der Ältere sie in den *Controversiae* – jedoch in einem anderen Kontext, der sich nicht auf Freigelassene bezieht. Seneca thematisiert eine generelle Klagemöglichkeit wegen Undankbarkeit.

Eine Rechtsfolge dieser Klageart geht auch hier nicht vor; die Tatbestandsvoraussetzungen sind allerdings schon genauer umrissen und man bekommt eine Vorstellung, in welchen Fällen eine *actio ingrati* in Betracht kam. Auch befasst sich Seneca der Ältere mit verwandten Fragestellungen, die ebenso aus dem moralischen Bereich stammen. Als juristische Fragestellung thematisieren die *Controversiae* beispielsweise eine Verteidigungsstrategie oder Personengruppen, die unter diese Klageart fallen. Moralisch werden Aspekte der Undankbarkeit und des korrekten Verhaltens erfasst.

Insgesamt ist festzuhalten, dass sich aus den *Deklamationen* nicht ergibt, dass zu dieser Zeit die Möglichkeit eines Widerrufs der geleisteten Wohltaten (also auch der Freilassung) rechtlich durch eine *actio ingrati* bestand.[355] Eine tatsächliche Rechtsfolge der Undankbarkeit wird hier auch nicht genannt – die Ausführungen sind theoretisch und auf den konkreten Einzelfall bezogen und

354 S. 72 ff.

355 anders: *Bonner* sagt, dass das Gesetz nicht vollkommen Fiktion gewesen ist (*Bonner*, Roman Declamation, S. 87); ebenso *Rayment*, in: The Classical Journal, Vol. 47 (1951), S. 113; ders. In The Classical Journal, Vol. 43 (1948), S. 429.

legen den Schwerpunkt auf moralische Aspekten, weniger auf rechtliche. Zwar behandelt Seneca der Ältere Verteidigungsstrategien und eine rechtliche Frage bildet den Ausgangspunkt, jedoch handelt es sich grundlegend um moralische Erwägungen.

V. Sueton, *Claudius* 25.1

Ein weiterer Hinweis auf die Zurückführung der Sklaverei lässt sich bei Sueton in *Claudius* 25.1 finden. Er spricht ausdrücklich von einer *revocatio in servitutem.* Sueton lebte von 70 bis 122 n. Chr. Populär machten ihn seine Kaiserviten, in denen er das Leben und die Regierungszeit der römischen Kaiser von Caesar bis Domitian darlegte.[356]

Sein Werk *Claudius* stellt eine Biografie des Kaisers (41–54 n. Chr.) und sein einzig vollständig erhaltenes Werk dar. Es entstammt dem Zyklus *De Vita Caesarum*, der in acht Bänden das Leben verschiedener Kaiser beschreibt.[357] Obwohl es aus über 200 Manuskripten besteht, scheint es so, als ob es bis ins 9. Jahrhundert in einem einzigen Band erhalten geblieben ist.

Der juristische, ebenso wie der historische Gehalt dieser Quelle ist besonders fraglich: „*Sueton präsentiert historisches Material in nicht-historischem Stil*".[358] Ebenso handelte es sich bei Sueton nicht um einen Juristen, sondern um einen Literaturlehrer,[359] weshalb seine juristischen Aussagen zweifelhaft sind.

Aus der Quelle zu Claudius (Regierungszeit 41 bis 54 n. Chr.) geht hervor:

> *Libertinos, qui se pro equitibus R. agerent, publicavit, ingratos et de quibus patroni querentur revocavit in servitutem advocatisque eorum negavit se adversus libertos ipsorum ius dicturum.*[360]

Sueton berichtet, dass es unter Claudius sehr wohl die Möglichkeit einer *revocatio in servitutem* gab. Ebenso konnten solche Freigelassenen offensichtlich keine Klage gegen ihre eigenen Freigelassen erheben.

---

356 *Von Albrecht*, Geschichte der römischen Literatur, Band 2, S. 1104 ff.

357 *Fendler*, Studien zum Markusevengelium, S. 73.

358 *Von Albrecht*, Geschichte der römischen Literatur, Band 2, S. 1107.

359 *Von Albrecht*, Geschichte der römischen Literatur, Band 2, S. 1107.

360 *Von Freigelassenen, die sich als römische Ritter ausgaben, ließ er Hab und Gut verkaufen, auch versetzte er diejenigen, die sich als undankbar erwiesen und über ihre Patrone Klage führten, wieder in den Sklavenstand zurück; ferner gab er den Advokaten bekannt, dass Klagen solcher Leute gegen ihre eigenen Freigelassenen nicht berücksichtigt würden.* (Text und Übersetzung aus: *Hurley*, Divus Claudius- Suetonius).

Das Ausgeben als Ritter („*qui se pro equitibus R. agerent*“) meint hier das Anmaßen des goldenen Ringes („*ius anolorum*“),[361] das Tragen des Bandes eines Ritters („*angustus clauus*“) oder das Sitzen in der ersten Reihe in einem Theater.[362] Mit dem Terminus *publicauit* („Hab und Gut verkaufen“) ist gemeint, dass das Eigentum an den Staat ging.[363]

Die Undankbaren und diejenigen, die Klage gegen ihre Patronen führten („*ingratos et de quibus patroni quererentur*“) bestrafte man mit der Wiederversklavung („*revocavit in servitutem*“). Die Formulierung *querentur* stellt einen juristischer Bezug her. Der Begriff der Undankbarkeit meint Folgendes:

> *„'Ungrateful' meant the failure to honour officia due to a former master, i.e. respect for him and his family, support in financial need and sometimes work."*[364]

Diese Definition ist äußerst allgemein und unjuristisch formuliert. In dem Kontext mit dem Werk von Sueton passt sie und spiegelt das wider, was Sueton uns an dieser Stelle mitteilen wollte. Auch in anderen Quellen fehlt eine eindeutige Definition dieses Begriffes. Die zeitgenössischen Leser seines Werkes dürften sich die Fallgestaltungen, die darunter fielen und das „undankbare“ Verhalten der Freigelassenen genau vorstellen können.

Von Bedeutung ist der Ausdruck der *revocatio in servitutem. Revocare* meint in diesem Zusammenhang das Zurücksetzen in den ursprünglichen Status als Sklave – also eine Wiederversklavung. Sueton spricht nicht nur von einem tatsächlichen Verhältnis, sondern von einem juristischen Akt.

Der Ausdruck „*advocatisque eorum negavit se adversus libertos ipsorum ius dicturum*“ ist an dieser Stelle nicht einfach zu verstehen: Sueton gibt hier wieder, dass Kaiser Claudius keine Klagen von Leuten zuließ, die sich zuvor auf die Seite des „undankbaren“ Freigelassenen stellten. Cassius Dio erläutert im 60. Buch (28.1) seiner Römischen Geschichten diesen Passus noch eingehender:[365]

> οὐ μὴν ἀλλὰ ταῦτα μὲν καὶ πάνυ τοῦ Κλαυδίου ἐπῄνουν, καὶ νὴ Δία καὶ ἐκεῖνο ὅτι ἐντυχόντος τινὸς τοῖς δημάρχοις κατὰ τοῦ ἐξελευθερώσαντος αὐτόν, καὶ ὑπηρέτην ἐπ' αὐτὸν αἰτήσαντος καὶ λαβόντος, ἠγανάκτησε, καὶ ἐκεῖνόν τε καὶ τοὺς συνεξετασθέντας

361 Vgl. S. 80.

362 *Hurley*, Divus Claudius- Suetonius, S. 172.

363 *Pons*; Latein/Deutsch: publicatio: Einziehung, Konfiskation, Beschlagnahme für die Staatskasse.

364 *Hurley*, Divus Claudius- Suetonius, S. 172.

365 *Hurley*, Divus Claudius- Suetonius, S. 173.

αὐτῷ ἐκόλασε, καὶ προσέτι καὶ ἀπηγόρευσε μηδένα τοῖς τοιούτοις κατὰ τῶν δεσποτευσάντων αὐτῶν βοηθεῖν, εἰ δὲ μή, στέρεσθαι τοῦ δίκην αὐτοὺς ἑτέροις λαγχάνειν.[366]

Nach dieser Quelle befahl Claudius, dass derjenige, der einen Freigelassenen gegen seinen Patron als Zeuge, Anwalt oder sonst irgendwie unterstützte, keine Prozesse mehr gegen andere Personen führen durfte. Dies bedeutete den Entzug der Prozessfähigkeit – also die Infamie. Dass der Freigelassene erst von den Volkstribunen Hilfe erhielt, ist hier hervorzuheben – Claudius urteilte dann aber durch kaiserliche Entscheidung. Sueton und Cassius Dio berichten im Ergebnis von den gleichen Entscheidungen des Claudius.

Zusammenfassend handelte es sich bei den Entscheidungen von Claudius allerdings um kaiserliche Einzelfallentscheidungen, die keine Allgemeingültigkeit hatten.[367]

Der „Wahrheitsgehalt" dieser literarischen Quellen und der Einzelfallcharakter von Claudius' Entscheidungen spiegelt sich in D. 37.14.5 pr. wider:

Marcianus 13 inst.
Divus claudius libertum, qui probatus fuit patrono delatores summisisse, qui de statu eius facerent ei quaestionem, servum patroni esse iussit eum libertum.[368]

---

366 *Das Volk indessen lobte mit lauter Stimme Claudius ob dieser seiner Milde und ganz besonders auch sein Verhalten, als es sich darüber empörte, wie ein gewisser Freigelassener gegen seinen Befreier an die Volkstribunen appellierte und so einen Beistand gegen seinen früheren Herrn erbat und gewann. Claudius strafte nicht nur den Kerl, sondern auch seine Genossen und verbot gleichzeitig für die Zukunft, dass noch irgendjemand Personen dieser Art gegen ihre früheren Herren Hilfe leistete; sonst werde er das Recht verlieren, gegen andere einen Prozess anhängig zu machen.* (Text aus: *Earnest; Forster; Heinemann*, Cassius Dio; Übersetzung aus: *Veh*, Cassius Dio- Römische Geschichten, Band 4, S. 460).

367 So auch: *Barschdorf*, Freigelassene in der Spätantike, S. 68 (er verweist allerdings lediglich auf die Quelle selbst, ohne die Folge daraus zu begründen); *Wojciech*, Die Stadtpräfektur im Prinzipat, S. 105 (er geht von kaiserlichen Einzelfallentscheidungen bis Commodus aus, jedoch auch ohne genaue Begründung); *Badian*, Foreign Clientelae, S. 3 (ebenfalls ohne Begründungsansatz); *Gardner*, Being a Roman Citizen, S. 43; anders: *Manning*, in: Studia et Documenta Historiae et Iuris, Vol. 52 (1986), S. 70 (er ist der Meinung, dass nicht abschließend gesagt werden könne, ob es sich um Einzelfallentscheidungen oder eine generelle Regelung handelte); *Waldstein* geht zwar auf die *revocatio in servitutem* ein, schließt jedoch diese Quelle nicht mit in seine Überlegungen ein.

368 *Marcian, Institutionen, 13. Buch*
Der vergöttlichte Claudius hat angeordnet, dass ein Freigelassener, dem nachgewiesen wurde, dass er Delatoren gegen seinen Freilasser eingesetzt hatte, die einen Prozess über seinen Status durchführen sollten, Sklave des Freilassers sein solle. (Text und Übersetzung aus: *Rainer [Hrsg.]*, CRRS, Teil 1, S. 57).

Mit in diese Überlegungen einzubeziehen ist eine Quelle von Cassius Dio.[369] Bei Cassius Dio (60.13.2) heißt es über Claudius:

> ἐτίθει μὲν οὖν συνεχῶς μονομαχίας ἀγῶνας: πάνυ γάρ σφισιν ἔχαιρεν, ὥστε καὶ αἰτίαν ἐπὶ τούτῳ σχεῖν: ἀπώλλυντο δὲ θηρία μὲν ἐλάχιστα ἄνθρωποι δὲ πολλοί, οἱ μὲν ἀλλήλοις μαχόμενοι.[370]

Grundsätzlich bestrafte man Freigelassene für Fehlverhalten – eine Wiederversklavung nennt die Quelle nicht. Man übergab sie ihren ehemaligen Herrn zur Bestrafung. Könnte damit eine Wiederversklavung gemeint sein?

Cassius Dio drückt sich hier nicht juristisch aus, während Sueton einen *terminus technicus* verwendet. Übergab man einen Freigelassenen zur Bestrafung an seinen Herrn, resultiert daraus nicht gleich, dass er wieder statusrechtlich als Sklave galt und alle seine erworbenen Rechte verlor. Denkbar ist eine zeitweise Zurückführung in die Hausgewalt (*patria* potestas) des Freilassers als Strafe – die aber auf seinen rechtlichen Status keinen Einfluss hatte.

Im Ergebnis ist festzuhalten: Claudius ordnete Strafen für undankbare Freigelassene an. Laut Cassius Dio befürwortete und unterstütze das Volk diese Maßnahmen. Da sich Sueton hier offensichtlich juristisch versiert ausdrückt und einen *terminus technicus* verwendet, ist von einer Wiederversklavung Freigelassener auszugehen. Handelte es sich dabei aber um Einzelfallentscheidungen? Im Ergebnis ist dies anzunehmen. Es handelt sich bei beiden Quellen um historische Zeitzeugnisse, die Entscheidungen des Kaisers erwähnen und rühmen. Anhaltspunkte für eine generelle rechtliche Regelung fehlen.

VI. Seneca der Jüngere, *de beneficiis*

1.) Grundsätzliches

Seneca der Jüngere (ca. 5/6 v. Chr. – 65 n. Chr.) befasste sich in seinem Werk *de beneficiis* – ebenso wie einige seiner antiken Kollegen in philosophischen Schriften – mit dem Austausch von Wohltaten.[371] Wie in den antiken Deklamationen üblich,

---

369 *Hurley* bringt diese mit in die Interpretation der Sueton-Stelle ein (Divus Claudius-Suetonius).

370 *Sklaven und Freigelassene nämlich, die unter Tiberius und Gaius gegen ihre Herren gearbeitet hatten, ebenso auch jene, die sonst wie andere angezeigt oder gegen sie falsches Zeugnis abgelegt hatten, hasste der Kaiser von ganzem Herzen und entledigte sich der Mehrzahl auf diese Weise. Einige ließ er auf andere Art büßen, und viele übergab er sogar ihren Herren zur Bestrafung.* (Text aus: *Earnest; Forster; Heinemann*, Cassius Dio; Übersetzung aus: *Veh*, Cassius Dio- Römische Geschichten, Band 4, S. 441).

371 Beispielsweise auch Cicero in *de officiis*.

nimmt Seneca immer wieder Bezug auf konkrete rechtliche Fragestellungen. Jedoch ist auch hier nicht immer eindeutig, ob es sich um tatsächliche rechtliche Fallgestaltungen und Gesetze handelt. Ein solches Beispiel stellt die *actio ingrati* dar.

Im dritten Buch von *de beneficiis* geht *Seneca* auf die *actio ingrati* ein (3.6.1 ff.). Diese Passage lässt offen, ob es sich um eine fiktive Klageart dieser Zeit handelt, oder ob sich *Seneca* auf eine real bestehende *actio* bezieht. Da er nicht nur Philosoph, sondern auch Politiker gewesen ist, dürften seine Rechtskenntnisse vertieft gewesen sein. Doch stellt diese Quelle keinen Beweis der tatsächlich herrschenden Rechtslage seiner Zeit dar.

2.) Seneca der Jüngere, de beneficiis *3.6.1*

Im dritten Buch der *de beneficiis* erwähnt Seneca die *actio ingrati* (3.6.1) und führt aus:

> *Hoc tam inuisum uitium an inpunitum esse debeat, quaeritur, et an haec lex, quae in scholis exercetur, etiam in ciuitate ponenda sit, qua ingrati datur actio; quae uidetur aequa omnibus. 'Quidni? cum urbes quoque urbibus, quae praestitere, exprobrent et <in> maiores conlata a posteris exigant.*[372]

Seneca wirft also gleich zu Beginn seiner Ausführungen die Frage auf, ob die *actio ingrati*, die laut seiner Aussage zu diesem Zeitpunkt nur in den Rhetorikschulen gelehrt wird („*quae in scholis exercetur*"), ein reales Gesetz werden sollte. Dass man sie in den rhetorischen Schulen lehrte, dürfte ihm hier durch seinen Vater aus dessen *Controversiae* bekannt gewesen sein. Diese Aussage lässt zunächst einmal darauf schließen, dass es zu Lebzeiten Senecas keine *actio ingrati* im rechtlichen Sinne gab. D. 50.16.70 und D. 40.9.30 pr. sprechen jedoch davon, dass sie bereits in der *Lex Aelia Sentia* verankert gewesen ist. Seneca bezieht sich hier nicht auf die *accusatio ingrati liberti*.

War diese Klageart, die in der *Lex Aelia Sentia* verankert gewesen ist, den Autoren nicht bekannt oder war sie tatsächlich zu Beginn des Prinzipates eine Erfindung der Rhetoriker? Dass Seneca und seine Kollegen, die auch juristisch

---

372 *Ob diese so verhasste Fehlhaltung ungestraft sein dürfte, wird gefragt, oder ob dieses Gesetz, welches in den Schulen geübt wird, auch im öffentlichen Leben erlassen werden muss, nachdem die Klage gegen die Undankbaren zugelassen wird; dies scheint allen gerecht zu sein. „Warum nicht? Weil auch Städte den Städten, was sie ihnen erwiesen haben, vorhalten und Dinge, die den Vorfahren zugewandt wurden, von den Nachkommen einfordern".* (Text und Übersetzung aus: *Rosenbach [Übers.]*, Annaeus Seneca, de beneficiis).

äußerst gebildet gewesen sind, die *actio ingrati* tatsächlich nicht bekannt gewesen sein soll, ist eher unwahrscheinlich.

Oder spricht Seneca vorliegend nur von einer zwischenmenschlichen Undankbarkeit, die tatsächlich nie unter Strafe stand.[373] Im Ergebnis ist dies an dieser Stelle plausibler: Die *actio ingrati liberti* ist in der *Lex Aelia Sentia* verankert gewesen (allerdings nicht mit der Rechtsfolge der *revocatio in servitutem*) – für die zwischenmenschliche Undankbarkeit stand jedoch keine Klage zur Verfügung. Da Seneca vorliegend die *liberti* mit keiner Silbe erwähnt und sich auf die Schulen bezieht (die zur Verfügung stehenden Deklamationen verweisen ebenso nur auf zwischenmenschliche Undankbarkeit), ist nicht davon auszugehen, dass er über deren undankbares Verhalten spricht. Da die *actio ingrati* gegen Freigelassene zur Verfügung stand, ist es einleuchtend, dass er hier die moralische, aber auch rechtliche Frage aufwirft, ob diese Klage generell erhoben werden können soll. Dies geht auch aus dem weiteren Inhalt der Quelle hervor.

3.) Seneca der Jüngere, de beneficiis *3.6.2*

Die Quelle liefert weitergehende Informationen über die Einstellung zur Undankbarkeit. Im Weiteren führt er Argumente für und gegen eine solche Klage an (Seneca, *de beneficiis*, 3.6.2):

> *Nostri maiores, maximi scilicet uiri, ab hostibus tantum res repetierunt, beneficia magno animo dabant, magno perdebant; "excepta Macedonum gente non est in ulla data aduersus ingratum actio. Magnumque hoc argumentum est dandam non fuisse, quia aduersus maleficium omne consensimus, et homicidii, ueneficii, parricidii, uiolatarum religionum aliubi atque aliubi diuersa poena est, sed ubique aliqua, hoc frequentissimum crimen nusquam punitur, ubique inprobatur; neque absoluimus illud, sed cum difficilis esset incertae rei aestimatio, tantum odio damnauimus et inter ea reliquimus, quae ad iudices deos mittimus.*[374]

---

373 So beispielweise *Nogrady*, Römisches Strafrecht nach Ulpian, S. 291; anders: *Manning*, in: Studia et documenta historiae et iuris, Vol. 52 (1986), S. 69.

374 *Unsere Vorfahren, in der Tat hochbedeutende Männer, forderten von den Feinden nur Schadensersatz, Wohltaten erwiesen sie mit Großmut, gaben sie mit Großmut verloren; ausgenommen das Volk der Makedonier, ist bei keinem Volk die Klage gegen Undankbare zugelassen worden. Und das ist ein wichtiges Argument, sie hätte nicht zugelassen werden dürfen, weil wir gegenüber jedem Verbrechen einer Meinung sind: und für Mord, Giftmischerei, Vatermord und Religionsfrevel ist hier und dort Strafe verschieden, doch überall gibt es eine – dieses häufigste Vergehen wird nirgends bestraft, überall missbilligt; und nicht sprechen wir es frei, sondern weil es schwierig ist, einer ungewissen Sache Beurteilung, bestrafen wir es nur mit Hass und belassen es unter den Dingen, die wir vor das Gericht der Götter schicken.* (Text und Übersetzung aus: *Rosenbach [Übers.]*, Annaeus Seneca, de beneficiis).

Besonders bezeichnend ist, dass Seneca der Meinung ist, dass die *actio ingrati* nur bei den Makedoniern ein Gesetz gewesen sei („*excepta Macedonum gente non est*") und hierbei auf den griechischen Rechtsraum verweist, mit denen die Römer in jedem Verbrechen einig seien („*aduersus maleficium omne consensimus*"). Was steckt jedoch hinter dieser Aussage? Gab es im hellenistischen Raum eine Klage gegen Undankbare? Wäre Senecas Aussage an dieser Stelle zutreffend, könnte dies Rückschlüsse auf den Wahrheitsgehalt seiner Aussage zulassen. Ebenso lässt sich die These unterstützen, dass Seneca hier eben nicht von der *accusatio ingrati liberti* spricht.

Einen Hinweis auf diese Frage gibt Valerius Maximus, der sich ebenfalls auf eine *actio ingrati* im griechischen Raum bezieht und einen Einblick in die zeitgenössischen Moralvorstellungen bezüglich der Undankbarkeit gibt.

a.) Valerius Maximus, Facta et dicta memorabilia

Wie war die Rechtslage in Griechenland, auf die sich Seneca bezieht?

Einen literarischen Hinweis auf die *actio ingrati* gibt Valerius Maximus in *Facta et Dicta memorabilia*, die das einzige erhaltene Werk einer Exempla-Sammlung darstellt. Die Quelle unterstützt zum einen die Aussage, dass Seneca gerade nicht von der *actio ingrati* in Bezug auf die Freigelassenen spricht. Zum anderen lässt sich aus der Stelle von Valerius Maximus schließen, dass die *revocatio in servitutem* zumindest im römischen Raum während des ersten Jahrhunderts nach Christus keine regelmäßige Folge der *actio ingrati* gewesen ist.

Der Schluss des Werkes ist verlorengegangen. Liber 1 ist ebenso verloren gegangen – ließ sich allerdings inhaltlich durch Epitome des Iulius Paris ersetzen.[375] Diese Quelle dient nur als Argumentationshilfe, ist in Bezug auf die juristische Sachlage jedoch genau zu hinterfragen. Da der Autor kein Jurist war, ist die Quelle besonders fragwürdig, um ein Rechtsbild der Antike darzustellen.

b.) Valerius Maximus

Der Nachwelt sind nicht viele Informationen über Valerius Maximus bekannt, lediglich aus seinen Werken lassen sich autobiographische Hinweise ziehen. Seine genauen Geburtsdaten lassen sich nicht festlegen. Es spricht vieles dafür, dass er im ersten Jahrhundert nach Christus lebte.[376] Aus mehreren Textpassagen lässt sich schließen, dass er aus einer wohlhabenden Familie entstammte und sicherlich auch eine Rhetorikausbildung genoss.[377]

---

375 *Blank-Sangmeister*, Valerius Maximus/Facta et dicta memorabilia, S. 338.

376 *Von Albrecht*, Geschichte der Römischen Literatur, Band 2, S. 852.

377 *Themann-Steinke*, Valerius Maximus, S. 16.

Sein sehr gut überliefertes Werk *Facta et Dicta memorabilia* stellt die einzige in lateinischer Sprache erhaltene Exempla-Sammlung dar. Die Datierung des Werkes ist unklar, die allgemeine Meinung geht dahin, dass der Autor die Schrift gegen Ende der 20iger Jahre des ersten Jahrhunderts nach Christus verfasste.[378]

Valerius Maximus strebte in dem vom ihm verfassten *exemplum* nicht nach historischer Wahrheit. Ziel ist es, den Leser mit aus der Geschichte stammenden Handlungsweisen von etwas zu überzeugen.[379] Die Biographie ist sehr eng mit diesem Genre verwandt. Die Forschung vernachlässigt Valerius Maximus weitestgehend – und nimmt ihn wegen seiner angeblichen Trivialität oft nicht ernst.[380] Es ist fragwürdig, ob Valerius Maximus die zu seiner Zeit bereits bestehenden Sammlungen, z. B. von Cicero, Livius, Varro oder Cato, einfach kopiert oder kritiklos übernahm – oder ob er eine eigenständige Arbeit verfasste. *Themann-Steinke* stellt in ihrem Kommentar zum 2. Buch überzeugend dar, dass Valerius seine Informationen zwar aus einer Vielzahl anderer Quellen zusammentrug, jedoch eigenständig geschrieben und gerade nicht plagiierte.[381] Dies erhöht die Glaubwürdigkeit der Quelle, da Valerius Maximus offensichtlich eigene Recherchen anstellte.

c.) Soziale Beziehungen in Facta et dicta memorabilia

Einen wesentlichen Schwerpunkt in seinem Werk bilden Nähebeziehungen, beispielsweise familiäre oder auch bestimmte Treueverhältnisse. Werte spielen ebenso eine große Rolle – in Buch 5 verfasste er ein ganzes Kapitel über Dankbarkeit. Dies zeigt, dass die Thematik nicht nur in der römischen Welt zu dieser Zeit ein beliebtes philosophisches und rechtliches Problem gewesen ist.

Einen interessanten Hinweis darauf, dass die *revocatio in servitutem* im nachchristlichen Jahrhundert keine Rechtsfolge der *actio ingrati liberti* im römischen Rechtsraum war, liefert Valerius Maximus in 2.6.6:

> *Age, quid illud institutum Athenarum, quam memorabile, quod conuictus a patrono libertus ingratus iure libertatis exuitur! 'supersedeo te' inquit 'habere ciuem tanti muneris*

---

378 *Themann-Steinke*, Valerius Maximus, S. 18.

379 *Von Albrecht*, Geschichte der Römischen Literatur, S. 853.

380 Vgl. *Themann-Steinke*, Valerius Maximus, S. 11.

381 *Themann-Steinke*, Valerius Maximus, S. 42.

impium aestimatorem nec adduci possum ut credam urbi utilem quem domui scelestum cerno. abi igitur et esto seruus, quoniam liber esse nescisti'[382]

Die Aussage "*supersede te (...) habere civem*" („*ich will dich nicht als Bürger haben*") stellte eine offizielle Gerichtsformel dar. Dies lässt auf Rechtskenntnisse des Valerius Maximus schließen.[383] Valerius Maximus stellt über eine solche juristische Formulierung einen konkreten Bezug zur tatsächlichen Rechtslage her.

Valerius bewundert die Gesetze in Athen und Massilia, die eine Zurückführung in die Sklaverei wegen Undankbarkeit ermöglichten. Wäre dies zu seiner Zeit aber in Rom möglich gewesen, hätte er nicht darauf verweisen oder diesen Rechtszustand ausdrücklich bewundern müssen.

Weiterhin führt er in 2.6.7 aus:

Idem Massilienses quoque ad hoc tempus usurpant, disciplinae grauitate, prisci moris obseruantia, caritate populi Romani praecipue conspicui. qui tres in eodem manumissiones rescindere permittunt, si ter ab eo[dem] deceptum dominum cognouerunt. quarto errori subueniendum non putant, quia sua iam culpa iniuriarum kassssaccepit, qui ei se totiens obiecit. Eadem ciuitas seueritatis custos acerrima est, nullum aditum in scaenam mimis dando, quorum argumenta maiore ex parte stuprorum continent actus, ne talia spectandi consuetudo etiam imitandi licentiam sumat.[384]

---

382 *Man muss gestehen, dass auch in dem Gesetze der Athener, wonach ein Freigelassener, der von seinem Schutzherrn des Undanks überwiesen wird, seine Freiheit wieder verliert, sich viel Sinn ausspricht. "Ich kann dich nicht mehr", sprach man in einem solchen Falle „für einen Bürger erkennen, nachdem du ein so großes Geschenk so heillos gewürdigt hast. Unmöglich kann ich glauben, dass du dem Staate von Nutzen sein werdest, der du im Innern der Familien solche Ruchlosigkeit offenbarst. Hinweg von meinem Angesicht! Ein Sklave sollst du sein: denn du wusstest nicht frei zu sein!* (Text und Übersetzung aus: *Blank-Sangmeister*, Valerius Maximus/Facta et dicta memorabilia).

383 *Themann-Steinke*, Valerius Maximus, S. 310.

384 *Man kann jetzt auch die Massilier nennen, welche sich eben so durch Anhänglichkeit an ihrer Väter Sitten, als durch Liebe zu den Römern auszeichnen, und bis in die neueste Zeit in ihrem Innern gute Zucht halten. Nach einem Gesetze dieser Stadt kann eine Freiheitserklärung dreimal zurückgenommen werden, wenn es sich zeigt, dass ein solcher Sklave seinen Herrn dreimal betrogen hat. Kommt ein Fall dieser Art zum vierten Mal vor, so glaubt man keine Verbindlichkeit zu haben, dem Beleidigten eine Genugtuung zu geben: denn wem von seinem Sklaven nun doch einmal ein Unrecht wiederfährt, der hat es sich selbst zuzuschreiben, weil er sich demselben sooft aussetzte. Die Erhaltung reiner Sitten ist für denselben Staat ein Segenstand der wachsamen Sorge: darum hat er die Pantomimen von der Bühne ausgeschlossen, insofern ihre Darstellungen meist auf wollüstige Szenen hinauslaufen, welche in den Zuschauern nur zu leicht die Neigung, dergleichen nachzutun, erwecken können.* (Text und Übersetzung aus: *Blank-Sangmeister*, Valerius Maximus/Facta et dicta memorabilia).

Die Überlieferung von *inde* erscheint an dieser Stelle fraglich,[385] ist für die genaue Analyse des Textes aber auch zweitrangig, da es ansonsten keine Unstimmigkeiten bezüglich der Überlieferung dieser Textstelle gibt.[386]

Valerius Maximus lobt die Disziplin und die Zucht der Massilier, die auch Cicero mit „*disciplina atque gravitas*" zu loben weiß (Flacc. 63; Phil. 8.6.19).[387] Auch hier verwendet er einen *terminus technicus* der Freilassung – *manumissiones* – und beschreibt die rechtliche Ausgestaltung: Danach darf man beim vierten Fehlverhalten des Freigelassenen die Freiheitserklärung offiziell zurücknehmen.

Bedeutend an dieser Textstelle ist auch der Begriff der *mores*, der Sitten, die der Autor besonders hervorhebt. Hier zeigt sich die Kreuzung von einem sittlichen und einem rechtlichen Bereich. Die reinen Sitten sollen durch rechtliche Regelungen – hier der Möglichkeit der Rücknahme des Versprechens der Freiheit – erhalten bleiben. Dies stellt eine neue Sichtweise dar, da sich der Staat vorher gerade aus dem Sittenbereich heraushielt. Es bedurfte bisher keiner rechtlichen Regelungen in diesem moralischen Bereich. Nun hielt man diese für notwendig.

d.) Rechtslage in Griechenland

Gibt es verlässliche Quellen, die auf die rechtliche Lage bezüglich der Wiederversklavung in Griechenland schließen lassen, mit anderen Worten: Wie ist die inhaltliche Glaubwürdigkeit der Quelle zu beurteilen?

Bedeutung hat diese Untersuchung, da Seneca die Frage aufwirft, ob eine *actio ingrati* zuzulassen ist. Dem Volk der Makedonier habe diese zur Verfügung gestanden. Er verweist somit auf den griechischen Rechtsraum. Auch Valerius Maximus gibt einen Hinweis und berichtet von einer Klage gegen undankbare Freigelassene bei den Athenern. Ebenso hätte bei den Massiliern die Möglichkeit bestanden, bei Fehlverhalten des Freigelassenen, die Freilassungserklärung zurückzunehmen. Entspricht dies der Realität? Im Ergebnis lässt sich so die Glaubwürdigkeit der Quelle, sowohl von Seneca als auch von Valerius Maximus[388] beurteilen.

Die Freilassung war grundsätzlich in der griechischen Welt nicht so weit verbreitet gewesen wie in der römischen. Es gab mehrere Freilassungsformen: die formlose zivile Freilassung, die formbedürftige zivile Freilassung, sowie die

---

385 *Themann-Steinke*, Valerius Maximus, S. 310.
386 *Themann-Steinke*, Valerius Maximus, S. 310 ff.
387 *Themann-Steinke*, Valerius Maximus, S. 311.
388 Während *Costentini* die Quelle für eine glaubwürdige Anekdote hält, widerspricht *Kaser* dem (*Kaser*, in: ZRG 68 (1951), S. 582).

formlose und formbedürftige Sakralfreilassung, ebenso eine formlose und formbedürftige Verkaufsfreilassung.[389] Von Interesse in Bezug auf Valerius Maximus' Aussage ist die Verkaufsfreilassung sein:

Bei dieser Freilassungsform stellt die Zahlung des Kaufpreises ein wesentliches Element zum Erwerb der Freiheit dar. Lediglich die wirklich erfolgte Zahlung machte den Sklaven frei. Eine Quittung belegte häufig die Zahlung. Dies war jedoch nicht zwangsläufig der Fall. Zudem war die Quittung nicht immer ein Beweismittel für die erfolgte Freilassung. Es gibt Inschriften, die sogar Schutzvorschriften gegen die Wiederversklavung enthalten. In den untersuchten Inschriften gibt es auch Hinweise auf die Freilassung unter Vorbehalt, z. B. erst beim Tod des Freilassers.[390]

Gesetze regelten die Freilassungen in Griechenland. Diese sind nicht direkt überliefert. Platon gibt stellenweise einen Einblick in die rechtlichen Regelungen, die vermutlich auch der tatsächlichen Lage entsprachen.[391] Demnach bestanden die Pflichten des Freigelassenen sowohl in finanziellen, als auch ehrerbietenden Verpflichtungen.[392]

Wie war jedoch die Rechtsstellung des Freigelassenen im griechischen Recht ausgestaltet? Bestand die Möglichkeit der Wiederversklavung tatsächlich – wie Valerius Maximus berichtet. In Betracht kommen mehrere Möglichkeiten: Fand die Freilassung in Form einer auflösend und aufschiebend bedingten Freiheitsgewährung statt, die in völliger Unsicherheit der Freiheit stattfand oder wurde die vollständige Freiheit gewährt?[393]

Die frühere Forschung ging davon aus, dass keine Veränderung des Sklavenstatus nach der Freilassung eingetreten sei, da die während der Paramone zu erbringenden Dienste Sklavendienste seien, bis zu deren Ende er weiterhin Sklave gewesen sei.[394] Heute geht man davon aus, dass der Freigelassene frei war, jedoch wiederversklavt werden konnte.[395]

389 Zu Einzelheiten der griechischen Freilassungsarten: *Albrecht*, Rechtsprobleme in den Freilassungen der Böotiker, Pkoher, Dorier, Ost- und Westlokrer, S. 100 ff.

390 *Albrecht*, Rechtsprobleme in den Freilassungen der Böotiker, Pkoher, Dorier, Ost- und Westlokrer, S. 154/155.

391 *Rädle*, Untersuchungen zum griechischen Freilassungswesen, S. 135.

392 Zu den einzelnen Regelungen: *Rädle*, Untersuchungen zum griechischen Freilassungswesen, S. 137 ff.

393 Einen guten Überblick über den Meinungsstand in der Forschung bietet *Albrecht*, Rechtsprobleme in den Freilassungen der Böotiker, Pkoher, Dorier, Ost- und Westlokrer, S. 189 ff.

394 So *Rädle*, Untersuchungen zum griechischen Freilassungswesen, S. 140.

395 *Albrecht*, Rechtsprobleme in den Freilassungen der Böotiker, Pkoher, Dorier, Ost- und Westlokrer, S. 190; *Wiedemann*, Greek and Roman Slavery, S. 49.

Als Paramone bezeichnet man die Bedingung, dass der Freigelassene noch für eine gewisse Zeit beim Freilasser oder einer von ihm benannten Person verbleibt.[396] Dem Freilasser standen in dieser Zeit gegenüber dem Paramone-Pflichtigen die gleichen Zuchtmittel wie gegen den Sklaven zu. Inschriften belegen, dass der Freilasser den Freigelassenen wieder als Sklaven verkaufen konnte. Es musste dafür ein schwerwiegender Vertragsverstoß vorgelegen haben und viele Inschriften schließen eine solche Möglichkeit auch aus.[397] Es gibt jedoch auch eine Vielzahl von Urkunden, auf denen die aufschiebende Bedingungsklausel fehlt.[398]

Im griechischen Rechtsraum gab es eine zivilrechtliche Klage des Freilassers gegen seinen Freigelassenen, mit der dieser bei Verurteilung wiederversklavt werden konnte. Diese war bei Pflichtverletzungen oder schlechten Verhalten möglich. Bei Verurteilung wurde der Angeklagte wieder Sklave - bei Freispruch war er vollkommen frei. Dies ergibt sich aus verschiedenen Reden, beispielsweise Lysias' Rede gegen Aristodemos oder Hypereides' Rede gegen Demetria.[399]

Das griechische Freilassungswesen sah durchaus die Möglichkeit einer Wiederversklavung des Freigelassenen vor – wenn auch nur während des Zeitraums der Paramone-Pflicht. Grundsätzlich hat die Aussage Valerius Maximus' durchaus einen Wahrheitsgehalt.

e.) Xenophon, Cyropedia

Rückschlüsse auf eine „griechische" *actio ingrati* lassen sich auch in Xenophons *Cyropedia* finden. Xenophon lebte von ca. 425 bis 355 v. Chr. und war ein griechischer Schriftsteller und Politiker. Sein Leben ist im Wesentlichen aus seinen eigenen Schriften überliefert, zeitgenössische Sekundärangaben über ihn sind nicht verfügbar.[400] In der *Cyropedia* beschreibt er die Erziehung des älteren Kyrus (559–529 v. Chr.) und stellt seine eigene Vorstellung eines idealen Herrschers dar.[401]

Im zweiten Abschnitt des ersten Buches lobt Xenophon die Lehrmethoden der Perser und führt eine Klage wegen Undankbarkeit im persischen Recht an:

> οὓς δ᾽ ἂν γνῶσι τούτων τι ἀδικοῦντας, τιμωροῦνται. κολάζουσι δὲ καὶ ὃν ἂν ἀδίκως ἐγκαλοῦντα εὑρίσκωσι. δικάζουσι δὲ καὶ ἐγκλήματος οὗ ἕνεκα ἄνθρωποι μισοῦσι μὲν

396 *Rädle*, Untersuchungen zum griechischen Freilassungswesen, S. 140.
397 *Rädle*, Untersuchungen zum griechischen Freilassungswesen, S. 142.
398 *Albrecht*, Rechtsprobleme in den Freilassungen der Böotiker, Pkoher, Dorier, Ost- und Westlokrer, S. 190.
399 *Wiedemann*, Greek and Roman Slavery, S. 49.
400 *Nickel*, Xenophon, S. 6.
401 *Müller-Goldingen*, Untersuchungen zu Xenophons Kyropädie, S.XI.

ἀλλήλους μάλιστα, δικάζονται δὲ ἥκιστα, ἀχαριστίας, καὶ ὃν ἂν γνῶσι δυνάμενον μὲν χάριν ἀποδιδόναι, μὴ ἀποδιδόντα δέ, κολάζουσι καὶ τοῦτον ἰσχυρῶς. οἴονται γὰρ τοὺς ἀχαρίστους καὶ περὶ θεοὺς ἂν μάλιστα ἀμελῶς ἔχειν καὶ περὶ γονέας καὶ πατρίδα καὶ φίλους. ἕπεσθαι δὲ δοκεῖ μάλιστα τῇ ἀχαριστίᾳ ἡ ἀναισχυντία: καὶ γὰρ αὕτη μεγίστη δοκεῖ εἶναι ἐπὶ πάντα τὰ αἰσχρὰ ἡγεμών.[402]

Xenophon bewundert vorliegend eine Klage wegen Undankbarkeit, die bei den Persern bereits den Kindern gelehrt wurde und dass Dankbarkeit einen hohen Stellenwert besaß. Er verweist hier nicht auf die eigene Rechtslage in Griechenland. Seine Worte klingen bewundernd und es drängt sich der Eindruck auf, dass Dankbarkeit keinen solch hohen Stellenwert in der griechischen Gesellschaft hatte – aber auch keine solche rechtliche Möglichkeit bestand. Es handelt sich auch um eine Lobrede auf die Sitten der Perser.

Xenophon redet von einer Klage wegen Undankbarkeit, nicht explizit der gegen Freigelassene. Parallelen zu Seneca sind vorhanden. Dieser spricht auch von zwischenmenschlicher Undankbarkeit. An der Nennung einer Rechtsfolge fehlt es auch hier. Es ist unklar, was einer Person bei undankbaren Verhalten geschieht. Zudem handelt es sich hier um eine äußerst alte Quelle, aus dem 4. Jahrhundert v. Chr., die nicht die Rechtsverhältnisse des antiken Griechenlands zurzeit von Valerius Maximus widerspiegelt. Die Quelle des Xenophon kann hier also keine Rückschlüsse auf eine griechische *actio ingrati* zulassen.

Es bestehen im Ergebnis keine Quellen, die eine Klage wegen Undankbarkeit – auch in Bezug auf das Verhalten von Freigelassenen – in Griechenland belegen. Grundsätzlich war die Freiheit im antiken Griechenland offensichtlich im 1. Jahrhundert nach Christus unsicherer als die römische. Dies geht aus den analysierten Quellen hervor. Belege für die Aussage von Valerius Maximus in Bezug auf das griechische Freilassungswesen lassen sich aber nicht finden.

---

402 *Sie weisen aber auch jeden zurecht, bei dem es sich herausstellt, dass er jemanden zu Unrecht anklagt. Sie sitzen aber auch über ein Vergehen zu Gericht, für das die Menschen einander zwar am meisten hassen, aber so gut wie nie vor Gericht gestellt werden: über die Undankbarkeit, und sie bestrafen denjenigen hart, von dem sie wissen, dass er zwar Dankbarkeit zeigen kann, es aber nicht tut. Sie glauben nämlich, dass die Undankbaren auch die Götter, ihre Eltern, ihr Vaterland und ihre Freunde in besonderem Maße vernachlässigen. Außerdem ist mit der Undankbarkeit offensichtlich sehr oft auch die Schamlosigkeit verbunden, und diese, so scheint es, führt mit größter Sicherheit zu allen möglichen Schandtaten.* (Text aus: *Marchant*, Xenophontis opera omnia, Band 4; Übersetzung aus: *Xenophon*, Die Erziehung des Kyros, 1.2.7 aus *Nickel*, Xenophon, Kyrupädie, S. 15).

f.) Zwischenergebnis

Wie aber sind die vorgenannten Quellen in Zusammenhang zu bringen und wie sind ihre rechtlichen Aussagen zu bewerten? Nach Valerius Maximus war die Rücknahme der Freilassungserklärung in Griechenland möglich – vorausgesetzt der Freigelassene betrog seinen ehemaligen Herrn dreimal. Eindeutig lässt sich dies aus dem griechischen Rechtsraum nicht belegen. Die Freilassung konnte an Auflagen und Bedingungen geknüpft werden und war insgesamt nicht derart gefestigt wie im römischen Raum. Eine generelle Klage gegen undankbares Verhalten scheint es jedoch auch im griechischen Rechtsraum nicht gegeben haben. Zu beachten ist zudem, dass rhetorische Übungsschriften – wie beispielsweise den *declamationes* oder den *controversiae* – sehr häufig auf den griechischen Rechtsraum verwiesen.[403] Es handelt sich vorliegend mit dem Verweis auf den griechischen Rechtsraum daher um ein stilistisches Mittel, das keinen verlässlichen Rückschluss auf den tatsächlichen Rechtszustand zulässt.

Insgesamt ist davon auszugehen, dass Seneca vorliegend eine generelle *actio ingrati* thematisiert, die unabhängig von der Thematik der *liberti* geschieht.

Allerdings ist die Quelle aufschlussreich um den Tatbestand der *actio ingrati* näher auszufüllen und ein zeitgenössisches Bild von der Undankbarkeit zu erlangen. Wollte Seneca hier gar die *actio ingrati liberti* kritisieren? Im Ergbenis ist davon eher nicht auszugehen, wenn man sich den weiteren Verlauf des Textes anschaut.

4.) Seneca der Jüngere, de beneficiis *3.7*

Im Verlauf zählt Seneca weitere Argumente auf (Seneca, *de beneficiis* 3.7.1):

> *Rationes autem multae mihi occurrunt, propter quas crimen hoc in legem cadere non debeat. Primum omnium pars optima beneficii periit, si actio sicut certae pecuniae aut ex conducto et locato datur. Hoc enim in illo speciosissimum est, quod dedimus uel perdituri, quod totum permisimus accipientium arbitrio; si adpello, si ad iudicem uoco, incipit non beneficium esse, sed creditum.*[404]

---

403 *Langer*, Declamatio Romanorum, S. 63.

404 *Vernunftsgründe kommen mir aber viele in den Sinn, deretwegen dieses Vergehen strafrechtlich nicht geregelt werden dürfte. Erstens vor allem geht der beste Teil einer Wohltat unter, wenn eine Klage wie bei einer bestimmten Summe (Darlehen) oder bei einer Leihe oder Vermietung gegeben wird. Denn das Schönste daran ist, dass wir es gegeben haben auch wenn wir es verloren haben, dass wir es ganz dem Ermessen des Annehmenden überlassen; wenn ich ihm zum Richter heranziehe, ist es keine Wohltat, aber eine Schuld.* (Text aus: *Rosenbach [Übers.]*, Annaeus Seneca, de beneficiis; eigene Übersetzung.).

Hier preist Seneca die Vorteile einer Wohltat und sagt, dass sie auf gar keinen Fall einklagbar sein sollte. Zudem sei eben das Schönste am Geben, dass der Annehmende nicht in eine rechtliche Schuldsituation gebracht werden solle. Hier zeigt sich der Schwerpunkt Senecas Aussagen: Schenken ist etwas Gutes, sollte freiwillig erfolgen und keine Schuld nach sich ziehen. Seneca stellt einen juristischen Bezug her, indem er *termini technici* wie *pecunia*, *conducto* oder *creditorum* verwendet und verbindet auf diese Weise moralische mit rechtlichen Fragen.

Warum Dank nicht zur Pflicht werden sollte, führt er in 3.7.2 aus:

> *Deinde cum res honestissima sit referre gratiam, desinit esse honesta, si necessaria est; non magis enim laudabit quisquam gratum hominem, quam eum, qui depositum reddidit aut, quod debebat, citra iudicem soluit.*[405]

Dank ist etwas Löbliches – jedoch keine Pflicht. Es ist eine moralische Tugend, die vor Gericht nichts zu suchen hat. Dankbar wäre nämlich dann nur derjenige, der ohne gerichtliche Klage etwas zurückgeben würde. Stilistisch grenzt er den Terminus *beneficium* deutlich von einer Schuld ab („*non beneficium esse, sed creditum*"). Zwei Ebenen, die rechtliche und sittlichen sind getrennt zu betrachten.

Praktische Bedenken gegen eine *actio ingrati* bringt Seneca in 3.7.4 hervor:

> *Adice nunc, quod huic uni legi omnia fora uix sufficient. Quis erit, qui non agat? quis, cum quo non agatur? omnes sua extollunt, omnes etiam minima, quae in alios contulere, dilatant.*[406]

Die praktischen Bedenken, die Seneca an dieser Stelle hervorbringt, sind auch aus heutiger Sicht nachvollziehbar. Ließe man eine solche Klage gegen Undankbare zu, ist fraglich, ob nicht jeder Kläger seine eigene Wohltat zum Wohle des Erfolgs der Klage „aufbauscht".

Bezüglich des unbestimmten Tatbestands der *actio ingrati* hält Seneca fest:

> *Praeterea, quaecumque in cognitionem cadunt, conprendi possunt et non dare infinitam licentiam iudici; ideo melior uidetur condicio causae bonae, si ad iudicem quam si ad arbitrum mittitur, quia illum formula includit et certos, quos non excedat, terminos ponit,*

---

405 *Denn, obwohl Dank abzustatten die löblichste Sache sei, hört es auf das löblichste zu sein, wenn es zur Pflicht wird; dann nämlich wird niemand mehr den dankbaren Mann loben, dann wird derjenige gelobt, der das anvertraute Geld zurückgeben wird, oder gegeben hat, ohne vor Gericht geladen worden zu sein.* (Text aus: *Rosenbach [Übers.]*, Annaeus Seneca, de beneficiis; eigene Übersetzung).

406 *Nun ist hinzuzufügen, dass diesem einen Gesetz kaum alle Gerichte genügen. Wo wird der sein, der nicht klagt? Wo ist der, gegen den nicht geklagt wird? Alle heben ihre Wohltaten hervor, alle bauschen ihre kleinsten Wohltaten auf, die sie anderen zugewendet haben.* (Text aus: *Rosenbach [Übers.]*, Annaeus Seneca, de beneficiis; eigene Übersetzung).

huius libera et nullis adstricta uinculis religio et detrahere aliquid potest et adicere et sententiam suam, non prout lex aut iustitia suadet, sed prout humanitas aut misericordia inpulit, regere. Ingrati actio non erat iudicem adligatura sed< in> regno liberrimo positura. Quid sit enim beneficium, non constat, deinde, quantum sit; refert, quam benigne illud interpretetur iudex. Quid sit ingratus, nulla lex monstrat; saepe et qui reddidit, quod accepit, ingratus est, et qui non reddidit, gratus.[407]

Seneca ist der Meinung, dass der Richter mit einer außerordentlichen Freiheit ausgestattet werden müsse, da es sich bei einem *beneficium* um einen unbestimmten Begriff handle. Im weiteren Verlauf kann man schon fast von einem stoischen Paradox sprechen, denn warum jemand, der etwas zurückgibt undankbar sein soll, während derjenige, der nicht zurückgibt, dankbar ist, macht an dieser Stelle keinen Sinn.

Besonders hervorzuheben ist sein letztes Argument, das zeigt, in welchem sittlich-moralischen Bereich sich Dankbarkeit und Undank abspielt (3.7.7):

De quibusdam et inperitus iudex demittere tabellam potest, ubi fecisse aut non fecisse pronuntiandum est, ubi prolatis cautionibus controuersia tollitur, ubi inter disputantes ratio ius dicit; ubi uero animi coniectura capienda est, ubi id, de quo sola sapientia decernit, in controuersiam incidit, non potest sumi ad haec iudex ex turba selectorum, quem census in album et equestris hereditas misit.[408]

---

407 *Was ferner Gegenstand einer Untersuchung wird, kann genau erfasst werden und muss nicht der Willkür des Gerichts ausgesetzt werden, deshalb erscheint es eine bessere Bedingung für einen Prozess zu sein, wenn jener vor einen Richter als vor einen Schiedsrichter gebracht wird, weil jenen das normale Recht bindet und bestimmt, was er nicht überschreiten darf, indem es Grenzen bildet, bei diesen die Freiheit und durch Bindungen nicht eingeschränkte Gewissensentscheidung sowohl etwas hinweg-nehmen kann, als auch hinzufügen kann und er die eigene Auffassung, nicht wie es Gesetz und Gerechtigkeit gebieten, sondern wie Menschlichkeit und Barmherzigkeit ihn verlassen, zur Geltung bringen darf. Die Klage gegen einen Undankbaren darf den Richter nicht binden, sondern mit außerordentlicher Freiheit ausstatten. Denn was eine Wohltat sei, steht nicht fest, auch nicht, was ein dankbarer Mensch ist, zeigt kein Gesetz; oft ist, wer zurückgegeben hat, was er genommen hat, undankbar, und wer nicht zurückgegeben hat, dankbar.* (Text aus: *Rosenbach [Übers.]*, Annaeus Seneca, de beneficiis; eigene Übersetzung).

408 *Über manche Vorgänge kann auch ein unerfahrener Richter seine Stimme abgeben, wo zu entscheiden ist, hat eine Tat stattgefunden oder nicht, wo bei Sicherheitsleistungen der Fall erledigt ist, wo zwischen den Gründen und Gegengründen vorgetragene Parteien die Einsicht Recht spricht; wo aber eine verständige Vermutung über eine Gesinnung angestellt werden muss, wo das, worüber allein die Weisheit entscheidet, zum Streitfalle geworden ist, kann dazu nicht ein Richter aus der Menge der durch Los bestimmten genommen werden, den die Steuererklärung oder der ererbte Rang eines Ritters auf die Richterliste gebracht hat.* (Text aus: *Rosenbach [Übers.]*, Annaeus Seneca, de beneficiis; eigene Übersetzung).

Bei Dankbarkeit handelt es sich um eine Gesinnung („*animi*"), über die kein Gericht ein Urteil fällen kann, da sie sich in den inneren Sphären des menschlichen Bewusstseins befindet. Seneca macht eine deutliche Trennung zwischen Recht und Moral. Während er generell der Rechtsprechung eine große Kompetenz einräumt, verdeutlicht er hier, dass sich diese Beurteilung außerhalb ihres Könnens befindet.

5.) Zwischenergebnis

Seneca diskutiert in der vorliegenden Quelle, ob eine solche generelle Klage gegen Undankbare sinnvoll ist und ein tatsächliches Recht sein sollte. Geht man von dieser Textstelle aus, bestand zu Lebzeiten Senecas (ca. 6 v. Chr. – 65 n. Chr.) keine generelle Klage dieser Art. Interessant sind aber die Parallelen zu den Ausführungen seines Vaters in den *Controversiae*. Dieser setzte die *actio ingrati* als tatsächliches Rechtsinstitut voraus. Beide Quellen handeln von einer Beziehung zwischen zwei Personen, die sich statusmäßig auf gleicher Ebene befanden. Auch hieraus ergibt sich die Fragestellung, die sich eben nicht auf Freigelassene bezieht.

Seneca behandelt eine moralische Fragestellung: Was ist Undank und wie behandelt man ihn rechtlich? Er geht in seinen Überlegungen jedoch von statusmäßig gleichwertigen Personengruppen aus. Die Überlegungen, die er anstellt, lassen sich aber auch auf die Problematiken der *accusatio ingrati liberti* beziehen. Er thematisiert diese jedoch nicht, was an folgenden Faktoren hängt: Auch die Klage gegen undankbare Freigelassene wirft rechtliche Problematiken der Unbestimmtheit des Tatbestandes sowie moralische Fragen auf. Das er diese jedoch nicht thematisiert – obwohl diese Klage zu seiner Zeit bereits bestand – zeigt, wie selbstverständlich diese Status-Unterschiede gemacht wurden. Seine Zeitgenossen sahen die Klage als selbstverständlich an. Dass eine solche Klage gegen alle erhoben werden könnte, wurde dagegen als problematisch angesehen.

Eine Kritik Senecas an der *accusatio ingrati liberti* ist daher nicht ohne weiteres anzunehmen.

Warum setzten sich sowohl Seneca, als auch Valerius Maximus so intensiv mit dem Thema Dankbarkeit auseinander? Wie bereits erwähnt, spielten unentgeltliche, altruistische Übertragungen in der römischen Gesellschaft keine tragende Rolle.

Warum aber befasste sich Seneca so intensiv mit dem Thema, wenn es doch in der Realität keine bedeutende Rolle für den durchschnittlichen Römer spielte? Das Werk stellt eine Kritik an der Unwillig- bzw. Unfähigkeit seiner aristokratischen

Zeitgenossen dar, in denen die Benefizien in der *Amicitia-* und Klientelbeziehungen eine große Rolle spielten.[409] Diese Benefizien gewährte man aus politischen Gründen, um eine möglichst große politische Gefolgschaft aufzubauen – letztlich um die Macht zu stärken und auszubauen.

Dass in der römischen Gesellschaft Altriusmus häufig keine Rolle spielte, spiegelt auch ein Zitat von Ovid wider:

> *Munera … capiunt homines deosque. Placatur donis Iuppiter ipse datis.*[410]

Das Werk stellt eine generelle Gesellschaftskritik dar. Ebenso wie bei den *Controversiae* stellt sich hier die Frage, ob undankbares Verhalten strafbar sein sollte. Dies zeigt, dass bestehende Strukturen nicht mehr zu funktionieren schienen. Rechtliche Ausgestaltungen moralischer Fragestellungen wurden thematisiert. Dies lässt sich auch mit dem zu Augustus verfolgten politischen Zielen verbinden: auch er wollte zu den alten *mores* zurück, da die Gesellschaft nach den Umwälzungen gegen Ende der Republik nicht mehr zu funktionieren schien.[411]

Eine Kritik speziell an der Ausgestaltung des Freigelassenenpatronates ist darin allerdings nicht zu sehen.

VII. Quintilian, *Declamationes*

Quintilian lebte von 35–96 n. Chr. und war ein römischer Rhetoriker.[412] Bei den *declamationes* handelt es sich um Übungsreden vor Publikum, die in drei Kategorien unterschieden werden: die Gerichtsrede (*controversiae*), die Lobrede (*genus demonstrativum*), sowie die politische Rede (*suasoriae*).[413] Folgenden Sachverhalt stellt Quintilian in den *declamationes* 333 dar:

> *Pauper impensis divitis disertus*
> *Patronum optare liceat. Ingrati sit actio. Adulescentem dives pauperem impensis suis in Athenas misit. Redit ille disertus. Detulit divitem quidam reum proditionis et optavit*

---

409 So beispielsweise *Winterling*, in: Historia – Zeitschrift für Alte Geschichte, 56 (2008), S. 303.

410 *Mit Geschenken lassen sich Menschen ebenso erobern wie Götter (sogar Jupiter)* (Text und Übersetzung aus: *Wacke*, in: *Zimmermann [Hrsg.]*, Rechtsgeschichte und Privatrechtsdogmatik, S. 341).

411 Vgl. S. 51 ff., zum Klientelwesen s. S. 72 ff.

412 *Von Albrecht*, Geschichte der Römischen Literatur, S. 995.

413 *Langer*, Declamatio Romanorum, S. 54.

patronum pauperem illum qui divitis impensis profecerat. Egit pauper. Non tenuit. Accusatur a divite ingrati.[414]

Es geht darum, dass ein reicher Mann einen armen Mann aus Güte nach Athen schickt, um ihm eine gute Ausbildung als Redner zu ermöglichen. Als er nach der Ausbildung wieder zurückkommt, vertritt er in seiner Rolle als Anwalt einen Dritten, der den noblen Spender wegen Verrates anklagt. Der reiche Mann verklagt nun den ursprünglich armen Anwalt wegen Undankbarkeit.

In Bezug auf die *actio ingrati* verwendet Quintilian den Konjunktiv *sit*. Im weiteren Verlauf der Stelle stellt er in der *sermo* fest, dass der junge (ursprünglich arme) Mann den reichen mit größtem Respekt behandeln muss:

Intellegitis huic adulescenti cum summo respectu divitis agendum.[415]

Weiterhin stellt Quintilian folgende Regeln auf:

Et in totum hoc servare in omnibus controversiis quae ingrati lege continentur debebimus, ut hi qui rei sunt in ipsa actione ingrati non sint.Raro valde intervenient controversiae in quibus hoc quaeratur, an is qui ingrati reus est acceperit beneficium. Pleraeque, sicut haec, devertunt e out quaestiones habeant an quisquis acceperit beneficium et non reddiderit ingratus sit; an Omnia quaecumque exigebantur praestare debuerit; an potuerit.[416]

Der Hauptfall der Klage gegen die Undankbaren ist wie bei Seneca in den *Controversiae*, ob derjenige undankbar ist, der eine Wohltat empfangen und nicht zurückgegeben hat. Ebenso wird gefragt, ob er dies überhaupt hätte tun kön-

414 *Ein armer Mann wird auf Kosten eines reichen Mannes wortgewandt: Lass ihn sich für einen Anwalt entscheiden. Lass eine Klage wegen Undankbarkeit zu. Ein reicher Mann schickte einen armen jungen Mann auf seine Kosten nach Athen. Er kam als ein Redner zurück. Eine bestimmte Person beschuldigte den reichen Mann des Verrates und nahm sich als Anwalt den armen Mann, der auf Kosten des reichen Mannes so gut wurde. Der arme Mann trat für ihn auf. Er war nicht erfolgreich. Er wurde wegen Undankbarkeit von dem reichen Mann angeklagt.* (Text aus: *Henderson*, Quintilian, the lesser Declamations, Vol. II; Übersetzung in Anlehnung daran).

415 *Du must verstehen, dass der junge Mann den reichen Mann mit dem größten Respekt gegenüber treten muss.* (Text aus: *Henderson*, Quintilian, the lesser Declamations, Vol. II; Übersetzung in Anlehnung daran).

416 *Generell sollten in allen Kontroversen, die die Klage wegen Undankbarkeit behandeln, die Angeklagten im richtigen Plädoyer nicht undankbar sein. In nur wenigen Kontroversen wird der Fall auftreten, dass es die Frage ist, ob die Partei überhaupt eine Wohltat erhalten hat. Bei den meisten, wie bei der vorliegenden, wird es nur um die folgenden Fragen gehen: Ist derjenige, der eine Wohltat erhalten und nicht zurückgezahlt hat, undankbar? War er verpflichtet alles zu tun, was verlangt wird? Stand dies in seiner Macht?* (Text aus: *Henderson*, Quintilian, the lesser Declamations, Vol. II; Übersetzung in Anlehnung daran).

nen – es ihm also möglich gewesen ist und ob er geben muss, was immer der ursprüngliche Wohltäter verlangt? Im Wesentlichen überschneiden sich hier die von Seneca geäußerten Gedanken mit denen, die Quintilian vorliegend anstellt.

Zusammenfassend lässt sich also auch hier feststellen, dass es anhand dieser Quelle nicht möglich ist, festzustellen, ob es sich um eine anerkannte Klageart zu dieser Zeit handelte. Die Aussagen von Seneca und Quintilian in den *Controversiae* und *Declamationes* sprechen aber eher für eine Idee zur rhetorischen Ausbildung. Rückschlüsse auf das tatsächliche Vorliegen der *actio ingrati* lassen sich hieraus nicht ziehen. Erstens handelt es sich hier – wie bei Seneca – um Übungsreden. Zum zweiten verwendet Quintilian den Konjunktiv in Verbindung mit der Klage gegen die Undankbaren.

Allerdings helfen diese Quellen die Begriffe in antiken Rechtstexten wie *ingratus* auszufüllen und eine Vorstellung über die zeitgenössische Denkweise zu bekommen.

VIII. Tacitus, *annales*

1.) Tacitus, annales *13.26 ff.*

Eine weitere wichtige Quelle auf der Suche nach Hinweisen zur *actio ingrati* und der *revocatio in servitutem* stellen die *annales* des Tacitus (um 58–120 n. Chr.) dar. Bei Tacitus handelt es sich um einen römischen Historiker, der die zeitgenössischen Zustände als Verfallserscheinungen beanstandete – jedoch häufig als Historiker in der Kritik stand.[417] Zu seinen berühmtesten Werken gehören die *annales*. Diese beschreiben die Geschichte des römischen Reiches vom Tode des Augustus bis zu Nero.

Im 13. Buch der Annalen stellt Tacitus die Regierungszeit Neros von 55–58 n. Chr. dar, die er als Wendepunkt charakterisiert. Er beschreibt Nero als Kaiser, der zurück zu den alten Sitten und einer Gesellschaft ohne Bestechlichkeit und Günstlingswirtschaft möchte.[418] Kapitel 26–27 geben eine Debatte im Senat wieder, bei der es um das sich häufende unverschämte Verhalten von Freigelassenen und den damit verbundenen Konsequenzen geht. Stattgefunden hat die angebliche Debatte um 56 n. Chr.:

> *Per idem tempus actum in senatu de fraudibus libertorum, efflagitatumque ut adversus male meritos revocandae libertatis patronis daretur.*[419]

---

417 *Birley*, in: Historia – Zeitschrift für Alte Geschichte, Vol. 49 (2000), S. 236.

418 *Tacitus*, annales, 13.1–3.

419 *Um die gleiche Zeit wurde im Senat über das böswillige Verhalten der Freigelassenen verhandelt und gefordert, dass den Schutzherren gegenüber jedem, dessen Freilassung sich als unverdient erwiesen habe, das Recht gegeben werde, diese zu wiederrufen.* (Text und Übersetzung aus: *Sontheimer*, Tacitus-Annalen, S. 405).

Tacitus verwendet den Ausdruck *revocatio in servitutem*. Das Verb *revocare* in diesem Sinne lässt sich sonst nur selten finden – zuerst bei Ovid in den Metamorphosen 9.618; später dann bei Tacitus, Seneca und Sueton.[420] Zudem verwendet Tacitus den Begriff in Verbindung mit dem unverschämten Verhalten Freigelassener (*fraudibus libertorum*). Urteile über die moralische Minderwertigkeit von Freigelassenen finden sich bei Tacitus an mehreren Stellen (beispielsweise *annales*, 2.12.3; 3.36.1).[421]

Der Senat debattiert offensichtlich über die Einführung einer solchen rechtlichen Möglichkeit. Dies impliziert, dass es ein solches Gesetz zuvor nicht gab. Der Senat schien über die Einführung der *revocatio in servitutem* auch einig, setzte jedoch den Princeps vorher in Kenntnis:

> *nec deerant qui censerent, sed consules, relationem incipere non ausi ignaro principe, perscripsere tamen consensum senatus.*[422]

Offensichtlich gab es eine große politische Bewegung, die auch verärgert über ein angebliches unverschämtes Verhalten der Freigelassenen gewesen ist und nach rechtlichen Möglichkeiten gesucht hat, dies zu unterbinden. Diese Fragen schienen auch schon vorherige Generationen zu beschäftigen. So befassten sich die Zeitgenossen unter Hadrian bereits mit dem Verhalten von Freigelassenen,[423] denn seine Gesetzgebung bezüglich Sklaven lässt sich als milde einstufen – während er hart gegenüber Freigelassenen vorging.[424] So verbot er beispielsweise die Sklavenkaserne (*ergastulum*) und den Verkauf von Sklavinnen an Kuppler.[425]

> *ille an auctor constitutionis fieret, (…) ut inter paucos et sententiae diversos,(…)*[426]

Der Princeps selbst tendierte also zum Erlass eines entsprechenden Gesetzes, hegte aber Zweifel. Im Folgenden ist der überlieferte Text an vielen Stellen schlecht zu rekonstruieren:[427]

---

420 *Köstermann*, Tacitus, S. 283.

421 *Köstermann*, Tacitus, S. 283.

422 *Und es fehlte nicht an Befürwortern dieser Forderung. Aber die Konsuln wagten es nicht, sie zur Abstimmung zu bringen, ohne den Princeps vorher zu verständigen; sie gaben ihm jedoch schriftlich von der Einmütigkeit des Senats Kenntnis.* (Text und Übersetzung aus: *Sontheimer*, Tacitus-Annalen, S. 405).

423 *Duff*, Freedmen in the Early Roman Empire, S. 41 ff.

424 *Syme*, Tacitus I, S. 447.

425 *Demandt*, Die Spätantike, S. 348.

426 *Der Princeps war unschlüssig, ob er nicht von sich aus die Verordnung erlassen solle (…), da die Beratung nur in kleinem Kreise stattfand und entgegengesetzte Meinungen geäußert wurden (…).* (Text und Übersetzung aus: *Sontheimer*, Tacitus-Annalen, S. 405).

427 *Köstermann*, Tacitus, S. 283.

quibusdam coalitam libertate inreverentiam eo prorupisse frementibus, [ut] vine an aequo cum patronis iure agerent [sententiam eorum] consultarent ac verberibus manus ultro intenderent, impudenter vel poenam suam ipsi suadentes.[428]

Aus der nächsten Passage geht hervor, dass dem Freilasser offensichtlich nur ein Mittel gegen die Freigelassenen zustand:

quid enim aliud laeso patrono concessum, quam ut c[ent]esimum ultra lapidem in oram Campaniae libertum releget?[429]

Laut Tacitus konnte der Freilasser den Freigelassenen bei unverschämten Verhalten nicht wiederversklaven, sondern ihn nur mittels der *relegatio* nach Campanien verweisen. Hier lässt sich auf die bereits oben eingegangene Regelung von Gaius (Inst. 1.27) verweisen. Danach mussten sich die *dediticii* außerhalb einer Hundertmeilengrenze von Rom aufhalten. Campanien schien damals jedoch ein bevorzugter Ort außerhalb dieses Radius gewesen zu sein.[430] Dieser Zusatz ist ironisch zu interpretieren, da es sich dabei um einen der schönsten Teile Italiens handelte (vgl. Statius *Silvae* 3.3.162: „*hic mollis Campani litoris olas et Diomedeas concedere iussus in acres atque hospes, non exsul erat.*").[431] In späterer Zeit bezeichnete „*ultra du centesimum lapidem*" das Ende des Amtsbereichs des *praefectus urbi* (vgl. D. 1.12.1.4), war aber als Banngrenze vielleicht schon republikanisch.[432]

Die *relegatio* gegenüber römischen Bürgern stellte selten eine strafrechtliche Sanktion während der Republik dar,[433] nahm jedoch zu Beginn des Prinzipats deutlich zu.[434] Sie ist ein Überbleibsel älterer Jurisdiktion (vgl. Fall der Appuleia Varilla bei Tacitus 2.50.3).[435] Wie lange diese Strafe andauern konnte, ist nicht überliefert. Sie konnte von einer kurzen Zeit bis zur lebenslangen Relegation dauern.[436]

---

428 *Einige schimpften, dass Hand in Hand mit der Freilassung des unehrerbietigen Freigelassenen ihre Schutzherren um ihre Meinung fragten, ob sie auf dem Boden der Gewalt oder mit ihnen gleichberechtigt verhandeln sollten, und ihrerseits zu Tätlichkeiten die Fäuste erhoben, ungestraft oder sogar selbst zu ihrer Bestrafung ratend.* (Text und Übersetzung aus: *Sontheimer*, Tacitus-Annalen, S. 405).

429 *Denn was bleibe dem beleidigten Schutzherren anderes gestattet, als dass er den Freigelassenen auf hundert Meilen an die Küste Campaniens verweise?* (Text und Übersetzung aus: *Sontheimer*, Tacitus-Annalen, S. 406).

430 *Sontheimer*, Tacitus-Annalen, S. 648.

431 *Köstermann*, Tacitus, S. 285.

432 *Mommsen*, Staatsrecht II, S. 1076,4.

433 *Kelly*, A History of Exile in the Roman Republic, S. 65.

434 *Kelly*, A History of Exile in the Roman Republic, S. 67.

435 *Köstermann*, Tacitus, S. 284.

436 *Kelly*, A History of Exile in the Roman Republic, S. 65,67.

Wer aber sprach im Falle eines unverschämten Freigelassenen die *relegatio* aus? Nach dem Wortlaut von Tacitus – der nicht von „verweisen lassen", sondern von einem aktiven Verweisen des Patrons spricht – ist von einer Ausübung im Rahmen des Hausgerichts als Teil seiner Patronatsgewalt auszugehen.[437]

Der nächste Teil in Tacitus' Erläuterungen ist missverständlich:

> *ceteras actiones promiscas et pares esse:... tribuendum aliquod telum, quod sperni nequeat.*[438]

Die Stelle lässt sich so interpretieren, dass sich das Verfahren so abspielte, als ob es sich nicht um einen Freigelassenen, sondern um irgendwelche beliebige Personen handelte.[439]

Aus der nächsten Passage geht eindeutig hervor, dass die Freigelassenen nach wie vor eine untergeordnete Personengruppe darstellten:

> *nec grave manu missis per idem obsequium retinendi libertatem, per quod adsecuti sint: at criminum manifestos merito ad servitutem retrahi, ut metu coerceantur, quos beneficia non mutavissent.*[440]

Mehrere Faktoren sind an dieser Textstelle äußerst bedeutend: Zunächst einmal zeigt dieser Textausschnitt wie abwertend und als Menschen zweiten Ranges die Politiker hier die Freigelassenen ansahen, denn durch Unterordnung („*obsequium*") erlangten sie ihre Freiheit und sollten sie auch durch Unterordnung gegenüber den Freilassern behalten. Zum anderen ist diese Stelle von Interesse, da Tacitus hier von einem *beneficium* an die Freigelassenen spricht. Zu dieser Zeit wird der Begriff ein Rechtsterminus, wie man bei der zeitlichen Einordnung bestimmter Fragmente bemerkt. Hervorzuheben sind an dieser Stelle aber auch die Parallelen zu der Verwendung des Begriffes in den vorhergenannten Quellen.

---

437 Anders: *Wojciech*, Die Stadtpräfektur im Prinzipat, S. 106; *Balzarini*, De Iniuria extra ordinem statui, S. 220 ff.; ebenso: *Mommsen*, Strafrecht, S. 18, Anm. 2; *Kaser*, in: ZRG 58 (1938), S. 97, 130.

438 *Im Übrigen gebe es bei den gerichtlichen Verhandlungen keine Unterschiede und herrsche gleiches Recht.* (Text und Übersetzung aus: *Sontheimer*, Tacitus-Annalen, S. 406).

439 *Sontheimer*, Tacitus-Annalen, S. 648.

440 *Man müsse dem Herrn irgendeine Waffe in die Hand geben, die nicht verachtet werden könne, und für die Freigelassenen sei es doch keine schwere Aufgabe, in der gleichen Unterordnung ihre Freiheit zu behalten, mit der sie diese erlangt hätten. Wer aber eines Verbrechens überführt werde, werde verdientermaßen wieder in die Knechtschaft zurückgeholt, damit durch Furcht diejenigen in Zaum gehalten werden, die durch Wohltaten sich nicht verändern lassen.* (Text und Übersetzung aus: *Sontheimer*, Tacitus-Annalen, S. 406).

Impliziert wird auch, dass Freigelassene meistens schlechtere Menschen seien, die sich durch Wohltaten auch nicht besser verhalten.

Des Weiteren gibt Tacitus die Argumente der Gegner dieses Vorhabens wieder:

> *Disserebatur contra: paucorum culpam ipsis exitiosam esse debere, nihil universorum iuri derogandum; quippe late fusum id corpus. hinc plerumque tribus decurias, ministeria magistratibus et sacerdotibus, cohortes etiam in urbe conscriptas; et plurimis equitum, plerisque senatoribus non aliunde originem trahi: si separarentur libertini, manifestam fore penuriam ingenuorum.*[441]

Diese Stelle zeigt, was für ein weit verbreitetes Phänomen die Freilassung in der Mitte des ersten nachchristlichen Jahrhunderts gewesen ist. Die Freigelassenen haben es in alle gesellschaftlichen Schichten gebracht und den Neid der restlichen Bevölkerung auf sich gezogen. Eine gesellschaftliche Brisanz entstand. Interessant ist aber auch der Vorwand, dass es bei der Einführung einer *revocatio in servitutem* einen Mangel an Freigeborenen geben könnte: Angesichts der massiven Expansion und der damit verbundenen zum Teil starken Versklavung, sowie des wohl immer noch großen Anteils an Sklaven in der Bevölkerung und deren Nachkommen, scheint dieses Argument aus heutiger Sicht recht schwach.

Tacitus gibt weiter die Argumente wieder und geht auf die einzelnen Freilassungsformen ein:

> *non frustra maiores, cum dignitatem ordinum dividerent, libertatem in communi posuisse. quin et manu mittendi duas species institutas, ut relinqueretur paenitentiae aut novo beneficio locus. quos vindicta patronus non liberaverit, velut vinculo servitutis attineri. dispiceret quisque merita tardeque concederet, quod datum non adimeretur.*[442]

---

441 *Von der Gegenseite wurde hervorgebracht: Wenn wenige Schuld auf sich laden, müssen diese persönlich auch dafür büßen, aber in keiner Weise dürfen alle zusammen in ihrem Recht geschmälert werden. Denn die Angehörigen dieses Standes sind weit und breit zu finden. Aus ihm setzen sich in der Regel die Tribus, die Dekurien, die Bediensteten der Beamten und der Priester, ja sogar in der Hauptstadt ausgehobene Kohorten zusammen. Die meisten Ritter, sehr viele Senatoren leiten ihre Abstammung nicht von woanders her. Wenn man die Abkömmlinge der Freigelassenen aussondert, wird sich deutlich ein Mangel an Freigeborenen zeigen.* (Text und Übersetzung aus: *Sontheimer*, Tacitus-Annalen, S. 406).

442 *Nicht umsonst haben die Vorfahren die Stände hinsichtlich ihres Ranges getrennt, aber die Freiheit zum Gemeingut gemacht. Ja, es sind sogar zwei Arten von Freilassung eingeführt worden, um die Möglichkeit des Bereuens zu wahren oder die Gelegenheit zu einer neuen Wohltat zu haben. Wen der Schutzherr nicht förmlich durch den Freilassungsstab losgesprochen hat, der wird gleichsam immer noch in den Banden der Knechtschaft festgehalten. Jeder möge die Verdienste seines Sklaven genau prüfen und nur zögernd das genehmigen, was, einmal gegeben, nicht wieder genommen werden darf.* (Text und Übersetzung aus: *Sontheimer*, Tacitus- Annalen, S. 406).

Die Gegner der Wiederversklavung beziehen sich hier auf die *iusta manumissio* durch die *vindicta*, die zur Verleihung des römischen Bürgerrechts führte. Die andere war die formlose Freilassung *inter amicos, per epistulam* oder *convivio*. Mit der Möglichkeit des Bereuens („*relinqueretur paenitentiae*“) meint Tacitus, dass der Freigelassene durch sein Verhalten eine Gesinnungsänderung („*paenitentia*“) seines bisherigen Herrn veranlasste, den niedereren Status zu behalten. Im Falle eines besseren Verhaltens, bekäme er den höheren Status durch ein *novum beneficium* bewilligt.[443]

Schließlich gibt Tacitus das Ergebnis der Debatte wieder:

> *haec sententia valuit, scripsitque Caesar senatui, privatim expenderent causam libertorum, quotiens a patronis arguerentur; in commune nihil derog[ar]ent.*[444]

Nero schlug also eine Einzelfallabwägung vor, eine generelle verbindliche gesetzliche Regelung lehnte er ab. Dass sich die Vertreter der gemäßigteren Auffassung durchsetzten, ist vor allem auf dem Einfluss Senecas und der Stoa zurückzuführen.[445]

Tacitus berichtet abschließend noch von einem der ersten bekannten Fälle einer *revocatio in servitutem*. Dies betrifft einen Fall, in dem der *princeps* selbst die Eigenschaft als Freigeborener ursprünglich aussprach:

> *nec multo post ereptus amitae libertus Paris quasi iure civili, non sine infamia principis, cuius iussu perpetratum ingenuitatis iudicium erat.*[446]

Ursprünglich klagte Paris gegen Domitia auf Rückerstattung des Geldes, das er für seine Freilassung an sie zahlte, weil er irrtümlich für einen Sklaven gehalten wurde. Dadurch, dass er dann aber den Prozess gewann, galt er als Freigeborener.[447] Aus dieser Stelle lässt sich jedoch nicht folgern, dass sich das *ius patronus* schon weitestgehend verflüchtigt hat.[448]

---

443 *Sontheimer*, Tacitus- Annalen, S. 648.

444 *Diese Ansicht drang durch. Der Caesar schrieb an den Senat, man solle die Sache von Freigelassenen, sooft ihre Schutzherren gegen sie Klagen vorbringen, von Fall zu Fall genau prüfen, aber von einer allgemeinen Beschränkung ihrer Rechte absehen.* (Text und Übersetzung aus: *Sontheimer*, Tacitus- Annalen, S. 407).

445 *Köstermann*, Tacitus, S. 185; ebenso *Crook* zu 11.32.2, S. 120.

446 *Doch wurde bald darauf der Domitia, der Tante Neros, ihr Freigelassener Paris weggenommen, gleichsam auf der Grundlage öffentlichen Rechts, doch nicht ohne den Ruf des Princeps zu beeinträchtigen, auf dessen Befehl er in der gerichtlichen Entscheidung als Freigeborener erklärt worden war.* (Text und Übersetzung aus: *Sontheimer*, Tacitus-Annalen, S. 407).

447 *Sontheimer*, Tacitus- Annalen, S. 649.

448 So z. B. *Kaser*, in: ZRG 68 (1951), S. 582.

2.) Zwischenergebnis und Stellungnahme

Festzuhalten bleibt: Es handelt sich lediglich um eine historische Wiedergabe eines rechtlichen Sachverhaltes und nicht um eine juristische Quelle. Der Bericht von Tacitus ist daher kritisch bezüglich seiner juristischen Glaubwürdigkeit und der tatsächlichen rechtlichen Situation zu hinterfragen:

Auffällig sind die juristischen *termini technici*, die er hier benutzt. Insbesondere der Ausdruck *revocatio in servitutem* und *actio ingrati* sind bedeutend. Tacitus erwähnt die strafrechtliche Sanktion der *relegatio*, die wie oben dargestellt zu dieser Zeit tatsächlich ein Strafmittel gewesen ist – zu Beginn vermutlich sogar im Rahmen der Hausgewalt. Erstmals wird auch eine mögliche Rechtsfolge der *actio ingrati*, die ja bereits früher historisch belegt ist, genannt. Eine kaiserliche Konstitution von Nero, aus der sich seine von Tacitus behauptete Vorgabe der Einzelfallentscheidung ergibt, ist jedoch nicht überliefert. Allerdings gibt Tacitus hier sehr genau den Inhalt der angeblichen Senatsdebatte wieder. Andere Quellen, die dies belegen, sind jedoch nicht überliefert.

Festzuhalten bleibt aber: Bis zu Nero war die Widerversklavung eines undankbaren Freigelassenen nicht möglich. Nero legte fest, dass dies nur in Einzelfällen möglich sein soll. Auf eine generelle Sanktion kann daraus nicht geschlossen werden.

IX. Commodus, D. 25.3.6.1

Chronologisch folgt auf die Zeit nach Nero in Bezug auf die *actio ingrati* eine Digestenstelle von Kaiser Commodus (Regierungszeit von 180–192 n. Chr.), die Modestinus verfasste. Cassius Dio empfand den Beginn der Regierungszeit von Commodus als Untergang des Kaisertums von einem „goldenen zu einem eisernen und rostigen“ Zeitalter (Cassius Dio, 72.364). Diese Meinung hält sich bis heute.[449]

Aus der besagten Stelle geht Folgendes hervor:

Modestinus l.S. de manumiss.
Imperatoris Commodi constitutio talis profertur: "cum probatum sit contumeliis patronos a libertis esse violatos vel illata manu atroci esse pulsatos aut etiam paupertate vel corporis valetudine laborantes relictos, primum eos in potestate patronorum redigi et ministerium

449 *Stahl*, Commodus (180–192), in: *Clauss (Hrsg.)*, Die römischen Kaiser, S. 159.

dominis praebere cogi: sin autem nec hoc modo admoneantur, vel a praeside emptori addicentur et pretium patronis tribuetur".[450]

Modestin schreibt von einer Konstitution Commodus', nach der bei schwerem Fehlverhalten, also einer wirklichen Körperverletzung des Freigelassenen, der *libertus* zunächst in die Patronatsgewalt zurückgebracht („*potestate patronorum redigi*"), und bei erneuten Vergehen in die Sklaverei verkauft werden kann („*emproti addicentur*"). Die Quelle nennt keine *actio ingrati* – es stand ein schwerwiegendes Fehlverhalten mit körperlichen Aspekten im Raum. Es wird zum einen von „*contumeliis*" gesprochen, was mit Schmähungen, Beleidigungen oder auch Misshandlungen übersetzt werden kann. Dieses Verhalten geht also über einfache Respektlosigkeit hinaus und beinhaltet wirkliche verbale oder körperliche Demütigungen. Die nächste Tatbestandsvoraussetzung erfüllt eine Körperverletzung, nämlich die Anwendung von roher Gewalt. Das nächste genannte Beispiel behandelt den Fall, dass der Freigelassene seinen Freilasser in Armut im Stich ließ.

Statt des Begriffes *revocare* („zurückrufen"), verwendet Modestinus *redigere* („zurücktreiben, in einen Zustand versetzen"). Dies spricht für einen tatsächlichen Zustand, der wiederhergestellt wird. Naheliegend ist daher, dass der Freigelassene von seinem ehemaligen Patron einfach wieder zurückgebracht werden konnte.

Parallelen zur *actio ingrati* lassen sich schwerlich ziehen, da die Stelle nicht ausschließlich moralische Verfehlungen regelt, sondern körperliche Vergehen im Vordergrund stehen. Eine Abhebung von einer rein moralischen Ebene findet hier statt.

Zwar enthält die Regelung einen anderen Tatbestand, die *ratio* ist jedoch die gleiche: bei Fehlverhalten folgte die *revocatio in servitutem*. Vorliegend ist jedoch nicht ein Ehr- sondern ein Körperverletzungsdelikt ausschlaggebend.

Commodus bzw. Claudius[451] erließen eine Regelung, aus der sich die *revocatio in servitutem* als Folge der *actio ingrati* ergibt. D. 4.2.21 pr. bestimmt Folgendes:

---

450 *Modestin in der Einzelschrift über Freilassungen*
Aus einer bestimmten Konstitution des Commodus ergibt sich: „Ist bewiesen worden, dass die Freilasser von ihren Freigelassenen mit Schmähungen beleidigt oder in handgreiflicher Weise unter Anwendung roher Gewalt geschlagen oder auch während sie arm oder gebrechlich waren, im Stich gelassen worden sind, dann müssen die Freigelassenen als erstes wieder unter die Herrschaftsgewalt ihrer Freilasser gebracht und gezwungen werden, diesen als ihren Eigentümern Dienste zu leisten. Lassen sie sich so aber auf diese Weise nicht belehren, dann sind sie vom Konsul oder einem Provinzstatthalter einem Käufer (als Sklave) zuzusprechen und der Kaufpreis ihren Freilassern zuzuweisen." (Text und Übersetzung: *Behrends; Knütel; Kupisch; Seiler [Hrsg.]*, Corpus Iuris Civilis, Digesten 27–31).

451 So vermutet *Buckland*, Roman Law of Slavery, S. 424.

Paulus 11 ad ed.
Si mulier contra patronum suum ingrata facta sciens se ingratam, cum de suo statu periclitabatur, aliquid patrono dederit vel promiserit, ne in servitutem redigatur: cessat edictum, quia hunc sibi metum ipsa infert.[452]

Bei dieser, von der Forschung bisher vernachlässigten Quelle, geht es darum, dass eine Widerversklavung wegen Undankbarkeit im Raum steht und die Freigelassene dem Freilasser daher etwas übereignet. Der Sachverhalt soll nicht unter den Fall der *metus* fallen, da die Furcht selbst hervorgerufen wurde.

Die Quelle spricht von dem Status, der in Gefahr ist, *statu periclitabatur*. Diese Formulierung lässt sich außer bei Paulus auch noch bei Ulpian finden (D. 37.10.3.5). In der Literatur verwendete Quintilian den Begriff (Institutio oratoria 7.36), jedoch nicht in Bezug auf Freigelassene.[453]

Die Freigelassene kann wegen Undankbarkeit wieder in die Sklaverei zurückfallen („*in servitutem redigatur*“) – eine *actio ingrati* wird nicht genannt. Die Stelle spricht hier aber auch von einer Freigelassenen. Dies ist ungewöhnlich, da sich die antiken Textstellen in Bezug auf *liberti* meist geschlechtsneutral ausdrücken. Im Ergebnis ist davon auszugehen, dass es sich hier um eine Einzelentscheidung handelt.

X. Aelianus, *de natura animalium* 8.3

Einen versteckten Hinweis auf die *actio ingrati* befindet sich in einem Text des römischen Sophisten und Rhetorikers Aelianus (ca. 170–222 n. Chr.). In seinem Werk auf Griechisch verfassten *de natura animalium* beschreibt er im achten Kapitel Delfine und ihre Dankbarkeit (8.3):

χάριν δὲ ἄρα καὶ δελφῖνες ἀποδοῦναι τῶν ἀνθρώπων ἦσαν δικαιότεροι, καὶ τῷ νόμῳ τῶν Περσῶν ὃν ἐπαινεῖ καὶ Ξενοφῶν οὐκ ἐνέχονται.[454]

---

452 *Paulus, Edikt, 11. Buch*
Wenn eine Frau, die wegen Undankbarkeit gegenüber ihrem Freilasser (und von diesem wieder als Sklavin) beansprucht wird und die weiß, dass sie wirklich undankbar war, dem Freilasser, weil ihr Status in Gefahr ist, etwas übereignet oder verspricht, damit sie nicht in die Sklaverei zurückversetzt werde, findet das Edikt keine Anwendung, weil sie selbst diese Furcht bei sich erregt hat. (Text und Übersetzung: *Behrends; Knütel; Kupisch; Seiler [Hrsg.]*, Corpus Iuris Civilis, Digesten 1–10).

453 *Freudenberger*, Das Verhalten der römischen Behörden gegen Christen, S. 174.

454 *Es scheint, als ob Delfine gewissenhafter als Menschen ihre Dankbarkeit zeigen und nicht gesteuert von der persischen Sitte sind, von der Xenophon berichtet.* (Text aus: *Hercher*, Claudii Aeliani de natura animalium libri; Übersetzung in Anlehnung an: *Scholfield*, On the characteristics of animals).

Aelianus bezieht sich hier auf die zuvor genannte Stelle von Xenophon (*Cyropedia* 1.2).[455]

Aelianus erzählt dann die Geschichte des Coeranus, der Delfine aus einem Netz befreite, indem er den Fischern Geld für deren Freiheit gab:

> *κοίρανος ὄνομα, τὸ γένος ἐκ Πάρου, δελφίνων τινῶν ἐν Βυζαντίῳ βόλῳ περιπεσόντων καὶ ἑαλωκότων, δοὺς ἀργύριον οἱονεὶ λύτρα τοῖς ἠγρευκόσιν ἀφῆκεν αὐτοὺς ἐλευθέρους, ἀνθ' ὧν τὴν χάριν ἀπείληφεν.*[456]

Bereits hier zeigen sich deutliche Parallelen zur Freilassung. Zu denken ist insbesondere an die Versklavung nach der Gewinnung neuer Territorien durch die Römer.

Als er dann schiffbrüchig wurde, zahlten die Delfine ihre Schuld durch seine Rettung aus Dankbarkeit zurück:

> *(...)τὸν Κοίρανον ἔσωσαν δελφῖνες, ὑπὲρ ἧς φθάσαντες εἶχον εὐεργεσίας τὴν ἴσην ἀντιδιδόντες.*[457]

Als Coeranus später verstarb, nahmen die Delfine an seiner Beerdigung teil und nahmen sich an den Händen wie Freunde. Auch hier lassen sich durchaus Parallelen zu einer Freilassung finden. Nach der *manumissio* war es sehr gerne gesehen, dass der Freigelassene bei seinem ehemaligen Herrn verblieb und diesen begleitete.

Aelianus zieht zum Schluss dieses Kapitels folgendes Resümee:

> *ἄνθρωποί γε μὴν ζῶντάς τε καὶ πλουτοῦντας καὶ εὖ πράττειν δοκοῦντας θεραπεύουσι, νεκροὺς δὲ ἀποστρέφονται ἢ καὶ δυστυχοῦντας, ἵνα μή τινα ἐκτίσωσιν εὖ παθόντες χάριν.*[458]

Aelianus befasst sich hier also intensiv mit dem Thema Dankbarkeit bei Menschen und zieht Parallelen zum Tierreich. Er bezieht sich auch auf den persischen Brauch von Xenophon – eben nicht auf den römischen. Die Stelle zeigt aber, wie aktuell das Thema für die antiken Zeitgenossen gewesen ist.

---

455 Text und Analyse der Quelle S. 125 ff.

456 *Coeranus, ein Einwohner von Paros, sah wie einige Delfine in ein Netz bei Byzantium gefangen wurden. Er gab ihren Fängern Geld, Lösegeld sozusagen, und gab ihnen die Freiheit; für diese Tat erntete er Dankbarkeit von ihnen.* (Text aus: *Hercher*, Claudii Aeliani de natura animalium libri; Übersetzung in Anlehnung an: *Scholfield*, On the characteristics of animals).

457 *(...)Coeranus wurde von den Delfinen gerettet, die die gute Tat zurückzahlten und dies ebenfalls mit einer guten Handlung taten.* (Text aus: *Hercher*, Claudii Aeliani de natura animalium libri; Übersetzung in Anlehnung an: *Scholfield*, On the characteristics of animals).

458 *Menschen sind jedoch dem reichen und scheinbar wohlhabenden unterwürfig während sie am Leben sind, aber wenn sie tot sind oder im Unglück, wenden sie sich ab um ihnen nicht ihre Gefälligkeiten zurückzuzahlen.* (Text aus: *Hercher*, Claudii Aeliani de natura animalium libri; Übersetzung in Anlehnung an: *Scholfield*, On the characteristics of animals).

XI. Kaiser Septimius Severus, C. 6.3.2

In C. 6.3.2 ist eine Regelung aus dem Jahr 205 n. Chr. überliefert, aus der Folgendes hervorgeht:

> *Imperatores Severus, Antoninus*
> *Manumissionis causa traditus neque in servitutem deduci a manumissore potest neque impositas operas praestare cogitur.*[459]

Aus dieser Regelung lässt sich nicht schließen, dass die *revocatio in servitutem* zu Beginn des 3. Jahrhunderts als gegeben angesehen wurde und somit ein Rückschluss auf die damalige Rechtsfolge der *actio ingrati* möglich ist.[460] Der Ausdruck *deducere* wird verwendet, der sich eher auf einen tatsächlichen, als auf einen *terminus technicus* bezieht. Auch wird hier von dem Fall gesprochen, dass ein Sklave zum Zwecke der Freilassung übereignet wurde. Gemeint ist ein Wechsel des Patrons – ein Eigentümerwechsel. Insgesamt thematisiert die Quelle kein Fehlverhalten des Freigelassenen.

XII. Kaiser Alexander Severus

1.) C. 7.16.4

Im Codex Iustinianus ist eine Stelle (C. 7.16.4) von Alexander (222–235 n. Chr.)[461] überliefert, die auf ein generelles Verbot der Wiederversklavung schließt:

> *Imperator Alexander Severus*
> *Si is, quem in servitutem petebas, liber quamvis absente te causa cognita pronuntiatus est, secunda in servitutem petitio eius dari tibi non debet. sed si, posteaquam cognovisti de sententia iudicis, appellasti, an iure lata sit, in auditorio quaeretur.*[462]

---

459 *Kaiser Severus*
Der jemandem zur Freilassung übereignete Sklave kann vom Freilasser weder in die Sklaverei zurückgeführt noch gezwungen werden, die auferlegten Dienste zu leisten. (Text aus: *Krüger, Codex Iustinianus*; Übersetzung aus: *Härtel; Kaufmann [Hrsg.],* Codex Justinianus).

460 So *Buckland*, Roman Law of Slavery, S. 424.

461 *Dietz*, Severus Alexander, in: *Clauss (Hrsg.)*, Die römischen Kaiser, S. 195.

462 *Kaiser Alexander Severus*
Wenn derjenige, den du für einen Sklaven hältst, nach einer ordentlichen Untersuchung für frei gehalten wird (auch wenn diese in deiner Abwesenheit stattfand), gibt es keine weitere Möglichkeit ihn für einen Sklaven zu halten. Wenn aber, nachdem du die Fakten ermittelt hast, du Berufung gegen die Entscheidung des Richters einlegst, soll das Berufungsgericht feststellen, ob das Urteil im Einklang mit dem Recht ergangen ist. (Text aus: *Krüger*, Codex Iustinianus; eigene Übersetzung).

Die Quelle besagt, dass der in einem Freiheitsprozess für frei erklärte Sklave, sich auf seine Freiheit „verlassen" konnte – es sei denn, dass eine Berufung erfolgreich gewesen ist. Zweifelte jemand an der Freilassung eines Sklaven, konnte er unter Alexander nicht immer wieder einen neuen Freiheitsprozess initiieren. Somit stellte sich eine gewisse Sicherheit für den Freigelassenen nach seiner *manumissio* ein.

Einen Rückschluss auf ein Verbot der Wiederversklavung unter Alexander schließt sich daraus aber nicht: Ein offzieller Freiheitsprozess ist Grundlage gewesen. Das Fehlverhalten des Freigelassenen und die mögliche Folge der *revocatio in servitutem* thematisiert die Quelle nicht.

2.) C. 6.3.8

Aus dem Jahr 224 n. Chr. ist folgende Regelung von Kaiser Alexander Severus überliefert:

> *Imperator Alexander Severus*
> *Si tuis nummis emptus es ab eo a quo manumissus es, nec operas ei debes neque puniri ab eo utpote ingratus potes: patronum tamen tuum esse negari non oportet.*[463]

Diese Quelle zeigt ebenfalls, dass die *actio ingrati* im 3. Jahrhundert nach wie vor aktuell gewesen ist – eine Rechtsfolge der Klage schließt sich hieraus jedoch nicht. Die Quelle lässt offen, um welche Strafe es sich bei der Klage gehandelt hätte.

Insgesamt sind zwei Quellen von Kaiser Alexander Severus im Codex Iustinianus überliefert, die dem Freigelassenen einen gewissen Schutz bieten. Jedoch lassen sie keine Rückschlüsse auf die *actio ingrati* zu.

XIII. Philippus Arabs, C. 8.55.1

1.) Phillipus Arabs

Philippus Arabs lebte von 204 bis 249 n. Chr. und war ab 244 n. Chr. bis zu seinem Tode Kaiser. Er gehörte zu den sogenannten Soldatenkaisern, deren Merkmal eine extreme Abhängigkeit vom Militär gewesen ist.[464] Seine Rechtsprechung ist durch eine Reihe von Reskripten und Erlassen gut nachvoll-

---

463 *Kaiser Alexander Severus*
Bist du demjenigen, der dich freigelassen hat, mit deinem Geld abgekauft worden, so bist du ihm keine Dienste schuldig und kannst von ihm auch nicht wegen Undankbarkeit bestraft werden. Du darfst jedoch nicht in Abrede stellen, dass er dein Freilasser ist. (Text aus: *Krüger*, Codex Iustinianus; Übersetzung aus: *Härtel, Kaufmann [Hrsg.]*, Codex Justinianus).

464 *Körner*, Philippus Arabs, S. 1, Fn. 1.

ziehbar. Insgesamt sind im Codex Iustinianus und dem Codex Gregorianus über 80 Reskripte überliefert. Auch ist die Araguener Petition als Gesetz in literarischen Inschriften überliefert.[465] Insgesamt befassen sich vier Reskripte[466] mit dem Verhältnis des Freigelassenen zum Freilasser (C. 3.32.7; 7.2.8; 7.14.3; 8.55.1).[467] Diese Stellen beschreiben die Zeit des sog. „Tunnels“ – dem Ende der Spätantike und dem Übergang in die Hohe Kaiserzeit – und sind daher von besonderem Interesse.[468]

2.) C. 8.55.1

C. 8.55.1 bestimmt:

> *Imperator Philippus*
> *Etsi perfectis donationibus in possessionem inductus libertus quantolibet tempore ea quae sibi donata sunt pleno iure ut dominus possederit, tamen, si ingratus sit, omnis donatio mutata patronorum voluntate revocanda sit.*[469]

In den Frag. Vat. 272, die die ursprüngliche Originalfassung beinhalten,[470] heißt es demgegenüber:

> *Inter patronos et libertos de iure donationum tractari non oportet, cum etsi perfectis donationibus in possessionem inductus libertus quantolibet tempore ea quae sibi donata*

---

465 *Körner*, Philippus Arabs, S. 158.

466 Reskripte stellen Rechtsgutachten der kaiserlichen Kanzlei dar, die auf bestimmte Anfragen und Gesuche antworteten und im Prozess vorgelegt werden konnten, ohne aber selbst bereits die Prozessentscheidung darzustellen. Durch den Namen des jeweiligen Kaisers erhielten sie gesetzesähnlichen Rang (*Körner*, Philippus Arabs, S. 158). Ursprünglich sollten sie nur Einzelfälle regeln, jedoch galten sie bald auch regelmäßig für die Zukunft (*Schnebelt*, Reskripte der Soldatenkaiser, S. 10).

467 *Körner*, Philippus Arabs, S. 162.

468 *Körner*, Philippus Arabs, S. 2.

469 *Kaiser Philippus*
Auch wenn der Freigelassene nach vollzogener Schenkung in den Besitz eingeführt wurde und zu jeder Zeit rechtlich als Eigentümer besessen hat, so kann dennoch, wenn er sich undankbar erweist, die ganze Schenkung nach Änderung des Willens des Freilassers widerrufen werden. Das wird auch bezüglich dessen so gehalten, was im Namen des Freigelassenen, dennoch mit dem Geld und durch die Gnade des Freilassers angeschafft worden ist. (Text aus: *Krüger*, Codex Iustinianus; Übersetzung aus: *Härtel, Kaufmann [Hrsg.]*, Codex Justinianus.)

470 *Körner*, Philippus Arabs, S. 170.

sunt pleno iure ut dominus possederit, tamen omnis donatio mutata patronorum voluntate revocanda sit.[471]

Die Quelle setzt die Tatbestandsvoraussetzung der Undankbarkeit nicht voraus. Widerrufsfähig ist wie in der in C. 8.55.1 überlieferten Stelle lediglich die Schenkung an den Freigelassenen. Die Freilassung selbst wird nicht explizit genannt. Der Zusatz schließt grundsätzlich die Anwendung des Schenkungsrechts im Verhältnis Freilasser zu Freigelassenen aus.

Der weitere Verlauf von C. 8.55.1 verdeutlicht die Gründe für einen möglichen Widerruf:

Nam qui obsequiis suis liberalitatem patronorum provocaverunt, non sunt digni, qui eam retineant, cum coeperint obsequia neglegere, cum magis in eos collata liberalitas ad obsequium inclinare debet quam ad insolentiam erigere.[472]

Der Grund für die Schenkung an den *libertus* ist der strikte Gehorsam (*obsequium*). Parallelen zu den Verpflichtungen aus der Freilassung lassen sich ziehen. Ein Geschenk wird aufgrund des nach der Freilassung erforderlichen *obsequium* getätigt. Bei fehlendem Gehorsam ist es zu entziehen. Ist diese Stelle auch auf Freilassungen übertragbar? Im Ergebnis behandelt die Stelle lediglich Schenkungen an Freigelassene, die *manumissio* als solche fällt nicht darunter. C. 8.55.1 spricht deutlich von einer Schenkung materieller Dinge, denn es wird von Eigentum und Besitz gesprochen. Hierfür spricht auch der Originaltext in Frag. Vat. 272, der ausdrücklich feststellt, dass das Schenkungsrecht nicht anwendbar ist.

Die Quelle zeigt, welche Relevanz das Thema Undankbarkeit in der Mitte des 3. Jahrhunderts nach wie vor innehatte. Das Tatbestandsmerkmal der Undankbarkeit wurde nachträglich eingefügt:

C. 8.55.1 pr. schränkt im Gegensatz zu Frag. Vat. 272 pr. das Widerrufsrecht durch die Worte „*si ingratus sit*" ein. Ist die Rückforderung im freien Ermessen des Patrons oder die Undankbarkeit des Freigelassenen tatbestandliche Voraus-

---

471 *Zwischen Patron und Freigelassenen sollte man nicht das Recht der Schenkungen gebrauchen, obgleich der Freigelassene, nachdem er die perfekten Schenkungen in seinen Besitz gebracht hat, das, was ihm geschenkt wurde, aus vollem Recht wie ein Eigentümer besitzt. Dennoch könne die ganze Schenkung infolge eines geänderten Willens des Patrons widerrufen werden.* (Text und Übersetzung aus: *von Mitschke-Collande*, Die Auswirkungen der Geburt oder Adoption eines Kindes, S. 70).

472 *Denn wer durch seinen Gehorsam die Freigiebigkeit seines Freilassers herausgefordert hat, ist diese weiterhin zu genießen unwürdig, wenn er anfängt, ungehorsam zu sein, da die auf den Freigelassenen übertragene Freigiebigkeit zu größerem Gehorsam anspornen und nicht zur Frechheit ermuntern soll.* (Text aus: *Krüger*, Codex Iustinianus; Übersetzung aus: *Härtel, Kaufmann [Hrsg.]*, Codex Justinianus).

setzung? Bei der Auslegung dieser Quelle ist folgende Entwicklung zu berücksichtigen:[473] Zur Regierungszeit des Kaisers Diokletian möchte eine Mehrheit ein Widerrufsrecht gegen undankbare Beschenkte – die er jedoch ablehnte. Dies ergibt sich aus Diocletian Vat. 275 (286):[474]

> *Divi Diocletianus et Constantius*
> *perfectam donationem mutata voluntate donatoris, etsi parum gratus existet, cui dono res data est, minime rescindi posse saepe rescriptum est.*[475]

Kaiser Konstantin erkannte den Widerruf der Schenkungen ausdrücklich an. Seine Nachfolger Theodosius und Valentian III. fixierten die Unwiderruflichkeit von Schenkungen.[476] Justinian zieht „einen Schlussstrich" unter diese Entwicklung. Daher ist *si ingratus sit* wahrscheinlich als vorjustinianische Interpolation anzusehen.[477]

Festzuhalten ist also, dass aus der Zeit der Mitte des dritten Jahrhunderts von Phillipus Arabs eine Quelle überliefert ist, nach der ein Widerruf einer Schenkung an einen Freigelassenen möglich war. Parallelen zur Freilassung sind nur bedingt zu erkennen: Der Freigelassene erhält etwas und erweist sich als unwürdig – nun soll es ihm wieder genommen werden. Im Vordergrund steht auch hier das *obsequium* des Freigelassenen, das dieser nach der *manumissio* schuldet. Die Entwicklung dieser Quelle zeigt die Bedeutung des Themas *ingrati liberti* im 3. Jahrhundert nach Christus. Diokletian entschied sich noch gegen eine Widerrufsmöglichkeit bei undankbaren Verhalten. Dies spricht auch dafür, dass nichts anderes bei der *actio ingrati* gelten kann: Auch unter Diokletian ließ sich der Freigelassene bei undankbaren Verhalten nicht wiederversklaven.

XIV. Diokletian, C. 6.3.12 und C. 7.16.30

Diokletian lebte ca. zwischen 236 (spätestens 245) bis 312 und regierte von 284 bis 305 n. Chr. das Römische Reich. Er wird mit zahlreichen Reformen und dem

473 *Schnebelt*, Reskripte der Soldatenkaiser, S. 112.
474 *Schnebelt*, Reskripte der Soldatenkaiser, S. 112.
475 *Der göttliche Diokletian und Konstantin*
Eine vollzogene Schenkung kann auch bei geänderten Willen des Gebers, wie häufig reskribiert wurde, auch wegen mangelnder Dankbarkeit des Empfängers keineswegs widerrufen werden. (Text und Übersetzung aus: *Wacke*, in: *Zimmermann [Hrsg.]*, Rechtsgeschichte und Rechtsdogmatik, S. 350).
476 *Schnebelt*, Reskripte der Soldatenkaiser, S. 113.
477 *Schnebelt*, Reskripte der Soldatenkaiser, S. 113.

Ende der Soldatenkaiser in Verbindung gebracht.[478] Wie bereits festgestellt, wollte er keine Widerrufsmöglichkeit von Schenkungen wegen Undanks einführen.

C. 6.3.12 besagt, dass ein Freigelassener nicht in die Sklaverei zurückgeführt werden konnte – es sei denn, er erwies sich als undankbar. Wie ist diese Quelle zu bewerten?

Imperatores Diocletianus, Maximianus
Qui manumittuntur, liberum ubi voluerint commorandi arbitrium habent nec a patronorum filiis, quibus solam reverentiam debent, nisi ingrati probentur, cum neque cum patrono habitare libertos iura compellunt.[479]

Primär geht es in der Quelle um eine durchaus positive Regelung für die Freigelassenen. Die Wortwahl verleiht ihnen Rechte und hat eine positive Tonalität. Der Freigelassene schuldet zwar *reverentia*, lebt aber wie und wo er möchte, da er die *libertas* erlangte. Dem Freigelassenen steht grundsätzlich die freie Wahl eines Wohnortes zu. Bei undankbaren Verhalten („*ingrati probentur*") besteht die Möglichkeit ihn wieder zum Sklaven zu machen („*ad serviendi necessitatem redigi possunt*"). Undankbar ist demnach nicht die fehlende räumliche Nähe zum Freilasser, wie sich aus der Quelle ergibt. Was genau darunter zu verstehen ist, nennt der Text nicht – die Wortwahl ist sehr allgemein gehalten.

Die Konstitution, die auf einem Einzelfall beruht, stellt als verallgemeinerndes Reskript folgende Regeln auf: der Freigelassene schuldet Ehrfurcht, er kann leben wo er möchte, seine Freiheit ist solange beständig, wie er sich als dankbar erweist. Gegen Ende des dritten nachchristlichen Jahrhunderts gibt es also eine eindeutige Quelle, aus der sich die Rechtsfolge der *actio ingrati* als die *revocatio in servitutem* ergibt.

Wann die *revocatio* nach Diokletian nicht in Frage kam, ergibt sich aus C. 7.16.30:

Imperatores Diocletianus, Maximianus
Solo obsequii non praestiti velamento data libertas rescindi non potest. (294)[480]

---

478 *Liebs*, Hofjuristen der römischen Kaiser bis Justinian, S. 81.

479 *Kaiser Diokletian: Freigelassenen steht die freie Wahl ihres Aufenthaltes zu. Sie können auch nicht von den Kindern ihres Freilassers, denen sie allein Ehrfurcht schuldig sind, wieder zu Sklaven gemacht werden, sofern sie sich nicht undankbar zeigen, da die Gesetze den Freigelassenen nicht die Verbindlichkeit auferlegen, mit dem Freilasser zu wohnen.* (Text aus: *Krüger*, Codex Iustinianus; Übersetzung aus: *Härtel, Kaufmann [Hrsg.]*, Codex Justinianus).

480 *Kaiser Diokletian*
Nur die Nichterfüllung des obsequiums kann nicht reichen, die Hülle der Freiheit zu vernichten (294). (Text aus: *Krüger*, Codex Iustinianus; eigene Übersetzung).

Eine Wiederversklavung kam nicht in Frage, wenn der Freigelassene lediglich das *obseqium* verletzte. Die Quelle belegt, dass schwerwiegendere Fälle unter die *revocatio in servitutem* fiehlen. Dabei orientiert sich Diokletian stark an seinen Vorgängern: Der Staat mischt sich bezüglich des Freigelassenenpatronats nur in Ausnahmefällen ein.[481] Leichtere Vergehen des Freigelassenen regelte man nicht staatlich, sondern zwischen den betroffenen Parteien. Die harte Sanktion der Rückgängigmachung der Freilassung griff in diesen Fällen nicht.

XV. Theodosius II., C. 6.7.3 und C. Th. 4.10.2

Kaiser Theodosius regierte von 408–450 n. Chr. Er ist für seine Beeinflussbarkeit, aber auch für seine Frömmigkeit bekannt gewesen,[482]

Aus C. 6.7.3 geht hervor:

> *Impp. Honorius et Theodosius, Augusti, ad senatum*
> *Liberti non modo adversus patronos non audientur, verum etiam eandem quam patronis ipsis reverentiam present heredibus patronorum, quibus ingrate actio sicut ipsis manumissoribus deferetur, si illi datae sibi libertatis immemores nequitiam receperint servilis ingenii.*[483]

Dieses Gesetz ist auch in C. Th. 4.10.2 mit zu Beginn gleichlautendem Wortlaut überliefert. Folgender Zusatz findet sich im weiteren Verlauf der Quelle:

> *§ 1 Quod si delatores accusatoresve manumissorum heredumve esse praesumpserint, qodem, quo servi, supplicio tenebuntur, luituri poenas ante adhibitae delationis exordium etc.*
> *Interpretatio: Libertos non solum contra patronis, sed et contra patronum herededibus in servitutem revocari: delatores etiam contra patronorum heredes, antequam audiantur, puniendos.*[484]

---

481 *Barschdorf*, Freigelassene in der Spätantike, S. 68.

482 *Liebs*, Von Konstantin dem Großen zu Theodosius II., S. 132.

483 *Der heilige Theodosius zum Senat*
Die Freigelassenen sollen nicht nur gegen die Freilasser nicht gehört werden, sie müssen vielmehr dieselbe Verehrung wie den Freilassern selbst auch den Erben der Freilasser entgegenbringen. Denen steht die Klage wegen Undanks ebenso zu wie den Freilassern selbst, wenn sie, uneingedenk der ihnen geschenkten Freiheit, die Nichtswürdigkeit ihres sklavischen Verhaltens wieder an sich nehmen. (Text und Übersetzung aus: *Rainer [Hrsg.]*, CRRS, Teil 1, S. 130).

484 *§ 1: Wenn sie es wagen, als Angeber oder Ankläger ihrer Freilasser oder deren Erben aufzutreten, bevor sie mit ihren Angaben beginnen können.*
Interpretation: Die Freigelassenen dürfen nicht nur gegen ihre Freilasser, sondern auch gegen die Erben der Freilasser nicht gehört werden. Wenn sie undankbar sind, können sie auch von den Erben in die Sklaverei zurückgeführt werden. Die Angeber auch gegen die Erben der Freilasser sollen bestraft werden, bevor sie gehört werden. (Text und Übersetzung: *Rainer [Hrsg.]*, CRRS, Teil 1, S. 102).

Die Stelle dreht sich um die Frage, wer die *actio ingrati* erheben kann. Dies können auch die Erben. Der Freigelassene darf nicht gegen seinen ehemaligen Herrn aussagen. Auffällig ist, dass der eigentliche Text von einer Zurückführung in die Sklaverei spricht („*receperint servilis ingenii*"). Dies beschreibt eher einen tatsächlichen Zustand, z. B. die Zurückführung in den Hausverband. Die dazugehörige Interpretation spricht von der *revocatio in servitutem*. Der Codex Theodosianus verschärft die Regelung noch: Freigelassene dürfen auch gegen die Erben des Freilassers nicht gehört und sogar bestraft werden, bevor sie überhaupt aussagen können.

In C. 6.7.4 ist eine Regelung von Theodosius II. aus dem Beginn des vierten Jahrhunderts überliefert:

> *Imperatores Theodosius, Valentinianus*
> *Libertinae condicionis homines vel eorum filii si militantes docebuntur ingrati, ad servitutis nexum procul dubio reducentur. (426)*[485]

Die Stelle ist mit gleicher Aussage in C. Th. 4.10.3 überliefert:

> *Nam si militantes etiam docebuntur ingrate, ad servitutis nexum procul dubio reducentur.*[486]

Ein tatsächlicher Zustand soll wieder hergestellt werden. Sogar der Terminus *nexum* nimmt Bezug zur Freilassung. Hier ist die Wiederversklavung eindeutig als Rechtsfolge der *actio ingrati* belegt.

XVI. Valentian III., Nov. Val. 25 pr. = 1

Aus der Mitte des fünften Jahrhunderts ist eine Quelle von Valentian III. in Nov. Val. überliefert:

> *Cum iuris aequitas omnibus dominis in commune permiserit, fructu libertatis et praemio fortunam mutare servorum, nec manumissoris posteros his graves esse conveniat, quos meliore iudicio tanti muneris auctor evexerit, duras nimis bene meritis credimus sanctiones, quae sic opprimunt sub ingrate actione libertos, ut ab heredibus defunctorum*

485 *Kaiser Theodosius Valentinianus*
Wenn sich Menschen vom Status der Freigelassenen oder deren Kinder, auch wenn sie Beamte sind, als undankbar erweisen, werden sie zweifelsohne in das Band der Sklaverei zurückgeführt. (426). (Text und Übersetzung aus: *Rainer*, CRRS, Teil 1, S. 130).

486 *Denn selbst wenn sie Beamte sind und sich als undankbar erweisen, werden sie zweifelsohne in das Band der Sklaverei zurückgeführt.* (Text und Übersetzung aus: *Rainer*, CRRS, Teil 1, S. 102).

praecipiant in servitutem vocari, tanquam contra iniuriarum vel superbiae reos nulla, nisi abrogandae libertatis, poeana sufficiat.[487]

Dass man den Eigentümern von Sklaven das Recht zur Freilassung zusprach, sah man als eine Folge der Billigkeit des Rechts („*iuris aequitas*"). Die Quelle nennt erstmalig eine Begründung für das Recht der Freilassung. Dies ergibt sich nicht aus der Stellung des Patrons selbst, sondern aus der Billigkeit des Gesetzes.

Die gewählten Worte bezüglich der Freigelassenen sind wohlwollender und sanfter („*bene meritis*") als in den Texten zuvor: Der Freigelassene soll nicht mit einer Sanktion beschwert werden und die Klage gegen die Undankbaren wird als übermäßig hart beschrieben. So gäbe es doch noch andere Wege, um sich gegen ein solches Verhalten zu wehren – diese nennt die Quelle nicht. Jedenfalls wird die *revocatio in servitutem* als Folge der *actio ingrati* als zu hart empfunden.

Im weiteren Verlauf führt die Quelle aus:

§ 1 Huius ergo statuti vigorem benignius corrigentes, mansura iugiter lege decernimus, ut, si quis ex familia sua ciuuslibet sexus homines libertate donaverit, eius hederes, sive extranei, sivi filii sive filae, sive nepotes neptesve fuerint, vel propinqui cuiuscumque cognationis et nominis, manumissos non teneant ad obseqiorum necessitatem, nullaque contra ingratos habeant actionem, sed, quod minime remur, si contumeliam fortasse pertulerint, ad coercendos iniuriarum reos utantus iure communi. Nemo sibi nostrae legis obstaculo dredat perire vindictam: late adversum noxios severitas patet. Hoc unum genus ultionis nostro saeculo venturisque temporibus nulli prorsus sperare permittimus, ut in ius vocati postulet servitutem. Iustitiam praesentis edicti, si bene sentient, fame

---

487 *Da die Billigkeit des Rechts allen Eigentümern im allgemeinen ermöglicht hat, das Geschick der Sklaven zu ändern durch die Frucht und Prämie der Freiheit, und da die Nachkommen des Freilassers die nicht bedrücken sollen, welche der Urheber eines solchen Geschenks infolge eines besseren Urteils ausgezeichnet hat, so glauben wir, dass die Sanktion gegen die wohlverdienten Freigelassenen übermäßig hart ist, welche sie mit der Klage wegen Undankbarkeit bedrückt, so dass sie vorschreibt, dass sie von den Erben der Verstorbenen wieder in die Unfreiheit gerufen werden können, gleichsam als sei gegen die wegen Beleidigung und Übermuts Schuldigen keine andere Strafe ausreichend als der Entzug der Freiheit.* (Text und Übersetzung aus: *Wieling [Hrsg.]*, Die Begründung des Sklavenstatus nach dem ius gentium und ius civile, S. 114 ff.).

praestamus heredum, ne videantur non agree causam doloris, sex exercere potius cupiditatis ardorem.[488]

Auch im weiteren Verlauf der Stelle ergibt sich ein durchaus gutes Bild von den Freigelassenen und eine wohlwollende Gesetzgebung. Die Quelle spricht von einer Korrektur der strengen Gesetze („*corrigentes*") – dies geschieht wohlwollend („*benignius*"). Während frühere Quellen – wie im römischen Recht üblich – kaum zwischen den Geschlechtern unterscheiden, weist der Text ausdrücklich darauf hin („*ciuslibet sexus*"). Es soll kein Zwang der Gefolgschaft entstehen („*non teneant adobsequiorum necessitatem*"), was eine Ausbeutung der Freigelassenen verhindern sollte. Die *actio ingrati* für die Nachkommen des Freilassers ist abgeschafft („*nullamque contra ingratos habeant actionem*"). Sollte es dennoch zu Fehlverhalten, wie Beleidigungen, kommen, soll sich die Bestrafung nach dem allgemeinen Recht richten („*iniuriarum*").

Besonders in Bezug auf die Einstellung und die Wortwahl den Freigelassenen gegenüber, zeigt sich ein Kontrast zur vorgenannten Quelle von Konstantin.

Abschließend fasst die *interpretatio* zusammen:

INTERPRETATIO: Lex ista constituit, ut liberti, qui cives Romani effecti sunt, ab heredibus manumissorum, sive filii sint sive extranei, proposita iniuriae actione, qua se dicant laesos,

---

488 *Daher korrigieren wir wohlwollend die Strenge dieser Vorschrift und bestimmen durch ein dauernd gültiges Gesetz, dass, wenn jemand einen seiner Sklaven – gleich welchen Geschlechts – mit der Freiheit beschenkt hat, seine Erben – seien es Fremde oder Söhne oder Töchter oder Enkel oder Enkelinnen oder sonst Verwandte oder Namensverwandte – die Freigelassenen nicht unter dem Zwang der Gefolgschaft halten sollen und gegen Undankbare keine Klage haben sollen. Wenn sie aber von ihnen – was wir nicht für möglich halten – Beschimpfungen erleiden, sollen sie zur Bestrafung solcher der Beleidigung Schuldiger sich des allgemeinen Rechts bedienen. Und keiner mag glauben, dass die Verfolgung durch das Entgegenstehen unseres Gesetzes unmöglich sei! Die Strenge des Gesetzes ist weit geöffnet gegen Schuldige! Aber auf diese Art der Vergeltung zu hoffen erlauben wir in unserem Säkulum und in künftigen Zeiten überhaupt keinem mehr, dass er nämlich die Unfreiheit des vor Gericht Geladenen fordert. Die gerechten Möglichkeiten dieses Edikts, wenn man sie richtig versteht, gestehen wir den Erben zum Schutz ihres Ansehens zu, damit es nicht so erscheint, als würden sie wegen der erlittenen Kränkung klagen, sondern eher ihrer unersättlichen Habgier nachkommen.* (Text und Übersetzung aus: *Wieling [Hrsg.]*, Die Begründung des Sklavenstatus nach dem ius gentium und ius civile, S. 114 ff.).

pro occasione, istus ingratitudinis ad servitium nullaetenus revocentur. Sed si talis casus emerserit, quasi contra alios ingenuos, sic de iniuriis apud iudicem action proponatus (…)[489]

Die Interpretation stellt zusammenfassend fest, dass es keine Wiederversklavung wegen Undankbarkeit gibt, sondern lediglich die *actio iniuriarum* bei Beleidigungen, wenn die Nachkommen eines Freilassers klagen möchten.

Man empfindet die alte Gesetzgebung als zu hart und korrigiert sie mildernd. Die Quelle verzichtet jedoch nicht auf die *actio ingrati*, denn der Freilasser selbst kann weiterhin diese Klageform wählen. Den Erben steht die *actio iniuriarum* zu, deren Rechtsfolge in früherer Zeit mit der *actio ingrati* gleichzusetzen gewesen ist. Insoweit stellt sich bezüglich der Erben ein alter Rechtszustand her.

XVII. Zusammenfassung und Stellungnahme

Wie beständig war also nun die Freilassung in der Antike? Die *actio ingrati* weist auf die Bestrafung von undankbaren Verhalten eines *libertus* hin. War die Rechtsfolge dieser Klage die Wiederversklavung – also eine Rückgängigmachung der Freiheit?

Die ausgewerteten Quellen zeigen, dass dies erst unter Konstantin möglich gewesen ist. Erst C. 6.7.2 pr. belegt die Möglichkeit der Aufhebung einer Freilassung wegen Undankbarkeit. Vorher sprechen die Quellen für eine Beständigkeit der Freilassung.

Die Grundlage für das Patronatsverhältnis bildeten in früherer Zeit nicht rechtliche Regelungen, sondern gegenseitiger Respekt und Vertrauen – die *fides*. Ebenso bildete diese für die gesamte antike Gesellschaft die Grundlage des Zusammenlebens. Diese *fides* basierte auf gesellschaftlichen Normen, den *mores*. Verstieß man gegen diese Grundstrukturen des gesellschaftlichen Lebens, war die gesellschaftliche Marginalisierung die Folge. Dies mündete häufig in Ausgrenzung von politischen Ämtern oder der Gesellschaft.[490] Schon die *Lex Aelia Sentia* verankerte die *actio ingrati* – dies geht aus D. 50.16.70 hervor. Nicht „welt-

489 *INTERPRETATION: Dieses Gesetz bestimmt, dass Freigelassene, die römische Bürger geworden sind, von den Erben der Freilasser – seien es Abkömmlinge oder Fremde – durch Erhebung der actio iniuriarum unter dem Vorbringen, sie seien beleidigt worden, keineswegs wegen einer solchen Undankbarkeit in die Unfreiheit zurückgerufen werden können. Wenn ein solcher Fall auftritt, so kann wie auch gegen andere Freie wegen der Beleidigungen beim Richter eine Klage eingebracht werden (…).* (Text und Übersetzung aus: *Wieling [Hrsg.]*, Die Begründung des Sklavenstatus nach dem ius gentium und ius civile, S. 114 ff.).

490 *Klingenberg*, Sozialer Abstieg in der römischen Kaiserzeit, S. 13.

liche“ Konsequenzen bestraften das Verhalten des Freigelassenen, sondern gesellschaftliche Auswirkungen. Diese bestanden in einem sozialen Abstieg durch den Verlust des guten Namens. Dieser spielte in der stark von Ehre geprägten antiken Gesellschaft eine wichtige Rolle.

Juristische Quellen, die auf die Rechtsfolge der *revocatio in servitutem* als Folge der *actio ingrati* hinweisen, sind erst seit Konstantin in C. 6.7.2 pr. überliefert. In der Zwischenzeit fand folgende Entwicklung statt: Die gewohnheitsrechtlichen Verhaltensmuster wurden immer weiter rechtlich fixiert. Das Patronatsverhältnis erfuhr eine „Verrechtlichung“. Regelungen, die dieses Verhältnis ausgestalteten, wurden schriftlich festgehalten. Die Rechtsfolge der *actio ingrati* wurde umgestaltet. Der Widerruf der Freilassung als Rechtsfolge ist erstmals rechtlich etabliert worden. Es gibt keine Hinweise darauf, dass bereits vorher eine Wiederversklavung allein wegen einer Undankbarkeit möglich gewesen ist. Wie sich aus D. 25.3.6.1 ergibt, war diese lediglich bei körperlichen Verfehlungen des Freigelassenen möglich gewesen.

Insgesamt ist aber auch festzuhalten, dass die Undankbarkeit die römischen Zeitgenossen beschäftigte. Sowohl Seneca der Ältere, als auch sein Sohn, ebenso Quintilian und Aelianus befassten sich mit dem Thema. Dabei ging es nicht nur um undankbare Freigelassene, sondern generell um zwischenmenschliche Undankbarkeit. Die Folgen von Undankbarkeit wiesen gesellschaftliche Brisanz auf.

B: Bedingte Freilassung

Bei der „Rückgängigmachung“ einer Freilassung ist auch an eine bedingte Freilassung zu denken. Fraglich ist, ob eine Freilassung als solche unter die Bedingung eines bestimmten Verhaltens gestellt werden konnte. Konnte der Freilasser die *manumissio* mit der Bedingung einer „Bewährungszeit“ ausstatten und damit die rechtliche Position seines Freigelassenen schwächen?

Andere Bedingungen als die folgende sind nicht möglich gewesen: *„Eine Freiheit unter dem Damoklesschwert ist keine Freiheit“*.[491] Somit war es nicht möglich dem Sklaven rechtlich verbindlichen Auflagen zu machen, die zu seiner Freiheit führen sollten. Die römische Welt wählte dabei einen anderen Weg als die griechische, in der jeder Vorbehalt des Herrenrechts möglich gewesen ist. In der Folge kam es zu rechtlich problematischen Fallgestaltungen, in denen nicht klar gewesen ist, ob ein Sklave nun verbindlich frei gewesen ist oder nicht.[492] Eine der häufigsten Gestaltungen bei der Freilassung ist folgende gewesen:

491 *Mitteis*, Reichsrecht und Volksrecht, S. 384.
492 *Mitteis*, Reichsrecht und Volksrecht, S. 386.

παραμεινάτω δέ ὁ δοῦλος παρά τόν δεσπόην … ποιών πάν τό ποτιτασσόμενον ἀνεγχλήτως.[493]

Häufig wählte man noch folgender Zusatz, dass der Sklave frei sein soll, wenn jene Zeit vorüber ist.[494]

In der Konsequenz folgt aus dieser Formel, dass es sich hierbei um eine zukünftige Freilassung handelt und sich der „ehemalige" Herr jede Züchtigung vorbehält.[495]

Das römische Recht kannte eine mit Bedingungen ausgestaltete Freilassung lediglich bei der testamentarischen *manumissio*. Diese Ausnahme entstand aus der Ehrfurcht vor dem letzten Willen einer Person und der daraus resultierende starke Schutz letztwilliger Verfügungen. Aus diesem Gedanken entwickelte die Rechtsordnung Grundsätze, welche die Situation der freizulassenden Sklaven verbesserte und ihnen die Möglichkeit des Austrittes aus dem Sklavenstand ermöglichte.[496] Aus D. 40.7.4.4 von Paulus geht hervor:

Paulus 5 ad Sab.
„stichus si Titio per triennium seruierit uel si illi centum operas dederit, liber esto". constat hoc modo libertatem utiliter dari posse: nam et alienus servus servire nobis potest, sicuti liber, et multo magis operas dare: nisi testator seruitutis appellatione dominium magis quam operam intellexit. ideoque si prohibet heres Titio seruire, pervenit ad libertatem.[497]

Diese Stelle von Paulus (unter Kaiser Severus Alexander, 208–235 n. Chr.)[498] zeigt, dass die Möglichkeit bestand die Freilassung von der Erfüllung bestimmter Auflagen (hier: drei Jahre als Sklave gedient oder hundert Dienste geleistet) in Testamenten abhängig zu machen.

---

493 *Mitteis*, Reichsrecht und Volksrecht, S. 387.
Der Sklave soll frei sein, er soll aber eine bestimmte Zeit beim Herrn bleiben und seine Befehle tadellos ausführen.

494 *Mitteis*, Reichsrecht und Volksrecht, S. 387.

495 *Mitteis*, Reichsrecht und Volksrecht, S. 387.

496 *Wagner*, Die soziale Entwicklung des Sklavenrechts in der römischen Kaiserzeit, S. 108.

497 *Paulus, Sabinus, 5.Buch*
„Stichus soll frei sein, wenn er dem Titius drei Jahre lang als Sklave gedient, oder wenn er jedem hundert Dienste geleistet haben wird." Es ist festgelegt, dass die Freiheit in dieser Form gegeben werden kann. Es kann sogar der Sklave eines anderen dienen, genauso wie ein Freigelassener oder ein a fortiori, es sei denn der Erblasser hatte Eigentum und nicht Dienste im Sinn. Daher erlangt er Freiheit, wenn der Erbe es unterbindet, Titius zu dienen. (Text aus: *Watson; Mommsen; Krüger [Hrsg.]*, The Digests of Justinian, Voll. III; Übersetzung in Anlehnung daran).

498 *Liebs*, Hofjuristen der römischen Kaiser bis Justinian, S. 68.

Statuliber stellt eine besondere rechtliche Position dar, in der unter einer aufschiebenden Bedingung die Freiheit vermacht worden ist. Offenbar ist diese rechtliche Konstellation bereits im 12-Tafel-Gesetz (7.12) verankert,[499] wie sich aus Ulp. reg. 2.1–4 und Festus ergibt.[500] Der Sklave erhielt zwar ein Anwartschaftsrecht auf die Freiheit – unterstand aber weiterhin dem Sklavenrecht.[501]

Der Sklave war grundsätzlich zur Erfüllung der Bedingung verpflichtet,[502] standen jedoch mehrere alternativ nebeneinander, war er nur zur Erfüllung der leichtesten verpflichtet. Erfüllte er die *condicio* nicht, musste er Sklave bleiben, wenn die Erfüllung nicht unmöglich gewesen bzw. geworden war.[503]

Die Freilassung unter einer Bedingung ist im römischen Recht also nur testamentarisch möglich gewesen. Erfüllte der Sklave die ihm mögliche Bedingung nach dem Tod des Erblassers nicht, blieb er Sklave. EineWiderversklavung liegt in diesen Fällen nicht vor, da der Sklave bis zur endgültigen Erfüllung der Bedingung weiterhin dem Sklavenrecht unterstand und zu keinem Zeitpunkt bereits die Freiheit erlangte.

Im Ergebnis ist festzuhalten, dass eine bedingte Freilassung – unter dem Vorbehalt der *revocatio in servitutem* – im römischen Recht nicht möglich gewesen ist.

C: Tatbestand der *actio ingrati*: Vergleich zur *actio iniuriarum*

Die Auswertung der zur *actio ingrati* zur Verfügung stehenden Quellen ergab den Zeitpunkt, ab wann eine Widerversklavung des Freigelassenen eine mögliche Rechtsfolge dieser Klage gewesen ist. Wie aber könnte der Tatbestand der Undankbarkeit ausgestaltet gewesen sein? Gab es eine Entwicklung? Die vorgenannten Quellen lassen nur teilweise Rückschlüsse zu, was in der Antike unter diesen Tatbestand gefallen sein könnte. Sie sind insgesamt – den Tatbestand betreffend – sehr vage gefasst.

Zum konkreten Tatbestand dieser Klage lässt sich aus den Stellen im Corpus Iuris Civilis nichts erschließen. Während C. 8.55.1 noch an das *obsequium* an-

---

499 *Rainer (Hrsg.)*, Prolegomena, S. 9.

500 Zur Analyse der Quelle s. S. 70 ff.

501 *Wagner*, Die soziale Entwicklung des Sklavenrechts in der römischen Kaiserzeit, S. 108.

502 *Wagner*, Die soziale Entwicklung des Sklavenrechts in der römischen Kaiserzeit, S. 110.

503 *Wagner*, Die soziale Entwicklung des Sklavenrechts in der römischen Kaiserzeit, S. 111.

knüpft, bestimmt C. 7.16.30 deutlich, dass die Verletzung dieser Verpflichtung eben nicht genügte.

Einen Aufschluss geben antike Schriften, ebenso wie andere juristische Regelungen (die sich nicht auf Freigelassene beziehen), die Dankbarkeit bzw. Undankbarkeit behandeln.

Der Begriff *gratia* findet sich in antiken Schriften häufig. Er ist Thema ganzer Abhandlungen römischer Schriftsteller. Die moralische Pflicht der Dankbarkeit thematisiert beispielsweise Seneca in *de beneficiis*. Generell nahm die *gratia* einen bedeutenden Stellenwert in der römischen Gesellschaft ein, *„sie war einer derjenigen Fäden, aus denen das Beziehungsgeflecht gewoben war, das die Oberschicht der römischen Gesellschaft vereinte und verband.*"[504]

Der Tatbestand der *actio ingrati* lässt sich im Ergebnis aber durchaus mit dem der *iniuria* vergleichen, wie D. 37.14.1 zeigt:

> *Ulpianus 9 de off. procons.*
> *Patronorum querellas aduersus libertos praesides audire et non translaticie exsequi debent, cum, si ingratus libertus sit, non impune ferre eum oporteat. sed si quidem inofficiosus patrono patronae liberisue eorum sit, tantummodo castigari eum sub comminatione aliqua severitatis non defuturae, si rursum causam querellae praebuerit, et dimitti oportet. enimvero si contumeliam fecit aut convicium eis dixit, etiam in exilium temporale dari debebit: quod si manus intulit, in metallum dandus erit: idem et si calumniam aliquam eis instruxit vel delatorem subornavit uel quam causam aduersus eos temptavit.*[505]

Diese Quelle gibt Rückschluss auf den Tatbestand der *iniuria* Klage, der mit dem der *actio ingrati* übereingestimmt haben muss. Dies begründet sich folgendermaßen: Ulpian geht differenzierter vor und nennt zusätzlich die Möglichkeit der *relegatio* (hier gemeint mit dem Ausdruck „*exilium temporale*"). Einige der hier

---

504 *Paulus*, Die Idee der postmortalen Persönlichkeit im römischen Testamentsrecht, S. 65.

505 *Ulpian, Pflichten des Prokonsul, 9. Buch*
Statthalter sollten die Klagen der Patrone gegen ihre Freigelassenen zulassen, und sie nicht nachlässig betreiben, sie dürfen es nicht ungestraft lassen, wenn ein Freigelassener sich undankbar verhält. Beträgt sich ein Freigelassener gegen seinen Patron oder seine Patronin, oder deren Kinder nicht so, wie es seine Pflicht ist, so muss er mit den Worten unter der Androhung nicht auszubleibender Strafen zur Ordnung verwiesen und dann entlassen werden. Hat er ihnen aber eine Injurie angetan oder sie beschimpft, so darf er auch mit der zeitlich begrenzten Verweisung (Exil) bestraft werden; aber wenn er Gewalt gegen sie ausgeübt hat, muss er zur Bergwerksarbeit verurteilt werden, das selbe gilt, wenn er sie verleumdet hat, einen Angeber gegen sie aufgestellt oder sonst etwas gegen sie getan hat. (Text aus: *Watson; Mommsen; Krüger [Hrsg.]*, The Digests of Justinian, Voll. III; Übersetzung in Anlehnung daran).

genannten Vergehen (*contemnere, contumelia, convicium, manus inferre*) erfüllen zudem den Tatbestand der *iniuria*.[506] Im Ergebnis handelte es sich somit bei der *actio ingrati* um eine generelle Klageart, die Vergehen – die sich gegen die *mos maiorum* richteten – in einem Prozess verfolgte.[507]

Parallelen zur Entwicklung der *actio ingrati* sind erkennbar: Wie aus D. 50.16.70 hervorgeht, war diese Klageart auch bereits im 12-Tafel-Gesetz verankert gewesen. Beide behandeln ein persönliches Recht, das aus einem ehemals moralisch-sittlichen Bereich in den Rechtsbereich transportiert wurde. Im Laufe der Entwicklung nahm die *actio ingrati* Tatbestände auf, die körperliche Eingriffe voraussetzten.

Zwischen D. 1.12.10 und D. 25.3.5.20, die beide von Ulpian stammen, lassen sich gewisse Parallelen ziehen.[508] Aus D. 1.12.10 von Ulpian geht Folgendes hervor:

> *Ulpianus l.S. de off. praef. urb.*
> *Cum patronus contemni se a liberto dixerit vel contumeliosum sibi libertum queratur vel convicium se ab eo passum liberosque suos vel uxorem vel quid huic simile obicit: praefectus urbi adiri solet et pro modo querellae corrigere eum. aut comminari aut fustibus castigare aut ulterius procedere in poena eius solet: nam et puniendi plerumque sunt liberti. certe si se delatum a liberto vel conspirasse eum contra se cum inimicis doceat, etiam metalli poena in eum statui debet.*[509]

An dieser Stelle sind in der Tat deutliche Parallelen zu einer Klage wegen Undankbarkeit zu finden. Der Begriff taucht hier nicht ausdrücklich auf, jedoch handelt der Freigelassene hier respektlos und ehrverletzend gegenüber seinem Gönner. Genau diese Verhaltensweisen fallen unter eine *actio ingrati*, die jedoch allgemeiner formuliert ist. So ist inhaltlich der Tatbestand der *iniuria* mit der der Undankbarkeit vergleichbar.[510]

Aus einer späteren Quelle von Paulus in den D. 37.14.19 geht hervor:

---

506 *Wojciech*, Die Stadtpräfektur im Prinzipat, S. 103.

507 *Wojciech*, Die Stadtpräfektur im Prinzipat, S. 102.

508 So *Wojciech*, Die Stadtpräfektur im Prinzipat, S. 103.

509 *Ulpian in der Einzelschrift über das Amt des Stadtpräfekten*
Wenn ein Freilasser vorträgt, er werde von seinem Freigelassenen verächtlich behandelt oder wenn er sich über üble Nachrede eines Freigelassenen beschwert oder den Vorwurf erhebt, er, seine Kinder oder seine Gattin hätten von ihm eine öffentliche Schmähung oder ähnliches erlitten, dann wird in der Regel der Stadtpräfekt angerufen und dieser wird den Freigelassenen je nach Art der Beschwerde zur Rechenschaft ziehen. (Text und Übersetzung aus: *Behrends; Knütel; Kupisch; Seiler [Hrsg.]*, Corpus Iuris Civilis, Digesten 1–10).

510 *Wojciech*, Die Stadtpräfektur im Prinzipat, S. 103.

Paulus 1 sent.
Ingratus libertus est, qui patrono obsequium non praestat uel res eius filiorumue tutelam administrare detractat.[511]

Die Quelle stammt zwar aus den nachklassischen Paulussentenzen. Sie geht auf die Klassik zurück, indem sie ursprünglich der dem Sittenbereich angehörende Begriff *ingratus* mit der Pflicht zum *obsequium* erläutert.[512]

Es lässt sich jedoch auch eine Parallele zu D. 25.3.5.20 von Ulpian ziehen:

Ulpianus 2 de off. cons.
Utrum autem tantum patroni alendi sint an etiam patronorum liberi, tractari potest. et puto causa cognita iudices et liberos quoque patronorum alendos decernere, non quidem tam facile ut patronos, sed nonnumquam et ipsos: nam et obsequium non solum patronis, verum etiam liberis eorum debere praestari.[513]

Neben moralischen Aspekten kommt noch eine Verletzung von einem tatsächlichen Aufgabenbereich hinzu, den der Freigelassene erfüllen sollte. Die Abgrenzung des sittlich-moralischen Bereiches von faktisch zu erledigenden Aufgaben wird besonders deutlich. Der Begriff des *obsequium* trennt sich eindeutig von den *res* – den Angelegenheiten. Daraus ergibt sich eine Ausdehnung des Pflichtenkreises für den Freigelassenen über die Antike: Von gewohnheitsrechtlichen sittlichen Vorschriften in tatsächliche Verhaltensweisen. Dies ist auch bei der *actio ingrati* zu erkennen. Ursprünglich waren damit ehrverletzende, aus Sicht des antiken römischen Bürgers moralisch verwerfliche Verhaltensweise gemeint, die in alter Zeit eingehalten und respektiert wurden, ohne dass sie ausdrücklich rechtlich fixiert waren – hin zu weiteren Verhaltenskodizes.

---

511 *Paulus, Ansichten, 1. Buch*
Ein undankbarer Freigelassener ist derjenige, der dem Freilasser keinen Gehorsam leistet oder sich weigert, dessen Angelegenheiten zu führen oder die Vormundschaft der Kinder auszuüben. (Text aus: *Watson; Mommsen; Krüger [Hrsg.]*, The Digests of Justinian, Vol. III.; Übersetzung aus: Wojciech, Die Stadtpräfektur im Prinzipat, S. 103, Fn. 451).

512 *Kaser*, in: ZRG 58 (1938), S. 114.

513 *Ulpian, 2. Buch über das Amt des Konsuls*
Ob aber nur den Freilassern Unterhalt zu leisten ist oder auch den Kindern der Freilasser, kann man überlegen. Und ich meine, dass die Richter nach Voruntersuchungen die Entscheidung treffen können, dass auch den Kindern der Freilasser Unterhalt zu leisten ist, jedoch nicht so selbstverständlich wie den Freilassern, sondern nur gelegentlich auch den Kindern; denn auch die Ehrerbietung muss nicht allein den Freilassern, sondern auch ihren Kindern entgegengebracht werden. (Text und Übersetzung: *Behrends; Knütel; Kupisch; Seiler [Hrsg.]*, Corpus Iuris Civilis, Digesten 21–27).

Parallelen weist auch D. 26.10.2 von Ulpian zu diesem oben genannten Pflichtenkreis auf:

Ulpianus 1 de omn. trib.
Libertus quoque si fraudulenter gessisse tutelam filiorum patroni probetur, ad praefectum urbis remittetur puniendus.[514]

Während sich in den sonstigen Digestenstelle keine Rechtsfolge oder „Zuständigkeit" finden lässt, übernimmt vorliegend der Stadtpräfekt die Bestrafung, *puniendus*.

Einen Hinweis auf den Tatbestand der Undankbarkeit findet sich in D. 37.15.11 von Papinian:

Papinianus libero tertio decimo responsorum.
Liberta ingrate non est, quod arte sua contra patronae uoluntatem utitur.[515]

An dieser Stelle ist auffällig, dass sie eine geschlechtliche Unterscheidung zwischen Freigelassenen und Freigelassener macht. Die Quelle nennt auch ein Negativbeispiel, das nicht unter den Tatbestand der *actio ingrati* fällt.

Es gibt nur Anhaltspunkte für die Ausfüllung des Tatbestandes der *actio ingrati*. Es bestehen aber Parallelen zur *iniuria*. Während der Tatbestand ursprünglich aus festen, anerkannten – jedoch rechtlich nicht fixierten Voraussetzungen – bestand, gestaltete man nach und nach rechtliche Regelungen, die von einem sittlich-moralischen Bereich auch die Verletzung von zunehmenden Aufgaben beinhalteten.

Schwere Vergehen des undankbaren Freigelassenen ahndete man mit der Verurteilung *in metallum*. Der Betroffene wurde zum *servus poenae*.[516] Aus D. 48.19.10 pr. geht diesbezüglich hervor:

Macer 2 de publ. iudic.
In seruorum persona ita obseruatur, ut exemplo humiliorum puniantur. et ex quibus causis liber fustibus caeditur, ex his seruus flagellis caedi et domino reddi iubetur: et ex quibus

---

514 *Ulpian im 1. Buch über sämtliche Gerichtsbehörden*
Auch wenn der Freigelassene überführt wird, die Vormundschaft der Söhne des Freilassers betrügerisch ausgeübt zu haben, wird er der Stadtpräfektur zwecks Bestrafung übergeben. (Text aus: *Behrends; Knütel; Kupisch; Seiler [Hrsg.]*, Corpus Iuris Civilis, Digesten 21–27; Übersetzung aus: *Wojciech*, Die Stadtpräfektur im Prinzipat, S. 103, Fn.451).

515 *Papinian, Antworten, 3. Buch*
Eine Freigelassene ist nicht undankbar, wenn sie ihrem Beruf gegen den Willen ihrer Patronin ausübt. (Text aus: *Watson; Mommsen; Krüger [Hrsg.]*, The Digests of Justinian, Vol. III; Übersetzung in Anlehnung daran).

516 *Wojciech*, Die Stadtpräfektur im Prinzipat, S. 105.

liber fustibus caesus in opus publicum datur, ex his seruus, sub poena vinculorum ad eius temporis spatium, flagellis caesus domino reddi iubetur. si sub poena uinculorum domino reddi iussus non recipiatur, uenumdari et, si emptorem non inuenerit, in opus publicum et quidem perpetuum tradi iubetur.[517]

Macer macht einen deutlichen Unterschied zwischen der Bestrafung eines *libertus* und der eines *servus*. Die Quelle spricht aber nur von einer Zurückführung des Sklaven zu seinem Herrn – nicht jedoch der Freigelassene seinem Patron.

D: Prozessuale Ausgestaltung

Neben den materiellen Voraussetzungen und der rechtlichen Entwicklung der *actio ingrati* in der Antike ist auch deren prozessuale Ausgestaltung von Interesse. Wie die gerichtliche Durchsetzung der *actio ingrati* ausgestaltet? Trug man die Klage in der Frühzeit gerichtlich oder im Rahmen der Hausgerichtsbarkeit aus?

Starke Entwicklungen von einer ursprünglichen Hausgerichtsbarkeit bis zu Beginn der Kaiserzeit, hin zu einem staatlichen Verfahren sind zu beobachten. Zudem ist eine Tendenz zu erkennen, dass man sowohl die tatbestandlichen rechtlichen Voraussetzungen, als auch die Gerichtsbarkeit zunehmend von den Sklaven auf die Freigelassenen übertrug.[518]

I. Hausgerichtsbarkeit

1.) Frühere Bedeutung der Hausgerichtsbarkeit

a.) Allgemeines zur Hausgerichtsbarkeit

Zur Entlastung der staatlichen Gerichte richtete man eine parallel bestehende Hausgerichtsbarkeit in der Antike ein. Dies hatte zur Folge, dass bei weitem nicht alle Streitfälle vor öffentliche Gerichte kamen. In einigen Fällen war dies sogar

517 *Macer, Kriminalverfahren, 2. Buch*
Bei Sklaven ist die Regel zu beobachten, dass sie wie Personen niederen Ranges bestraft werden. Aus demselben Grund wie ein Freigelassener mit der Zuchtrute geschlagen wird, wird ein Sklave mit Peitschenhieben geschlagen und zu seinem Herrn zurückgebracht; und aus diesen Gründen wird ein Freigelassener, nachdem er mit der Rute geschlagen wurde, in Zwangsarbeit gebracht; ein Sklave in Fußfesseln wird mit der Peitsche geschlagen und dann zu seinem Herrn zurückgebracht Wenn er dazu verpflichtet wird mit der Strafe der Fessel zu seinem Herrn zurückgebracht werden, er aber nicht dorthin gebracht wird, muss er verkauft werden und wenn kein Käufer gefunden wird, wird er zur unbegrenzten Zwangsarbeit verurteilt. (Text aus: *Watson; Mommsen; Krüger [Hrsg.]*, The Digests of Justinian, Vol. IV; Übersetzung in Anlehnung daran).

518 *Wojciech*, Die Stadtpräfektur im Prinzipat, S. 101, Fn.438.

unmöglich. Insbesondere bei der Hausgewalt des *pater familias* über seine Hausangehörigen – die bis in die Kaiserzeit fast uneingeschränkt gewährt wurde – war dies der Fall.[519] Generell löste man im Prinzipat und zu Beginn der Kaiserzeit familiäre Streitigkeiten eher innerhalb der Hausgerichtsbarkeit und übergab sie nicht der staatlichen Gewalt.[520] Gründe dafür mögen zum einen in der Wahrung des privaten Bereiches liegen, aber auch in der Prozessökonomie. Es ging schneller und problemloser, familiäre Interna drangen nicht an die Öffentlichkeit.

Gerade im familiären Bereich ist die staatliche Gerichtsbarkeit vollkommen ausgeschlossen gewesen.

Nicht nur bei engen Familienangehörigen, auch bei Streitigkeiten mit Sklaven erlangte die Hausgerichtsbarkeit sehr große Bedeutung. Die Sklaven waren zu unbedeutend und nicht schützenswert, um eine Rolle in der staatlichen Gerichtsbarkeit zu spielen. Sie unterstanden voll und ganz der Gewalt und auch Willkür ihres Herrn. Da Sklaven im Haus ihres Herrn lebten, schrieb man diesen Bereich auch der Privatsphäre zu. Der Staat hielt sich heraus. Aufgrund dieser verminderten Nutzung der Gerichte, ist die Anzahl der in Haft sitzenden Sklaven und Familienmitglieder zu dieser Zeit sehr gering gewesen.[521]

Über die genaue rechtliche Ausgestaltung der Hausgerichtsbarkeit, zum Teil auch *iudicium domesticum* genannt, besteht jedoch keine Einigkeit. Dieses Thema wird an dieser Stelle jedoch auch nicht weiter verfolgt, da es für die *actio ingrati* nicht von Bedeutung ist. Vorliegend steht die Hausgerichtsbarkeit bei Freigelassenen im Vordergrund.

b.) Hausgerichtsbarkeit bei Freigelassenen

Neben Söhnen und Sklaven fielen auch Freigelassene unter die Hausgerichtsbarkeit ihres ehemaligen Patrons.[522] Es zeichnet sich ab, dass dies bis zu Beginn der Kaiserzeit so fortbestand. „*Die tatsächliche zeitliche oder dauernde Unterwerfung des Freigelassenen unter seinen (Anm. des Patrons) Willen*" kann daraus allerdings nicht geschlossen werden.[523] Innerhalb dieser Hausgewalt, die in der Hausgerichtsbarkeit verankert ist, konnte er sich zwar aller Zuchtmittel bedienen – trotz allem basierte diese nicht auf totaler Willkür des Freilassers.[524] Die

---

519 *Krause*, Gefängnisse im Römischen Reich, S. 46.
520 *Krause*, Gefängnisse im Römischen Reich, S. 47.
521 *Krause*, Gefängnisse im Römischen Reich, S. 47 ff.
522 *Kunkel*, in: ZRG 85 (1968), S. 279.
523 so *Kaser*, in: ZRG 58 (1938), S. 98.
524 *Kaser*, in: ZRG 58 (1938), S. 98.

häusliche Hausgerichtsbarkeit „ersetzte" dabei die Herrschaft im Rahmen der *potestas*, die nur bei Sklaven galt.[525]

Warum aber fiel der Freigelassene unter die Hausgerichtsbarkeit? Regelmäßig lebte der *libertus* zwar in der Wohnung seines ehemaligen Herrn, oder zumindest in dessen Umgebung. Diese Unterstellung begründet sich damit, dass der Freigelassene noch zum Hausverband des Patrons gehörte. Hier fand keine Differenzierung zum Sklaven statt. Dabei fand keine Unterscheidung statt, ob der betreffende *libertus* vielleicht rechtlich einer anderen Hausgewalt unterworfen ist.[526] Parallelen zu einer Vater-Sohn-Beziehung bestehen. Der Freigelassene ist auch einem *filius* gleichgestellt.

2.) Zurückdrängung der Hausgerichtsbarkeit

In der Kaiserzeit ist die Hausgerichtsbarkeit zunehmend in den Hintergrund gerückt und nahm an Bedeutung ab. Man entschied vermehrt Streitigkeiten aus dem privaten Bereich vor ordentlichen Gerichten. Speziell am *pater familias* zeigt sich dies deutlich, dessen Befugnisse sich in der Spätantike immer mehr verringerten. Das Hausgericht bestand jedoch noch lange Zeit fort.

Auch bezüglich der Freigelassenen fand eine Schwächung der Hausgewalt statt. Die *liberti* sollten vor den ordentlichen Gerichten angeklagt werden.

D. 1.12.1.2:

Ulpianus l.S. de off. praef. urb.
Sed et patronos egentes de suis libertis querentes audiet, maxime si aegros se esse dicant desiderentque a libertis exhiberi.[527]

Der Stadtpräfekt war also zuständig für die *querentes* der Patrone. In früherer Zeit fielen solche Tatbestände unter die Hausgerichtsbarkeit.

Aus D. 1.16.9.3 ergibt sich sogar ein Züchtigungsrecht von *liberti* durch den Prokonsul ohne streitige Verhandlung:

Ulpianus 1 de off. procons.
De plano autem proconsul potest expedire haec: ut obsequium parentibus et patronis liberisque patronum exhiberi iubeat: comminari etiam et terrere filium a patre oblatum, qui

---

525 *Kaser*, in: ZRG 58 (1938), S. 119.

526 *Kaser*, in: ZRG 58 (1938), S. 102.

527 *Ulpian in der Einzelschrift über das Amt des Stadtpräfekten*
Aber er (Anm.: praefectus urbi) gewährt auch den bedürftigen Freilassern Gehör, die sich über ihre Freigelassenen beschweren, besonders wenn sie vortragen, krank zu sein, und von den Freigelassenen Unterhalt begehren. (Text und Übersetzung aus: *Behrends; Knütel; Kupisch; Seiler [Hrsg.]*, Corpus Iuris Civilis, Digesten 1–10).

non ut oportet conversari dicatur, poterit de plano: similiter et libertum non obsequentem emendare aut verbis aut fustium castigatione.[528]

Aus D. 25.3.6.1 ergibt sich eine Mischung aus dem Überbleibsel der Hausgewalt und dem staatlichen Rechtsapparat:

Modestinus l.S. de manumiss.
Imperatoris commodi constitutio talis profertur: " cum probatum sit contumeliis patronos a libertis esse violatos vel illata manu atroci esse pulsatos aut etiam paupertate vel corporis valetudine laborantes relictos, primum eos in potestate patronorum redigi et ministerium dominis praebere cogi: sin autem nec hoc modo admoneantur, vel a praeside emptori addicentur et pretium patronis tribuetur".[529]

Erst wenn die Herrschaftsgewalt des Freilassers, „*potestate patronorum*", keine Wirkung erzielte („*sin autem nec hoc modo admoneantur*"), spricht der Konsul oder Provinzstatthalter den Freigelassenen (als servus) einem Käufer zu. Das Urteil des Staates stellt eine *ultima ratio* dar.

Aus C. 6.3.5 ergibt sich ebenfalls die Verflüchtigung der Hausgewalt über Freigelassene:

Imperator Antoninus
Mater tua ab eo, quem ex causa fideicommissi manumisit, operas impositas petere non potest, nisi eius tantummodo temporis, quo eum ante manumisit, quam dies fideicommissae

---

528 *Ulpian, 1. Buch über das Amt des Prokonsul*
Ohne streitige Verhandlung kann der Prokonsul aber folgende Sachen erledigen; zum Beispiel anordnen, den Eltern, Freilassern und deren Kindern Gehorsam zu erweisen; ferner kann er auch den ihm vom Vater vorgeführten Sohn, der sich laut Vortrag nicht benommen haben soll, wie es sich gehört, ohne streitige Verhandlung bedrohen und in Furcht versetzen. Gleichermaßen kann er einen ungehorsamen Freigelassenen mit Worten oder durch Züchtigung mit Stockschlägen zu bessern suchen. (Text und Übersetzung aus: *Behrends; Knütel; Kupisch; Seiler [Hrsg.]*, Corpus Iuris Civilis, Digesten 1–10).

529 *Modestin in der Einzelschrift über Freilassungen*
Aus einer bestimmten Konstitution des Kaisers Commodus ergibt sich: "Ist bewiesen worden, dass die Freilasser von ihren Freigelassenen mit Schmähungen beleidigt oder in handgreiflicher Weise unter Anwendung roher Gewalt geschlagen oder auch, während sie arm oder gebrechlich waren, im Stich gelassen werden sind, dann müssen die Freigelassenen als erstes wieder unter die Herrschaftsgewalt ihrer Freilasser gebracht und gezwungen werden, diesen als ihren Eigentümer Dienste zu leisten. Lassen sie sich aber auf diese Weise nicht belehren, dann sind sie vom Konsul oder vom Provinzstatthalter einem Käufer (als Sklaven) zuzusprechen und der Kaufpreis ist den Freilassern zuzweisen. (Text und Übersetzung aus: *Behrends; Knütel; Kupisch; Seiler [Hrsg.]*, Corpus Iuris Civilis, Digesten 21–27).

libertatis existeret. sed nisi ei honorem patronis debitum exhibuerit, adeat competentem iudicem pro modo admissi vindicaturum. (212)[530]

Erbrachte der Freigelassene seine geschuldete Ehrfurcht („*operas*") nicht, musste die betreffende Person ihre Ansprüche vor Gericht verfolgen. Eine Möglichkeit der „privaten Regelung" im Rahmen der Hausgewalt und des Hausgerichtes stand hier nicht mehr zur Verfügung.

Warum verflüchtigte sich die Hausgerichtsbarkeit derart? Man hielt die traditionellen, gewohnheitsrechtlichen Regeln der Gemeinschaft nicht mehr in einer angemessenen Form ein, so dass die Notwendigkeit einer rechtlichen Ausgestaltung bestand. Zudem stieg die Zahl der Freigelassenen, was die „Probleme" erhöhte und neue Fallgestaltungen und Streitigkeiten hervorbrachte.[531] Die volle „Verrechtlichung" der Freilassung setzt am Beginn der Republik an.[532]

Prozessual anzumerken ist noch, dass der Freilasser sich auch durch einen Prozessvertreter vertreten lassen konnte. Ebenso konnte sich der Freigelassene auch durch einen solchen verteidigen – wie aus D. 3.3.35.1 hervorgeht. Die Freilassung hatte oft sogar den Zweck, den Freigelassenen als *procurator* einzusetzen. Dieser konnte sich dem auch nicht entziehen, da dies einen Teil des *obsequium* darstellte (D. 37.14.19).[533]

II. Zwischenergebnis

Welche Schlüsse lassen sich aus den Untersuchungen ziehen?

Der Tatbestand der *actio ingrati* ist durchaus mit der *actio iniuriarum* vergleichbar, wie diverse Digestenstellen zeigen. Bei der Klage gegen undankbare Freigelassene handelte es sich um eine Klage, mit der Vergehen, die sich gegen den *mos maiorum* richteten, verfolgt werden konnten. Ihre Tatbestände erfuhren eine immer weiterreichendere Auslegung und eine Transformation aus dem sittlichen-moralischen, in den rechtlichen Bereich. Im weiteren Verlauf fielen sogar körperliche Vergehen in den Tatbestand.

---

530 *Kaiser Antoninus*
Deine Mutter kann von demjenigen, welchem sie entsprechend einem Fideikommiss freigelassen hat, die auferlegten Dienste nicht fordern, als nur für die Zeit, die sie ihn früher freigelassen hat, als der Zeitpunkt der fideikommissischen Freilassung eingetreten war. Sollte er ihr aber die einem Freilasser schuldige Ehrfurcht verweigern, so steht ihr das Recht zu, ihre Ansprüche vor dem zuständigen Richter zu verfolgen. (212)
(Text aus: *Krüger*, Codex Iustinianus; eigene Übersetzung).

531 *Wojciech*, Die Stadtpräfektur im Prinzipat, S. 101.

532 *Kaser*, in: ZRG 58 (1938), S. 95.

533 *Gröschler*, Die „tabellae"-Urkunden, S. 128.

Der konkrete Tatbestand der *actio ingrati* lässt sich insgesamt jedoch nicht genau rekonstruieren. Da Dankbarkeit und Undankbarkeit dem moralischen und sittlichen Bereich entstammen und sich mit der Gesellschaftsentwicklung verändern, wandelte sich auch der Tatbestand der Klage mit solchen Entwicklungen.

Eben solche Entwicklungen zeigen sich auch prozessual: Während die *actio ingrati* in der Frühantike klassischerweise in den Bereich der Hausgerichtsbarkeit im Rahmen der Patronatsgewalt fiel, wird diese ab der Kaiserzeit stark zurückgedrängt. Der Freilasser muss auf staatliche Hilfe zurückgreifen. Eine staatliche „Verrechtlichung" ist auch hier zu erkennen. Während man moralische Fragestellungen üblicherweise im Hausverband regelte, treten nun staatliche Organe und Regelungen auf. Eine „Verlagerung" vom Privatbereich des Patronats auf den Staat findet statt. Insgesamt nahmen die Befugnisse des *pater familias* über seinen Hausverband immer weiter ab. D. 1.12.1.2 spricht von einer Zuständigkeit des Stadtpräfekten für Klagen gegen Freigelassene. Nach D. 1.16.9.3 konnte der Prokonsul für die züchtige Behandlung von *liberti* ohne streitige Verhandlung sorgen. D. 25.3.6.1 zeigt die „Zwischenstufe": Hier wird eine Mischung aus Hausgewalt und staatlichen Organen geschaffen, in der letztere als *ultima ratio* zuständig sind.

Gründe dafür finden sich in den Umwälzungen innerhalb der Gesellschaft zu dieser Zeit. Die alten Verhaltensmuster funktionierten in der Form nicht mehr und der Freigelassene erhielt über staatliche Organe mehr Schutz als innerhalb des Hausverbands.

§ 4: Fazit

I. Zusammenfassung der Ergebnisse zur Freilassung in der römischen Antike

Die Vielschichtigkeit der rechtlichen und sozialen Situation des Freigelassenen wurde dargestellt. Besonders in seiner sozialen Stellung ist der *libertus* als solcher nicht einzuordnen – seine konkrete Situation hing von der individuellen Lebensform ab. Ihm lastete ein sozialer Makel an, den er zeitlebens nicht mehr verlor (S. 41 ff.). Nicht eindeutig feststellbar ist, wie stark der Wunsch bzw. die Hoffnung nach Freilassung bei dem einzelnen Sklaven ausgeprägt gewesen ist. Nicht zu unterschätzen ist allerdings, dass der Freigelassene nach der *manumissio* auf eigenen Beinen stehen musste und keine finanzielle Sicherheit seines Freilassers mehr genoss (S. 47 ff.). Die Wahrscheinlichkeit der Freilassung für einen Sklaven, hing von zwei wesentlichen Faktoren ab: seiner persönlichen Nähe zu seinem Freilasser und der Zeitpunkt, zu dem er lebte, da man in der Antike unterschiedlich stark in das Freilassungswesen eingriff (S. 51 ff.). Besonders Augustus reglementierte Freilassungen besonders stark. Er erschwerte sie, indem er Regelungen wie die *Lex Iulia*, *Lex Aelia Sentia* und *Lex Papia* erließ (S. 53 ff.). Die Motive für Freilassungen sind vielseitig und reichen über altruistische (Dankbarkeit, Liebesbeziehungen zwischen Herrn und Sklavin oder ähnlichem), über Prestige und finanziellen Motiven (S. 48 ff.).

Die rechtliche Situation des Freigelassenen kann klarer als seine soziale umrissen werden. Die Regelungen zum Patronats-verhältnis gehen bereits auf das 12-Tafel-Gesetz (8.21) zurück. Dies ergibt sich aus den Überlieferungen von Gaius (Inst. 4.14). Bereits früh wurde auf diese Weise eine rechtliche Grundlage für das Patronat gelegt (S. 68 ff.). Vor der Freilassung stand der *libertus* vollkommen unter der *patria potestas* (S. 59 ff.). Ihn verband nach wie vor eine starke Beziehung zu seinem Freilasser. Diese Verbindung ist mit einer Vater-Sohn-Beziehung vergleichbar (S. 63 ff.). Nach der Freilassung konnte er ein eigenständiges Leben führen und genoss die Vorteile des römischen Bürgerrechts (S. 60 ff.).

Diese Ergebnisse führen zu dem Kernpunkt der Arbeit: Welche Veränderungen traten für den Freigelassenen ein? War er aufgrund der Verpflichtungen, die ihm nach der *manumissio* auf erlagen, so stark eingeschränkt, dass sich keine wesentlichen Veränderungen für sein Leben ergaben? Mit anderen Worten: Erlangte er mit der Freilassung Freiheit? Wie weit reichte diese? Diese Fragestellung ist untrennbar mit der Frage nach der Beständigkeit von Freilassungen verbunden.

Die bisherige Forschung hat diese beiden Aspekte bislang nicht angemessen verknüpft.

Im Ergebnis ist festzuhalten: Der Freigelassene hatte eine Vielzahl von Verpflichtungen zu erfüllen – einige davon lebenslang, wie das *obsequium* (S. 79 ff.). Die Verpflichtungen lassen sich mit den Worten *operae*, *obsequium*, *reverentia*, *verecundia*, *honor* und *pietas* beschreiben. Davon spielten vor allem die Begriffe *obsequium* und *operae* im Patronatsverhältnis eine bedeutende Rolle. Der Corpus Iuris Civilis überliefert eine Vielzahl von Regelungen. Aus den *operae* lässt sich keine vollkommene Unterdrückung schließen – sie stellen lediglich einen Ausgleich für die Freilassung dar (S. 77 ff.). Auch das *obsequium* gab dem Freilasser keine weitreichenden Befugnisse und stellte insbesondere in der Republik keine Rechtspflicht dar (S. 79 ff.).

In der Frühzeit sind diese Verpflichtungen rechtlich nicht fixiert, sie entstammten aus dem Gewohnheitsrecht. Nichtsdestotrotz sind bereits im 12-Tafel-Gesetz Regelungen zum Patronatsverhältnis zu finden. Während dieser Zeit waren die Rechte des Freigelassenen noch stark ausgeprägt, er genoss einen gewissen Schutz nach der Freilassung. Zum Schutz der Freigelassenen vor Ausbeutung nach der *manumissio* erließ Prätor Rutilius bereits im 1. Jahrhundert vor Christus eine Regelung (D. 38.2.1.1), die den *libertus* vor zu großen Forderungen seines ehemaligen Herrn schützte. Zuvor sprachen die Prätoren härteste Strafen gegenüber den Freigelassenen aus (S. 74 ff.).

In der Kaiserzeit fand eine besondere Ausgestaltung des Patronatsverhältnisses statt. Die Verpflichtungen des Freigelassenen wurden rechtlich fixiert und deutlich ausgeweitet.

Insgesamt ist zur Reichweite der Patronatsgewalt festzuhalten: Den Freigelassene und seinen Freilasser verband lebenslänglich eine besondere Beziehung. Zuerst aufgrund einer moralisch-sittlichen Pflicht, die sich aus dem Gewohnheitsrecht ergab, später durch eine Vielzahl rechtlicher Regelungen. Die Freiheit des *libertus* ist nicht am heutigen Freiheitsbegriff zu messen. Dieser meint die vollkommene Autonomie eines Subjektes. Von einer vollen, uneingeschränkten Freiheit kann im Ergebnis nie gesprochen werden. Der Freigelassene schuldete dem Freilasser zeitlebens etwas (*obsequium* etc.), das die beiden verband. Dass der Freilasser jedoch allein aus der Patronatsgewalt die Möglichkeit der Wiederversklavung hatte, ist zu verneinen. Zwar umfasste dieses Gewaltverhältnis zahlreiche Rechte, wer jedoch einmal frei war, konnte nur aufgrund einer besonderen Klage, der *actio ingrati*, wieder in die Sklaverei zurückversetzt werden (S. 87 ff.).

II. Zusammenfassung der Ergebnisse zur *revocatio in servitutem* als Folge der *actio ingrati*

Aufgrund der *actio ingrati* ist eine Wiederversklavung nicht ohne weiteres möglich gewesen. Auch hier zeigt sich ein gewisser Schutz des Freigelassenen vor solch harten Strafen: Erst unter Konstantin ist eine Wiederversklavung in C. 6.7.2 pr. belegt. Die Verfehlungen des undankbaren Freigelassenen werden mit den Begriffen *iactantia*, *contumacia* und *culpa levis offensa* beschrieben (S. 93 ff.). Der Freigelassene kommt bei Erfolg der Klage wieder unter die Herrschaft des Patrons („*a patronis rusus sub imperia dicionemquemittatur*"). C. Th. 4.10.1 überliefert die Stelle mit fast gleichem Wortlaut. Lediglich der Zusatz „*tantum iuria adversa sunt*" wurde hinzugefügt, was die Wortwahl „schärfer" klingen lässt. C. Th. 4.10.2 regelt, dass die Klage auch für von den Erben des Freilassers geltend gemacht werden kann (S. 94).

Zuvor war dies bei schweren, körperlichen Delikten in Einzelfällen möglich. Die *actio ingrati* geht bereits auf das 12-Tafel-Gesetz zurück (D. 50.16.70 und D. 40.9.30 pr.), sah jedoch nicht immer die *revocatio in servitutem* als Rechtsfolge vor.

Bereits aus Cicero *Att.* 7.2.8 geht hervor, dass gegen undankbare Freigelassene lediglich eine juristische List (das Leugnen der Freilassung) ergriffen werden konnte, um den Freigelassenen wiederzuversklaven. Der *libertus* stand noch unter der Hausgewalt des Freigelassenen – genoss aber dennoch starken Schutz. In der Republik fanden weitestgehend keine staatlichen Eingriffe in das Patronatsverhältnis statt (S. 95 ff.).

Auch unter Augustus ergibt sich kein anderes Bild (§ 3, A III): Die Wiederversklavung war nicht möglich. Der mit der *actio ingrati* angeklagte *libertus* ist moralisch und rechtlich durch die *infamia* sozial stigmatisiert. Überliefert ist D. 50.16.70 die bestimmt, wer Kläger der *actio ingrati* beim Tod des Freilassers sein kann. Gerade in der stark von Moral und Sitte geprägten römischen Gesellschaft bedeutete dies auch den Ausschluss aus öffentlichen Ämtern.[534] Hier erfolgte ein klarer Transport vom Sitten- in den Rechtsbereich.[535]

Die Wiederversklavung von *dediticii* unter Augustus ergibt sich aus den Gaius Institutionen 1.27 (S. 102 ff.) – die *revocatio in servitutem* als politisches Mittel aus App. *Bella civilia* 5.131 (S. 103 ff.). Letztlich handelt es sich bei diesen Maßnahmen aber um Einzelfallentscheidungen, die nicht aufgrund einer gesetzlichen Regelung gefällt wurden.

---

534 *Ebert*, Pönale Elemente im deutschen Privatrecht, S. 39.

535 *Bellen*, Politik – Recht – Gesellschaft, S. 206.

Römische Philosophen griffen das Thema der *actio ingrati* vielfach auf. Diverse Schriften thematisieren moralisch undankbares Verhalten und die möglichen Konsequenzen aus einer solchen Haltung. Seneca der Ältere behandelte die *actio ingrati* in den *Contr.* 2.5 und 9.5 pr. (S. 105 ff. und S. 109 ff.). Thema der Abhandlungen ist jedoch immer nur die zwischenmenschliche Undankbarkeit – unabhängig von den Freigelassenen. Die intensive Behandlung der Fragestellung, wie mit undankbaren Verhalten rechtlich umzugehen ist, deutet auf eine Brisanz und großes Interesse an diesen Themen hin. Aufgrund des gesellschaftlichen Umbruchs drang die Thematik noch nicht ganz in das Recht durch. Insbesondere das Klientelsystem und die Einstellung der Römer zu unentgeltlichen Gaben verdeutlicht diese Brisanz (S. 113 ff.). Auch Quintilian widmete sich dem Thema (S. 131 ff.).

Von Sueton ist eine Stelle in *Claudius* 25 überliefert, nach der in Einzelfällen aufgrund der *actio ingrati* wiederversklavt werden konnte (S. 114 ff.). Auch aus Cassius Dio 60.28.1 (S. 115 ff.) und D. 37.14.5 pr. (S. 116 ff.) ergeben sich Hinweise für eine solche Einzelfallentscheidung, die auch das Volk nach Cassius Dio unterstützte (S. 115).

Neben seinem Vater, Seneca dem Älteren, befasste sich auch sein Sohn – Seneca der Jüngere – mit der Thematik der rechtlichen Behandlung von Undankbarkeit. Er spricht lediglich von zwischenmenschlicher Undankbarkeit und bezieht seine Ausführungen nicht auf das Freigelassenenpatronat. Dass die *actio ingrati* bereits in der *Lex Aelia Sentia* vorzufinden gewesen ist (D. 50.16.70), muss ihm bekannt gewesen sein (S. 118). Seneca verweist auf den griechischen Rechtsraum (S. 119 ff.). Dort befasste sich Valerius Maximus in den *Facta et Dicta memorabilia* ebenfalls mit der Thematik. Unter 2.6.6 lobte er die *accusatio ingrati liberti* bei den Athenern und in Massilia, die dort die *revocatio in servitutem* zur Folge hatte (S. 120 ff.). Tatsächlich ist während des Zeitraums der *paramone*-Pflicht eine Wiederversklavung möglich gewesen (S. 124 ff.). Bereits im 4. Jahrhundert vor Christus widmete sich Xenophon in der *Cyropadia* der *actio ingrati* bei den Persern (S. 125 ff.). Dies zeigt, dass die Thematik in der gesamten antiken Gesellschaft über einen langen Zeitraum aktuell gewesen ist.

Eine Wiederversklavung ist im griechischen Rechtsraum zwar generell möglich gewesen, jedoch nicht in Bezug auf eine *actio ingrati*. Seneca kritisierte die *actio ingrati liberti* in den *beneficiis* auch nicht – seine Ausführungen sind eher als eine Kritik am bestehenden römischen *Amicitia*- und Klientelwesen zu sehen (S. 131 ff.).

Von Tacitus ist in den *annales* 13.26 ff. eine Debatte unter Nero überliefert. Dort sollte der Princeps entscheiden, ob die *revocatio in servitutem* zu einer generellen Strafe der undankbaren Freigelassenen werden sollte (S. 133 ff.). Diese Quelle stellt einen wichtigen Ausgangspunkt der Untersuchungen dar. Nach Tacitus sei das einzige zu dieser Zeit bestehende Mittel die *relegatio* innerhalb der 100-Meilen-Grenze gewesen (S. 135 ff.). Laut Tacitus behielt sich der Kaiser Einzelfallentscheidungen vor (S. 138 ff.). Eine generelle Rechtsfolge trat nicht ein (S. 139 ff.).

Unter Commodus ist in D. 25.3.6.1 überliefert, dass schwere Vergehen zur Wiederversklavung von Freigelassenen führten (S. 139 ff.). Gravierende Schmähungen oder handgreifliche Angriffe mussten vorliegen um den Freigelassenen wieder unter die Patronatsgewalt zu bringen („*potestate patronorum redigi*"). Nichts anderes ergibt sich aus D. 4.2.21 pr. (S. 140 ff.). Die Quelle spricht zwar von einer undankbaren Freigelassenen, deren Status in Gefahr ist („*statu periclitabatur*") – insgesamt beschreibt sie aber nur einen Einzelfall (S. 141).

Auch aus C. 6.3.2, C. 7.16.4 und C. 6.8.3 lassen sich keine Rückschlüsse auf die Rechtsfolge der *actio ingrati* ziehen (S. 143 ff. und 144 ff.).

Philippus Arabs regelte in C. 8.55.1 die Schenkung an Freigelassene. Frag. Vat. 272 überliefert sie in der Originalfassung (S. 145 ff.). Laut der Quelle sollte das Schenkungsrecht nicht zwischen Freigelassenen und Freilassern gelten. Der Begriff *ingratus* ist jedoch noch kein Tatbestandsmerkmal. Folgende Entwicklung lag dem zugrunde: Unter Diokletian möchte die Mehrheit ein Widerrufsrecht gegen undankbare Beschenkte – er lehnte das jedoch ab (dies ergibt sich aus Frag.Vat. 275). „*Si ingratus sit*" ist somit eine vorjustinianische Interpolation (S. 147 ff.).

Unter Diokletian konnten auch die Erben des Freilassers die *liberti ingrati* wiederversklaven, C. 6.3.12. Allein eine Verletzung des *obsequium* reichte jedoch nicht, C. 7.16.30 (S. 147 ff.).

Schließlich überliefert der Codex Theodosianus und der Codex Iustinianus neuere Regelungen, aus denen sich auch eine Entwicklung ableiten lässt: Während in C. 6.7.3 die *actio ingrati* auch von den Erben des Freilassers erhoben werden kann (S. 149 ff.) und C. Th. 4.10.2 sogar noch den Zusatz trägt, dass Freigelassene auch gegen die Erben des Patrons nicht gehört werden dürfen (S. 149 ff.) – mildert Nov. Val. 250 =1 diese Regelung ab. Die Erben können keine *revocatio in servitutem* mehr veranlassen (S. 151 ff.).

Der Tatbestand der *actio ingrati* stimmte mit der *actio iniuriarum* überein. Dies zeigt sich beispielsweise an D. 37.14.1 von Ulpian, da sich der Tatbestand der beiden Klagen überschneidet (S. 156 ff.). Ebenso weisen D. 1.12.10 und D. 25.3.5.20 von Ulpian Parallelen auf, die beide Ähnlichkeiten zur Klage gegen Undankbare haben (S. 158 ff.).

Zur prozessualen Ausgestaltung der *actio ingrati* konnten ebenfalls Ergebnisse erzielt werden: Während bis zur Kaiserzeit die *actio ingrati* unter die Hausgerichtsbarkeit fiel (S. 161 ff.), wurde sie später vor dem Stadtpräfekten oder dem Prokonsul ausgetragen – D. 1.12.1.2 und D. 1.16.9.3 (S. 163 ff.). Ein Prozessvertreter konnte die Klage auch geltend machen, D. 3.3.35.1 (S. 165).

III. Gesamtfazit

Die Frage nach der Beständigkeit von Freilassungen in der Antike stellte den Ausgangspunkt dar. Diese Frage ist untrennbar mit der Reichweite der Patronatsgewalt verbunden: Konnte der Freilasser aufgrund dieses Machtverhältnisses seinen *libertus* wiederversklaven? Hinweise darauf gibt die *actio ingrati*, die unter Konstantin erstmalig eindeutig und verbindlich die Wiederversklavung eines undankbaren Freigelassenen möglich machte.

Dieser Eingriff Konstantins stellte einen Ausbau der Freilasserrechte dar – somit wurde erstmalig seit Augustus derart stark in das Patronatsverhältnis zuungunsten der Freigelassenen eingegriffen (S. 98 ff.).

In der Republik genoss der *libertus* noch einen stärkeren Schutz, es gab keine offizielle *revocatio in servitutem* (Cic. *Att.* 7.2.8). Aber daraus kann nicht geschlossen werden, dass keinerlei Verbindung zum Freilasser bestand.[536] Ebenso wenig kann von einer völligen Unterwerfung ausgegangen werden.[537] Insbesondere die *operae* waren als Ausgleich für die erlangte Freiheit nicht lebenslang und in nicht vorhersehbarer Anzahl geschuldet (S. 79). Insbesondere der Begriff des *obsequium* taucht erst im Prinzipat als Rechtsbegriff auf und schnitt den *libertus* in der Republik nicht ein (S. 79 ff.).

Augustus griff zwar erstmals verstärkt in das Patronatsrecht ein und erschwerte Freilassungen, eine generelle Wiederversklavungsmöglichkeit bestand jedoch nicht – ebenso wie die Rechtsfolge der *actio ingrati* vor Konstantin nicht in der *revocatio in servitutem* zu finden ist. Somit musste der Freigelassene zumindest für einen Großteil der Antike nicht mit der Aufhebung seines Freigelassenen-Status rechnen. Von einer Freiheit unter dem Damoklesschwert ist daher nicht zu sprechen – es standen allerdings eine Reihe anderer Sanktionsmöglichkeiten zur Verfügung. Eine Wiederversklavung aus der Patronatsgewalt heraus ist nie möglich gewesen.

---

536 *Barschdorf*, Freigelassene in der Spätantike, S. 63.

537 So die ältere Literatur, s. § 1.

www.ingramcontent.com/pod-product-compliance
Ingram Content Group UK Ltd.
Pitfield, Milton Keynes, MK11 3LW, UK
UKHW021940290926
8980IPUK00016B/1717

9 783631 764657